思想觀念的帶動者

文化現象的觀察者

本土經驗的整理者

生命故事的關懷者

摯愛20年

我與葛瑞的同性婚姻情史

20 Years of Devoted Love

作者—許佑生

本書

獻給我的先生、另一半、心靈伴侶　**何葛瑞**（Gray Harriman）

——使我成為愛過、哭過、喜悲過、

思念過、安慰過、滿足過、精彩過的幸運之人

自序

預約下一個20年

這本書原來的書名應為《摯愛10年》，但咦，怎麼跟現在出版的《摯愛20年》少了一半，相差整整十年？

其實，早在十年前，我在舊金山念性學博士時，心靈工坊出版社總編輯桂花就向我邀稿，書寫《摯愛10年》。她說，一般人都對同性伴侶很不了解，仍然用迷惑或異樣的眼光在窺視，而既然我跟葛瑞能夠維繫到十年，其中一定有很多故事值得分享。

隨後，我跟葛瑞商量，他完全尊重我的決定。我當時感到壓力很大，把我們倆的故事寫成書的形式，在書店販售；最終產生的銷售量多寡，等於去秤秤看我們的愛情與家庭值幾兩重？我因不喜歡這種用私生活去被人秤斤論兩的感受，最後婉謝了這項提議。

然後，日子真如在沙灘上抓起的那一把乾沙，漸漸從指縫裡狂洩的速度，彷彿一錯身，再回個首，十年光陰又過去了。

兩年前，我對於自己跟葛瑞的故事要紀實成書的念頭早已漸行漸遠，連影子都不見了。心靈工坊的桂花與莊慧秋這對好友同時出現，鄭重地二度提到那件寫作計畫，當然為了配合時間，書名自我升格為《摯愛20年》。她們說，這下更難得了，你們都已經在一起二十年，那比十年的難度不是等差，而是等比級數，中間的磨合、感恩、無奈、盼想、悲歡離合，如在熬一鍋百感交集的愛情湯，相信對讀者們又有另一番渴讀的吸引力。

是呵，二十年真不是一個區區小數，人生能有幾個二十年呢？占去一生的三分之一到四分之一強。

那時我剛滿五十歲，從四字頭到五字頭，不是僅隔一歲而已，整個人生視野驟然改觀。我不再只觀枝微末節，擔心世俗裡銷售好不好；而是觀大局，探索理念上這樣的書值不值得出版？最終，我應允了寫作《摯愛20年》。我覺得時間成熟了，全世界目前有十五個國家通過同性婚姻法，其中一國居然是葛瑞的祖國烏拉圭（二〇一三年通過）。

烏拉圭跟台灣差不多，都屬蕞爾小國。她有「南美洲瑞士」之美譽，台灣有「福爾摩沙」之美名，門當戶對。

二〇一四年五月為止，舉世通過同性婚姻法的國家，包括北歐、西歐、北美、南非、阿根廷等國，一般都以為只有泱泱大氣、人權運作熟稔的國家，才會率先走在全球之首；烏拉圭偏打破了這種神話。她的人口只有三百萬，卻在人權議題上絕不妄自菲薄，毫無躊躇，行其所當為！

烏拉圭既已通過同性婚姻法，依法而論，我就是半個烏拉圭人了，甚至暱稱「烏拉圭女婿」。但葛瑞這位「台灣女婿」呢？台灣仍未通過同性婚姻法，他永遠只能是黑戶。烏拉圭大方熱情地擁我入懷，台灣則冷漠拒葛瑞於千里之外。

在這兩國對同性婚姻的巨大落差中，寫作《摯愛20年》已經找到第一個意義了。

第二個理由決定寫這本書，乃回首二十年來時路，我跟葛瑞跑遍了紐約、水牛城、台北、舊金山、維吉尼亞州、又二度返回紐約，生活之旅確實峰迴路轉，總在疑無路之際，豁地柳暗花明。這些曲折，就算不加油添醋，忠實記錄已是一本長篇小說的原型了，任隨荒蕪，有點可惜。

原計畫二〇一三年五月出版，我一直耽誤無法如期展開寫作。當逼近我給自己最後三個月期限快到了（再動不了筆就永遠放棄），我在台北想說去紐約跟葛瑞相處，比較有fu寫；到了紐約寫不成，就想回台北，我應該比較安靜可以寫。結果，不管在台北或紐約，我一個字也孵不出來，渾似有一道無形的牆，我始終穿越不過去。

寫作之與我，已是專業，出版了五十本書的經驗，應不至於心懶如泥。我驚慌失措，是不是我寫作的天分已被消磨光了？這麼重要，很可能變成我一生代表作的書，我怎會像丟失文藝火炬的字盲，傻在電腦前，敲不出字。

我始終相信心誠則靈。二〇一三年底，我在佛陀天降日（又稱億倍功德日）非常莊嚴慎重地祈求綠度母菩薩，說明這本書對我和葛瑞的意義，以及對關注這個議題讀者的閱讀需求、心理影響。簡直如奇蹟，隔一天我忽然腦中一念浮現，立即從第一頁開始寫起，花了五個月不間斷，完成了將近二十萬字初稿。

我出書二十多年來，沒有一本書這麼拖延，也沒有一本書這麼戲劇化從奄奄一息到復活。這

必然是《摯愛20年》有其生命力。到了它想誕生的時刻，連我這個作者，既無法提前，也不能延遲它的降臨。

《摯愛20年》所謂的摯愛，是指我與葛瑞彼此在生命中的分量。定義上，不是一般中那麼狹窄：認為摯愛就是耽溺愛到底，眼中只有對方；這樣，卻有可能失去了自己。

這本書無意去塑造一場完美的愛情圖騰，也不在歌詠完美無瑕的婚姻價值。《摯愛20年》只是忠實地書寫了我跟葛瑞在面對人性、真愛、誘惑、迷惘、徬徨、隱瞞、沮喪、猜疑、慶幸、安慰時的互動過程。

例如，二〇一三年四月，是我最近一趟到紐約。在房租貴如天價的城市，我們居住的一房屋子空間有點擠。我熬不到第一週，就出現不安的困獸焦慮。最後我跟葛瑞頹然地說：「我在台北獨居大房子，我們在維吉尼亞州二層樓房也泱泱大氣。現在搬來紐約，我覺得屋子小到我都沒地方安靜休息。」

我終於說出了二十年來，羈押心底，卻從不以言語透露的絕望：「你知道我其實並不好受，在台北，我有朋友，沒有你：在美國，我有你，沒有朋友。不管我到哪裡去，生活永遠都殘缺一塊，這樣過得很累。」

葛瑞靜默半晌，回應道：「我當然都知道你這麼多年，並不好受。你犧牲了事業，跟我在一起。我明白你的辛苦。」

這些都是我與葛瑞必須經歷的各種難關，我的憂鬱症、遙遠距離、異國文化、法律不支持、世俗偏見等一籮筐，每一樁都要耗盡心力去應對，避無可避。

這是一部再真實不過的戀人情史，有甘有苦，有笑有淚。我們倆在愛情之前，是如此卑微地真誠，我不遮不掩寫出了許多本來可以美化，甚至矯飾的細節。但我信仰這本書若堪稱有點價值，不在於為愛情粉飾，也不在為同性戀情或婚姻撲粉底：它的可貴，都來自真實，來自我們互具默契的「面對真相」態度。

《摯愛20年》是我與葛瑞長達二十年真實的情感翻模，依我們的真心標準，不循世俗規範而寫。這本書，不代表所有同性戀人、同性伴侶，這只是我們自身的版本。

寫起來是婚姻傳記，讀起來是長篇小說，這是我在寫作本書時的奢侈、貪心想法。密密麻麻完成了這本書，宛如在二十年間來來回回不知活過了幾趟；當我再說以下這句老掉牙的話時，於我而言，即有著全然綻亮的晶鑽般心意：

祝福天下有情人皆成眷屬，所有眷屬皆為有情人！

我最要感激的人是葛瑞，他明知道自己是一半當事人，很多經歷他無可迴避，會被勾勒成形。他卻從不過問我的寫作，涉及多少他的隱私？也沒要我通盤報告，他全權信任我。

這是一種很鉅額的付出，尤其對在西方生活、極度重視個人隱私的葛瑞而言，他做到了絕少伴侶願意犧牲的程度。

除此，我也深深感謝葛瑞媽媽、我的姊姊，以及在我們這一場親密關係中，不管是婚禮或生活中，提供各種實質幫助、精神打氣、給予祝福的好大一群朋友們。謝謝諸位，協助我們圓了一個二十年的夢想，我們將繼續往前走，向第二個二十年邁進。

序文

你願意為我寫一章嗎？

何葛瑞（Gray Harriman）

當佑生要求我為他的新書寫一小篇文字時，當下我心裡浮現兩個念頭。第一，我又不是作家，他為什麼會要我來寫呢？第二，誰會對我的話感興趣？畢竟，我自認只是個普通人，唯一的差異不過是，我們所共組的是一個同性家庭。

當然，第一個問題的答案非常明顯，因為他希望讀者能明白我們雙方的看法。至於第二個問題，就需要較多的自我探索了。我真的是一個普通人嗎？我的家庭生活普通嗎？我們和其他家庭唯一的差異，真的只在於我們是同性家庭嗎？關於我們，人們想瞭解的是什麼？以及，要想讓其他人得以受益，有哪些事是我非說不可的？以下的文字，便是從這些想法開始逐漸成形的：

虛幻的普通人

佑生不是平凡的普通人，他是個複雜的個體。一方面，他是作家，不是寫過幾篇報紙專欄，或偶爾發表幾篇小說的作家，而是全職作家。這意味著一種不同的生活方式，不同的思維模式，以及與他人迥異的看待世界的方法。他不像大多數人那樣朝九晚五地上班，而是在家寫作。聽起來好像不錯，但我們的生活在某些方面卻也因此有著旁人難以理解的複雜面。舉例來說，佑生在閉門寫作期間，有時會進入完全孤立的狀態，缺乏和人的互動。但在其他時候，譬如說出書時，他又變得十分活躍，接收大量的媒體關注。相較於他寫作時的生活，這種變化可說非常極端。

對我而言，這代表我得格外留心他變化多端的日常需要。如果他處於寫作期，我就必須帶他出去吃晚餐、度個週末小假期、看看表演或參與其他活動，以彌補人際關係的不足。反之，當他處於社交高峰期，通常是在台北參加作品出版後的活動，或參與某些社會運動的時候，我就必須退居二線，由他來主導。

跨足兩大洲、或甚至三大洲的生活，對我們來說也是一種挑戰。佑生在美國時，我們的生活是一種模式，在台灣的生活又截然不同，更別說我偶爾回烏拉圭探望母親時，差別就更大了。在這些差異甚巨的環境和地點生活，需要高度的調適能力。除此之外，佑生的憂鬱症也使得他的情緒擺盪更加劇烈。如此種種，對我們形成了巨大的挑戰。曾有一個朋友對我說：「那麼多事情，光是其中任何一件就夠讓我抓狂了，你是怎麼全部應付過來的？」我的第一個反應是，我不知道……我猜是因為我們的生活是逐步演變成這個樣子的，因此我也慢慢習慣了，也就是說，我們的生活其實一點都不正常。

重新充電的時機

幾經思考後，現在我瞭解到，多重的居住地點（台灣、美國、烏拉圭），角色的變換（由一個孤僻作家的積極支持者，轉變為一個活躍作家的消極支持者），以及對生活抱持開放的心態，這些挑戰背後有一個看不見的好處。這讓我不論在生理和心理上，有了重新充電的機會。

如果我上述的任何一種挑戰是連續不間斷的，那我可能早就累垮了。佑生和我所經歷的是不斷循環的挑戰，正好提供給我們的生活一種相當於身體的呼吸作用。人是不可能只吸氣不吐氣的，雖然理論上我們是靠吸氣來獲得氧氣，但也非有時間把氣呼出來不可。

我對所有伴侶的建議是，要去打破生活的常規，讓自己有重新充電的時間。如此的關係才能健康、茁壯。我當然知道，不是每個人的生活都像佑生和我一樣充滿變化，但我想所有伴侶都能找到方法來改變常規，讓自己有空間呼吸，以開放的心態，充滿能量地迎接下一輪的挑戰。

舉「全村」之力

希拉蕊．柯林頓曾引用一句非洲古諺「舉全村之力」（it takes a village），來形容撫養和教育健康的兒童所需付出的努力。我要說，建立一段健康的關係也是同樣的道理，對於佑生和我這樣必須面對眾多挑戰的人來說，尤其如此。多虧了一大群人的支持，我們才能從這樣的生活中撐過來。這在牽涉到我母親的健康和佑生的憂鬱症等嚴重問題時，尤其體現出來。

幾年前，我母親有一次脊椎嚴重受傷，無法行走。當我回烏拉圭照顧她時，佑生剛好憂鬱症發作，有天他吃太多藥，在顯然不知道自己在做什麼的情況下出了門，一整天下落不明。等他被人發現後，被送進醫院，但醫院在我人沒到場前不肯放他出院。結果我在母親剛被告知今後可能都不能走路的情況下，不得不放下她，趕回舊金山接佑生出院。我母親為此一直無法原諒佑生。

在當時一切都糟糕的狀況下，要不是許多好心人的幫助，我不可能應付得過來。對於母親的表哥、我表哥、母親的看護、佑生的姊姊、我在舊金山的朋友們，以及許多佑生的朋友和讀者，我永遠心懷感激。他們在他健康出狀況時，都伸出了援手。他們每一個人的幫助，不只讓我克服了困難，也讓我得以擁有現在的生活。他們全都在不自覺的狀況下，對我生活的改變做出了重大的貢獻。

所以希拉蕊說得沒錯，養育一個小孩需要舉全村之力，不只如此，滋養一個人讓他恢復健康，或維持一段健康良好的關係也是。因此我的建議是，嘗試去尋找支持的「村民」，並且保持開放的心態。有時援手可能來自某些不尋常的人和地方，我們只需要謙卑地接受。

回報

到現在我還是不懂，為什麼有那麼多人會在我們困難的時刻伸出援手。我只知道，他們的確提供了許多協助和支持。所有幫過忙的那些人，我們絕不可能一一回報，但我真的希望他們能夠感受到我們無限的感激。我的願望是，在那些好人需要幫助時，也有其他好心人像他們當初施予我們善意一樣，願意對他們伸援。回報是很重要的。助人有治療作用，可以幫助我們了解他人，建立同理心，認清自己在面對困難時並不孤單。我們沒辦法以同樣的方式幫助所有人，但我們可以貢獻一己之力，讓世界變得更好一點。

時間機器——製愛機器？

我和佑生相識在一九九三年，時光飛逝啊！我們經歷了起起伏伏、各種挑戰，當然也共度過許多美好的時光。人們常常很好奇，我們維持關係的祕密是什麼。那些越是好奇不解的人，往往越是帶有最大偏見的，他們覺得同性戀者的關係不可能持久。

事實上，關係能否長久和性向無關。這和承諾有關。結婚時你不會說：「我承諾與你一生相守，只要一切順利的話。」也不會說：「我承諾與你一生相守，只要你不做任何需要我原諒的事。」生活不會永遠順利，你需要耐心與寬容。初相識時的迷戀消逝得很快，最初的感覺只是一顆種子，需要深深地紮根。就像一棵樹，在春夏天開花、發綠葉，但在冬天時卻會貌似枯死，必須在寒冬的冷冽風暴裡掙扎求生。伴侶關係也是一樣，必須撐過由我們自己的行為所造成的寒冬。

我們在一起已二十一年。這些年來，我從未考慮過要從這段關係中出走，雖然有人告訴我應該這麼做。我為何要離開，讓這段關係成為另一起統計學上的失敗案例？我們能維持如此長久的關係，不是因為有什麼神奇魔法，或什麼祕密膠水，而是因為愛、理智和承諾。就這麼簡單。

時間讓我們學會越來越多經營關係的竅門。歡笑、淚水、我們說過的話和做過的事，所有這一切讓我們成為現在的模樣。如果沒有和佑生共度這二十一年，我不會是今天的我。現在的我們

所擁有的，是一份更深、更成熟、更堅定、適應力更強韌的愛。有人說，時間就像是一部製愛機器，也有人說，時間讓愛鏽蝕。這兩個極端的形容對某些人來說或許是真的，但對我而言，時間不是什麼神奇的朋友，也不是難以戰勝的敵人，時間只是眾多變數之一，我們在處理相關的狀況時，可能成功，也可能失敗。或許可以說，在某些條件下，時間是一部製愛機器，而我們是這機器上的一部分零件。

傳統家庭 VS. 新型家庭

過去的家庭與現今的家庭，有著極大的差異。好幾個世紀以來，家庭並沒有太大進化。許多婚姻其實就和生意合約沒什麼差別。婚姻是被人安排好的，生小孩是生存的保險措施，家庭中每個成員都瞭解自己的地位，並且願意順從其中的規則。這樣的家庭裡，充滿很大的虛偽成分。情婦、小白臉、姨太太的例子屢見不鮮，但大家都絕口不提。當然，性向也是被選擇忽略的問題。

新型家庭就完全不同。我們傾向於自己尋找伴侶，丈夫，或妻子。我們有更大的自由，可以公開性向，並依照自己的性取向去活。不同的家庭結構，開始被接受。同性戀不適合當父母的神話也已經被打破。然而社會在觀念、法律和提供所有人平等的權利等方面，還是處於落後的狀態。

我不敢說佑生和我是完美的，但我們就和其他擁有長期關係的同性戀伴侶一樣，可以證明同性戀家庭也能經營良好，有生產力、對社會有所益處。此外，我認為我們也證明了，一個家庭的臥室裡發生的任何事情，都和其他人沒有關係。

我在烏拉圭成長的期間，從不認為那裡是個進步的國家。那裡確實是個成長的好地方，比其他南美洲國家好很多，政府和社會機構的發展健全，種族分布和文化觀念十分歐洲化。

當我剛搬到美國時，我以為這裡在各方面都很先進。對我來說，這裡是一個比較進步的社會，在科學和藝術各方面都具有影響力。但後來我發現，美國故事是兩面的。其中一面非常進步，推進了科學的發展極限，也允許藝術保有創造衝動的空間。而另一面則是由一些智力和道德上的原始人所組成，喬治．布希就任總統就是具體化的明證。這些智力上的原始人即便到了今天，還在反科學、否定進化、阻擋幹細胞的研究。在過去，他們搞奴役和歧視，到現在，他們則是反對結婚權這樣的基本人權。

照這樣看來，早已廢除奴隸制度、還給婦女投票權、支持平權的烏拉圭，突然間也顯得不算太落後。然而我不曉得，原來烏拉圭在社會的進化發展上，不只可以跟美國平起平坐，甚至已經超越，因為在那裡，不論性向，所有人都被賦予結婚的權利。我在烏拉圭感覺到的，可以用反對黨領袖費南多．阿馬多（Fernando Amado）的這段話來做最好的總結：「我同意家庭是社會的基礎，但我也相信，愛是家庭的基礎。而愛是不分同性戀和異性戀的。」

我愛台灣，我在那裡受到溫暖的歡迎。我喜歡那裡的人民、文化，也羨慕台灣民眾所享有的一些很棒的福利，舉例來說，那裡有全世界最好的國家健保體系。

現在台灣正面臨一場基本人權的戰役。戰役的結果決定於同性婚姻是否被認可。就在此刻，台灣是要像烏拉圭及其他十三個國家，包括荷蘭（二〇〇〇年）、比利時（二〇〇三年）、加拿

大（二〇〇五年）、西班牙（二〇〇五年）、南非（二〇〇六年）、挪威（二〇〇九年）、瑞典（二〇〇九年）、冰島（二〇一〇年）、葡萄牙（二〇一〇年）、阿根廷（二〇一〇年）、丹麥（二〇一二年）、法國（二〇一三年）、巴西（二〇一三年），以及由進步人士領導的部分美國和墨西哥一樣，選擇道德的制高點？或者要加入原始人的陣營，繼續否定不分性取向的結婚權？

有一派少數但喧嘩的論點是，同性婚姻會對社會造成威脅。對此我只提出一個簡單的問題，在閱讀這本書的同時，你感覺佑生和我威脅到你的幸福了嗎？在我看來，更大的威脅並非來自於「讓人人有權選擇自己生活的方式」，而是否定他人的基本人權。

（殷麗君譯）

目次

第一章・愛情公路，通往何處？

（紐約／台北／水牛城：1993.5~1993.10）

1.

雨絲從來都是美的，即使出現在掃興時刻，也還是美。

我抬頭看，一把又細又密的雨絲從空中射下，透過光亮的路燈照射，一條條像極了發光的松針；有些刺入了我的眼瞳，化成薄霧淚光；更多刺入了街頭擁擠路人的厚衣衫裡。

這一晚，是一九九三年紐約萬聖節遊行，隊伍正穿越格林威治村，旁觀者眾；慎重其事化裝遊街的居民不在少數，彷彿整座城的阿飄都出動了。

本來我和葛瑞有興致瞧熱鬧，但松針雨絲漸漸變荷葉雨珠，沒有雨具遮，預料不消多久就會淋成落湯雞。葛瑞權衡一下，當場決定開車打道回府，一個頗遠的府，葛瑞現居的紐約州水牛城。

這趟來紐約，目的為了覓新屋，葛瑞謀到曼哈頓一間高等學院主管差事，趕在上任之前，要有個家落腳。萬聖節前一日，我們從水牛城開車七、八小時，來到紐約這座鋼鐵搭建的錯落叢林，希望找到兩隻土撥鼠休憩的小窩。

我們知悉找房子，有時比找情郎還難。中意的房子，總像中意的人平常不找時滿街都是，要找的時候全都神隱。人家找房子是長期抗戰，我和葛瑞還住在水牛城，若每個週末都要這樣往返，很折騰。我們只好天真一點，明知未必可為而為之，抱著「中獎一定是我」的心理，期待只消來這一趟便可了結，轉角遇見奇蹟。

雖說有了心理準備，第一個白天就陷入挫折。葛瑞從吉屋招租資訊上勾選了與我們期待符合的幾則廣告，撥了電話，每一位接聽者都比老鴇還熱情。直到我們像發春小鬼興致勃勃上門，一見房東誇大美化的發霉公寓時，瞪眼相視，表情如日正當中見了鬼。

一位老太婆最神，接到葛瑞打電話詢問，好似珍•奧斯汀小說中的母親，急著把老大不小的女兒嫁出去，猛誇自己房子多雅致豪華，只差沒說這房子有「幫夫運」！結果趕到那兒一看，我和葛瑞又傻眼了，老太婆難不成還活在二次大戰的生活水平嗎？紐約市連老嫗吹牛都不打草稿了？接下去手氣也不佳，每到現場看屋，都逃之夭夭收場。

夜色漸暗，我們坐在停靠路邊的車內，我難掩失望，要在紐約開展新生活，第一關顯然得很使勁闖一闖。我本來就非漢堡迷，咬兩口就不想吃了。

「你要我開車到前面一點，買點別的東西吃嗎？」葛瑞那粒漢堡似乎好吃一點，至少從他的表情看來。

「不用了，沒關係，我不怎麼餓。」就算開過去，我們也可能只會買到熱狗、潛水艇、三明治、墨西哥塔可罷了，都是生冷無味。我現在好想吃牛肉麵，我想若說出口，葛瑞就算開車繞遍整座城市，也非要買到一碗吧，但算了。人家都說「愛情與麵包」，可沒說「愛情與牛肉麵」，必然有其道理。

望望窗外夜景，內心第一次遲疑，這真的就是我和葛瑞愛情的新歸宿嗎？

我從小怕生，記憶所及，搬了十餘次家，養成了戀舊、畏生的習性。這次我跟葛瑞也沒認識多久，率而離家半個地球，人生地不熟；照理說，我會如驚弓之鳥，惶惶終日。

以往，我在台北邂逅過幾位外國人，溜點英文，感受一下異國情調，就像偶爾吃吃風味別具的全套西餐，口齒留香。我卻從沒設想過要覓個老外，當長期情人，每天只能講英文，以及望著一雙灰藍眼珠子和高鼻子。當邂逅變成了生活，會不會要用脫胎換骨的方式去適應呢？

我此時應該腳軟才對，或許也該腦部缺氧、冒點冷汗，這樣總才對得起小時候的怕生。但怪哉，我都沒有以上症狀。打從認識葛瑞，他就給我一種無法言詮的安全感，可以全權託付。在他身邊我像中了黑魔法，沒特別察覺他的白種人特色，只要跟他住同一間房子，他撐起了半邊天，不管屋外是水牛城或紐約市，都嚇唬不著我。這樣講很奇怪，自認識葛瑞後，我沒怎麼感覺他是什麼膚色，他該不會是混血王子，可以用隱身蓬消失膚色吧？

草草解決晚餐，繼續上路，城門城門雞蛋糕，合該與我們巧遇的新房子，妳千萬幫幫忙，發點訊號給我們感應，將來住進去我們一定奉妳為女王！

又看到幾條新資訊，其中一處靠近我們停車位置，打算先到位於上西城（九十二街和 West End 大道）那家碰運氣。四處打量，這一帶是靜謐安全的中上等級住宅區，每一棟房子都有點氣派，家家戶戶大門上方，皆有水泥雕出特殊花樣，好似講究傳承家族的家徽。

我和葛瑞默數著門牌號碼，應是路口旁第二棟。遠望大門，竟有一道金色寬大門框包圍，在夜裡發出晶亮。這棟看樣子是內部整修沒幾年的公寓，現代感設計師把金色門框配上落地窗型的玻璃門，連把手也亮晶晶，流露些許曼哈頓中城精緻旅館的味道。

我們站在門口，心中狐疑，是這棟嗎？未免太閃了，門牌沒錯啊。

反正人都來現場了，就算皇帝宮殿也得進來瞻仰幾眼吧。

一推門走進去，吸到雍容氣派的空氣，地面、牆壁、天花板三面，都鋪設著素色大理石。走道有點變化，是一條綴著粉菊色細紋大理石地板，地面光可鑑人。

噓，這是哪位低調的紐約明星住的地方嗎？我還好奇到處看，以眼神賞識，假如我伸手去摸大理石的質感，準被門房當成非法在中餐廳打工的新移民。偏偏我的臉是那種聰明相智商臉，戴著眼鏡也有書生氣質，要端出貴氣我也會。好啦，這時門房要是眼睛脫窗，隨便他把我看成什麼玩意吧。

門房通知經理出面，葛瑞正詢問有無空房？經理是阿米哥，剛好跟葛瑞講拉丁話，人不親話親嘛。出乎意外，這棟魔幻屋居然還各有兩房，一房還空著未出租；這個地段是住宅區，橫跨一條街出去，就是繁華百老滙大道，生活機能充沛，鬧中取靜。

想也知道兩房是天價，壓根別問。一房呢月租也不便宜，葛瑞跟我坐在入門左邊候客區的石凳，唧唧喁喁起來。他壓低聲調：「考量地點方便、管理良好、環境高雅，再來我們被白天那幾

家髒地毯、汙漬地板嚇怕了，對吧？」

我點頭如搗蔥，葛瑞又想了一陣下定決心，跟經理現場簽了約。

我們隨經理看了新屋，一房格局很小，客廳與餐廳相連，廚房就在旁邊，長條狀。麻雀雖小，但屬於羽毛出落華麗的精緻品種，適合當小兩口的鳥窩。我預料沒錯，果真是女王級的宮殿，冥冥中，女王聽到我的卑微祈求，恩賜我們入住。

這一趟從水牛城來到紐約行，整天看屋雖有幾次四壞球，還有暴投、界外球；最後一局竟擊出了全壘打，逆轉勝，讓我們物色到比原先預算高、而仍在勉可負擔範圍內的新屋，了卻一樁大任務。

離開那棟華廈公寓後，我跟葛瑞互相手肘暗中較勁，你推我，我推你，玩起「看誰被撞到先笑出來」的遊戲。不必費勁猜，就是我，我肚子裡連一根鵝毛也藏不住。我先笑認輸，不過也反將一軍：「你剛才有注意到那位金髮門房吧，長得 so cute。」

「啊？我那時正動腦筋跟經理殺房租價，你卻拿閒工夫在看男人？」葛瑞這次比較用力撞我的手肘，我險些重心不穩。

「門房，不就給人看的嗎？想想看，金髮壯丁？以後我們的保安哥哥多可靠！」把藉口賴給男人，這招我最擅長。

「Whatever，說來說去都是你占我便宜。喜歡我們的新家嗎？既然美國那麼多城市，你指定就是紐約，在此邁開第一步，這裡就是我們共同的家，你到目前都還喜歡嗎？」我們走向停車場

路上，葛瑞眼神發亮，我在吊他胃口，半晌沒給答案，忍到不捨得折磨他了。

「喜歡，Your Highness.」我故意稱王子殿下逗逗他，「這個疑問我憋很久，有沒有人覺得你跟英國查爾斯王子長得很像？」

「啊哈，我被問過不少次。有一回到跑馬俱樂部，一位畢恭畢敬的員工忽然朝我走來，點頭彎腰客氣地問：『先生，請問你跟查爾斯王子有親戚關係嗎？』」

「真的？哈哈哈。你應該用英國腔回話，學那些臭屁貴族，下巴抬到只見鼻孔，很戲劇化拋出一句：『Yes』。」我自己想像那幅畫面都樂得很。

「但，我要警告你喔，你可別讓我媽聽到你說這句話；不然她會不開心，說不定揍你。」

「為什麼？你媽跟女王有仇啊？」

「在烏拉圭，有些人覺得我像英國查爾斯王子，我媽媽氣得像驅趕蚊子，充耳不聞，搶白說我們家葛瑞比他好看多了。」葛瑞那時年紀不大，頭髮茂盛，我會這樣問是因為他的臉形狹長，好像英國人，五官與查爾斯王子有些神似。原來，他除了西班牙血緣，也具有英國、法國血統。

萬聖節的雨，似乎沒決定要搗蛋到什麼程度，一陣小，忽然又一陣大，坐在車內聽見嘩啦嘩

啦，如一卡車黃豆落滿整個車頂。然後雨勢變小，沒聲的細雨斜射在玻璃窗後就紛紛隱沒。

我放起音樂，貝多芬《月光奏鳴曲》第一樂章，許多電影的過場都配過這段音樂，我頓時也感到自己與葛瑞是在一部電影裡，故事敘述兩個異國男子在旅行中相遇，互有好感，終於臨別的日子到了，眼前該如何抉擇呢？我還不忙著做選項，將現實紛至沓來的壓力綑綁一邊，顧不了日後，先度過今日攜手走下去。以後？像《亂世佳人》的費雯麗面對整頓破碎家庭大工程，煩惱之際說的：「明天再說吧！」

我在音樂中晃神，心中想弄得更明白：「我是活在一部戲裡嗎？」

忽然，葛瑞輕快聲調打斷我的思緒，提醒我：「注意看哪，靠近一點也可以，前方玻璃表面，看出雨絲有沒有什麼變化？」

我愣愣地忽然驚醒。什麼？飄雪了？雨變成雪了。這跟看到下黃金雨一樣吃驚。我在前座興奮得直摩挲掌心，跟葛瑞說：「謝謝，太棒了，是雪耶，你是故意等到現在才說喔。」我靠過去跟他啄吻一下。

葛瑞燦然一笑，說：「我判斷快下雪了，約莫就在這時辰，所以我開得很慢，以防打滑。一邊還要注意你在幹嘛？真希望你是自己發現，像愛迪生發明電燈那樣興奮。」

「我沒自己驚喜發現扣一分，但你說了後我就進入狀況，加一分。我又親你一下，加兩分。值得吧？」

葛瑞揉亂我的頭髮：「好啦好啦，你使許是我所有朋友中最厲害的高手。」

「什麼叫做『所有朋友』？你到底有幾個所有的朋友？」我幾乎要喊出升堂，他搶先岔開話：「你們台灣男生都很不錯。」

是啦，他會自己去「Web」（盤絲洞）酒吧，不也跟那位才藝王子拍拖一陣？身邊東方面孔沒人跟他說國籍，他就是有本領觀察氣質、談吐、禮儀態度、講話特色，而找出台灣男生。

「那你一共交往過幾位台灣男生？」我視線往他方向飄，準備會聽到一串意外名單。

「就只有你和那夜的凱文二人啊。兩位全國代表就已讓我對貴國刮目相看。」聽不出他作假，且語氣倒也不失誠懇。

我自己總得找台階下：「你真走運，吃到了台灣兩塊最上選的霜降牛肉。」

「快快！別鬥嘴啦，趕快看雪。」從汽車大燈射出去的一片光芒中，果然都是雪花，看似輕盈的棉絮慵懶地漂浮在空氣中。

下雪時候，世界寂寂無聲，任何東西都不忍心打攪下雪時每種生物們約定了的特殊靜謐安好。

葛瑞知道我從未見過雪，只會坐在那裡哇哇地叫，像小孩看聖誕節櫥窗笑呵呵。他給了我建議：「你把前座旁的玻璃拉下一點，伸手去抓大窗邊緣堆積的小堆細雪。」

就這一抓，我腦子剎時沒有電流。我以賣弄文墨為生，卻無法形容握住雪的滋味。如果勉為其難描述，感覺介在銼冰屑、雪花綿綿冰之間。如細碎的晶鑽，又如……

要是允許我抽象地說，我可能會說「雪，是忍俊不住的微笑」，別問為什麼？那就是我的直覺。

「待會我從下一個交流道轉出去加油，你就在加油站旁邊找空地，下車踩一踩雪，你要嗎？」自認識葛瑞後，我發覺他習慣以尾音升高的「You want?」當作詢問句，我只要點頭、搖頭就好。但我不記得我有搖頭的時候。

老實說，那種口氣有點在哄小孩子，如問說：「You like it?」翻成中文，就是那句很夯的廣告詞：「喜歡嗎？喜歡爸爸買給你。」

我並不覺得他這樣詢問我的意見，是父子模式。別嫌我臭美，我滿腦袋裝各式各樣的故事，隨便抽一本就可以應景。啊哈，就是這一本《當王子遇見王子》（其實是我一九九五年出版的一本書名），我確信無疑，葛瑞是大王子，我是小王子；他是家中獨立的老大，我是家中依賴的老么。王子的戲，沒刻意搬演，自然流露，那就順其自然吧。有些美好的關係，並不建立在希望怎樣？而是在於自然就怎樣！

趁葛瑞在加油，我跑到一旁，站在安全的雪地上了；雪雖薄，卻已形成一層底。我不會月球漫步，也不會跳踢踏舞，那我在擺個什麼譜？真是奇！躲開紐約那場雨，卻還是逃不過萬聖節要變裝，我變什麼好呢？

我想好了造型，把雙手向後撐開，身子站直，頭往後仰，整個人像一把向前撐出去的彎弓。我比后羿射日更瘋狂，我準備射雪。

下雪，美則美矣，可不如亞熱帶居民想得浪漫。重回快速公路上，我看著前方好些輛車子淪陷，有的打個橫，就被路面突起的雪堆卡住了。有三輛車在我們前面東扭西閃，因方向盤操縱不了四隻打滑的輪子。三位駕駛拚命演出花式溜冰，在那裡「你別A我喔」、「趕快閃啊，我沒煞車了」。畫面有點唐突惹笑，我是第一次看見雪地這麼詭譎，可以誘惑汽車跳曼波。不知是葛瑞技術好，或我們運氣好，當我們緩緩駛離那堆車陣，背後還聽見兩輛車發生悶悶的一聲撞擊，車子背著車主也要「The pleasure is mine」，搶時機親個吻。

人生始料未及，在返回水牛城途中，我怎知能看到從未打過照面的雪花，而且不是小case，是乾脆送你一片紛飛雪，引起我頻頻驚呼。第一次看到雪，第一次摸到雪，第一次舔到雪，第一次在雪上跳舞；不僅於雪，其他什麼第一次都有了啊！

像我這一趟專程來美國，暫時目標要跟葛瑞組成一個家。人生很多的第一次擠成一團，每樁事都快到來不及細想就發生了。

可不是嗎？我認識現在身旁這位烏拉圭籍紳士，也真還是不久的事呢。

一九九三年五月，我在任職的報社有些不悅經驗，蹩了一肚子鳥氣。攤開地圖想，這回該去哪裡散心呢？在盤算時，好友路易士正巧跟我聯繫，說他在紐約碩士班畢業了，力邀我到紐約，

理由很誘人：你再不來，等我回台灣了，沒地方像我這裡可免費過夜了。

何況一九八九年，我私下來已來紐約遊學半年，初次見識國際大都會，精彩好戲連台。我獨自闖蕩，可能只玩到皮肉，回台灣居然還有相思愁！幾次做夢都會出現紐約場景，一場相思未了，那何不再去見伊人？

抵達紐約連著兩天都在鬧時差，被路易士窩藏起來。第三晚五月二十一日，他約了一群圈內的台港朋友去一家新開的東方酒吧「Web」。湊巧那晚，葛瑞也從水牛城來紐約找一位台灣朋友未果，心想那位朋友或許去了「Web」，就轉赴陣地。

「Web」酒吧的設計，在此略作解釋。入口處位於一樓，來賓先排隊買票入場，魚貫進了一樓玻璃門後，等於就站在往下延伸的樓梯口。眼前有兩條路；一、可以直接往一樓另一端走去，通往一個小房間的酒吧、撞球台。二、也可從入口轉個彎，逕自踱梯而下。燈火通明的地下室正是舞池與吧檯，你想像你是雲端女神下凡吧。

葛瑞一穿過收票口後，尚站在一樓還沒決定往哪個方向去時，往下瞧，就注意到獨自坐在靠牆邊高椅凳上的我。那一眼，使他當晚沒再將注意力放在第二人身上。這就像賽馬賭博，買家不分散風險，全部押在一隻馬。牠輸了，你撕掉賭據。萬一牠贏了，你可能回收好幾倍。

我不知他看上我什麼？不致乾癟，但精實瘦小，是台灣迷你馬，可不是什麼黑馬長相吧？也許是我的書生臉，還有氣宇間的靈氣（哈，這一段是我自己添加的，沒跟他討論。）

我生理上還有時差，感到昏沉沉，一群台港姊妹就把包包統一疊放在我旁邊的高椅凳。我橫豎在打瞌睡，就自攬任務，由我來看管，你們這些妖精都去覓食吧。

一群天龍八部即刻謝天謝地謝媽祖婆，歡喜而去。

我隨意瞄了幾眼，這家「Web」在我四年前遊學紐約時還沒開張，點綴得煞是熱鬧亮麗。那時唯一東方風味的「Sapphire」（藍寶石）聽說還在撐著經營。兩家涇渭分明，「Web」是好動小孩的滑輪，「Sapphire」是老人博愛座。

我又環顧四下 go go boys，不像泰國舞男扭得像水蛇腰，就算是血蘭花那種大蟒蛇，給牠吞了都認栽。這裡的舞男不管東方人、白人、拉丁人（偶有黑人），肚臍眼都少裝了發條。

連美男都提不起我的精神，周公居然越老越有行情，戰勝 go go boys？

我這樣不知當壁花睖坐了多久，總算同行裡有一位新認識的台灣朋友良心發現，走回我站衛兵的地方。我說全身有點僵，請他暫時看守大包小包（我保證裡面沒有 LV），讓我下舞池扭一扭，放鬆前天才坐長途飛機壓皺了的筋骨。

隨著音樂律動，人家都成雙攬腰，我不介意獨跳了幾支舞曲，筋路拉開，精神果然清醒許多。當我神清氣爽走回宛如賣包包的路邊攤，先前代管的那位台灣朋友跟我咬耳朵：「你左邊現在坐著一位老外，他一直注意你喔。剛才你跳舞，他全程觀看，我就敲邊鼓說『我朋友不錯吧』，他還笑著點頭。你一定要跟他講講話，人看起挺 nice。」

嗯，很好的戰情更新。我剛才刻意不往左邊看，是察覺那裡站著一位滿身酒氣的傢伙。幸好，那傢伙走開了，我往左一瞧，也像「我愛紅娘（大哥哥組）」節目那樣最後掀起了布幕。害羞四目對望。祖上積德，是一位斯文有點質感的白人。

我使出最厲害一著，把微笑拋物線丟過去；他也露出一口白牙，還君一粲。酒吧搭訕不用教戰手冊，怎麼起頭也就是這麼一回事，必問必答題不外「你打哪兒來啊？」「是旅行或住在這裡？」

葛瑞說目前居住水牛城，他不是美國人，來自烏拉圭（Uruguay）。我當時也沒留意聽最後那一句，內心默念一次，以為他說來自厄瓜多爾（Ecuador）。Anyway，兩國名稱發音類似，也都同樣陌生，後來才搞清楚一個在南美洲，一個在中美洲。我那時心想：天哪！這是哪一個鳥不生蛋的國家？高中考地理，我還得高分呢，都白讀了。

我跟他提說來自台灣，這趟是旅行，停留兩週。他回報說真巧，他今晚正是來這裡找一位也來自台灣的朋友，那朋友學校放假了即將回台灣，將有一段時日不見，來酒吧碰碰運氣，說個Good-Bye，卻不見人影。

我心中馬上給他圈圈叉叉，那你還跟我搭個什麼訕？他耳聰目明，立刻補上正確答案：「Oh, we are just friends」。

聊到大夥要離去時，我讓葛瑞知道這兩星期都住朋友那裡。他說，當晚會留宿皇后區朋友家。這樣方聊乍歇，感覺意猶未盡，我們便約好了隔天一起吃午餐。

翌日中午，葛瑞很體貼挑選路易士家附近一間中餐廳。付帳時，葛瑞堅持請客，拿了一張白金卡（好像是當時最高級），路易士悄聲說：「他拿白金卡耶，這個人可以交！」

我聽了瞠目結舌，跟路易士睽別兩年，他在台灣不是這種個性，難道到異國讀書，就被紐約華爾街的商業氣息感染了？對我來說，管它鑽石卡、鈦金卡、白金卡、金卡、銀卡、好人卡都一樣。路易士也許在開玩笑，聽意思好似說：「嗯，這個人可以嫁！」

拜託！同學，你當我是來當外籍新娘嗎？

在美國中餐廳有一道獨特小菜，就是用膳完畢，送給每人一粒籤語餅。剝開元寶狀的脆餅，裡面有一小張紙條，寫些吉祥話。

我跟路易士都輪流秀出籤語，沒什麼特別；路易士請葛瑞亮相一下他的籤語，他先是故做神祕狀，按兵不動。

路易士很會纏，隔一會葛瑞慢條斯理把籤語紙給我，Oh, my God. 傑克，這也太神奇了吧？葛瑞的籤語比事先寫好的劇本還神，如預言般頒下聖旨：「It is right time to make a new friend.」（這正是結交新朋友的好時機）。

我讀之驚愣幾秒鐘，才會心一笑，將這一條籤語放進我的口袋。

餐後，路易士跟我交代今晚他在家舉辦畢業聚餐，也開口一併邀了葛瑞參加。下午全時段，葛瑞就負責當我的導遊。

時光有限，我們去曼哈頓南邊碼頭，坐在木頭階梯曬太陽、吹風、聊天、看海鷗飛翔起落。我在一些同志電影中，常看到兩個大基佬坐著合吃一支霜淇淋，葛瑞看見我猛瞧人家情侶吃冰淇淋，又出現葛氏問句：「You want?」

接著，我們轉移陣地。葛瑞載我從碼頭到中央公園，我們漫步著，一路走向許多在紐約拍攝的電影使用率最高的一幕：那一座位於湖心中央，油漆剝落的青藍色涼亭。今天沒人拍片，好吧，兩個男主角就是我跟葛瑞了。

我們倚著木頭柵欄，一邊享受午後日光，一邊看湖上風光。他問起了我這趟旅行背後的故事。我把促成這趟旅行的導火線說了，說起自己與報社主管有一段含糊曖昧交情；但他裝傻不認帳，躲我遠遠。我說話時，葛瑞以雙掌捧著我的手，耐心傾聽，一直注視我的神情起伏。講到令我生氣、困惱，每一處情緒波動的當兒，他就會輕捏一下我的手心，或握緊我的手掌，隨著我的故事無聲地表示：他把我的遭遇每一字每一句都聽進去了；而且馬上彈回來他的關懷、他的在意，甚至他與我站在同一戰線的義憤填膺。

我從小天性浪漫，對愛情充滿了憧憬。在台灣幹著新聞工作，與最時髦的行業、最多元的人物接觸。可惜在台灣三十年出頭仍虛度過去了，沒真正談過戀愛，真命天子還在某個山洞修行吧。

而葛瑞這些專注態度，與看似不經意的輕巧小動作，顯示他對我不打馬虎眼、不矯情造作；以謙遜善待我的信任交託。忽然，多年來我對愛與浪漫的想像早已被扔到明月照不到的溝渠，這下卻一件件給鉤出來了。

我神魂飄散地想著，前幾天我才在報社飽受那整人的小惡魔凌遲；這會兒我採取自救，遠離傷心地，旅程中蒙天垂愛，遇上了天使，來聽受難者的祈禱。

當下，我有一種感應，眼前這位臉頰瘦長的白人男子，在這趟旅行之前當然我從未見過；跟他相處半天下來，彷彿之間有一股牽引的力量，他像磁石吸著我這一堆散亂的釘子。

那是莫以名狀的親切感，照理說，我跟他充其量昨晚只聊了少許，下午有吐露點心事，僅此而已，他頂多是略有交談的陌生人。而我們講的又不是我專擅的華文，是菜英文。依常理，我應該對不知底細的他還放不開，怎會講到這般深層的傷心事？更使我著驚的是，他外表十足白種人，我卻毫無這種隔閡感受。以前在台灣、遊學紐約數月交往過的白人、拉丁人、黑人，一見面，連開口都不必，就先意識到彼此文化、價值觀、膚色、心態有所落差。

這些跟我有一面之緣，或短期交往統稱為「老外」的人，不論如何友善，終究無濟於事，胸口就是貼著「閒人勿進」告示。他們是基於禮貌，不真的在乎你的心事，也無意跟你分攤心事。你若真講出心事，他們極有可能敷衍兩句，落荒而逃。

然而，這個叫葛瑞的傢伙不知是怎麼一回事？外星白種人？突變型？進化型？已經發展出自我智慧的機器人型？

傍晚時分也到了，我不再繼續為此事牽絆，帶著同樣受邀的葛瑞回到路易士家。他的房東是坐輪椅的老人，幾乎都關在房間。整個客廳與餐廳都是我們可走動的地盤，四處放置點燃的蠟燭。日光燈的慘白被紐約客視為毒瘤，每家每戶都點亮電燈泡，點燭火尤其是風氣，貪那麼一點鵝卵石色的溫暖。

在場者，有的那晚一起去了酒吧已經識得，有的是生面孔。最後姍姍來遲的一位帥哥，進門後先跟路易士擁抱，道賀他畢業了。待那人一轉身，我認出了是誰，台灣才藝王子凱文。說這是宇宙無敵的巧合也不為過，搞半天，他竟然就是葛瑞這一趟來紐約希望趁他回台灣度假之前，說聲再見的那位朋友。

喔，這又是一段即便叫我當編劇，也編不出來的情節。巧到……你會說我故意瞎掰！

路易士為我和凱文互相介紹，我們彼此客套：「久仰了。」

凱文跟媒體照片上的一樣俊帥，人很親切。路易士低語跟他咬一陣耳朵，凱文立即笑彎了腰，手撐著膝蓋；等站挺身子，望著我與葛瑞連聲說：「太好了，太好了。」

想必路易士跟他提及，目前我跟葛瑞似乎在一段假期戀情中，下文尚不知曉。葛瑞也跟凱文親熱招呼，摟抱一下，看得出他們是關切對方的好友。

路易士大表驚訝，老聽凱文提到葛瑞這個名字，推崇此人是他在紐約見過最熱心的老外友人，但並未謀面。今日乾脆湊齊了一場張愛玲的小團圓，相干人等竟爾牽拖一堆。

然後，笑點出現了。當我第一次起身拿餐點，路易士將我拉到一邊：「哎啊，我不知道葛瑞就是凱文常說的那個朋友。我聽了太多關於他的好話，這個人很好；你如真喜歡他，儘管放心，好人一個！」

等我第二次回到餐桌時，凱文看我落單，身旁無人，湊近跟我悄聲說：「葛瑞的為人真是好到沒話講，如果你喜歡他，絕對是最好人選。」

我接連被兩個大媒婆轟炸，一個是推銷員，一個是使用見證人，若要論及婚嫁，那自是八字也不用合了，當場下聘。我和葛瑞只是偶遇的旅人，或許不過一段小插曲，即便再三聽說他是如意郎君，固然歡喜；卻不知這歡喜接下來該如何收尾？

感謝路易士義氣相挺，好人做到底。他把床讓給我跟葛瑞，自己去睡客廳沙發。一連住了兩夜，第二天葛瑞原該工作，仍心有所繫多留一日。隔天，葛瑞非得回水牛城處理工作進度。他說這週末要去巴爾的摩參加一位大學室友的婚禮，問我願意同行嗎？他會先開車來紐約載我，一起到巴爾的摩。還能有一個週末相處，當然美妙。我們就在路邊他停車的地方，上演十八相送。小時候看的《梁山伯與祝英台》電影氣氛都冒出來，似乎不愛都不行了。

周五晚，葛瑞趕回紐約，我懷疑他飆車。可能不想我擔心，我跟他說南，他跟我講北，居然說到有一次下雪夜經過蜿蜒叢林的公路，忽然從樹林間衝出一頭大麋鹿，將他的車頭撞凹了。他的人沒怎樣，看著壯鹿被撞後在公路滑行，很快回神就跳走了。

「你說真的喔，你沒把牠撞死，牠沒事對吧？」我審慎地求答案。

葛瑞保證那隻鹿體壯如牛，一溜煙就閃了。

「那就好，不然我坐你的車都會想起這件兇殺案。」從這一刻起，葛瑞就要慢慢摸清一個有著怪原則的小刁男底細了，看撐不撐得過這趟旅行結束？

在驅車往目的地途中，我的心情很好，一九八九年遊學紐約半年，都窩在整箱大蘋果裡，唯一跟朋友搭過火車到華府，卻沒用心看沿路風景。在葛瑞平穩的駕駛技術下，我得以欣賞滿眼綠意，看公路在丘陵上大氣開展，覺得：呵，我真的到國外了，一個完全迥異的風光。

我偷偷感覺一下，很是納悶，為什麼在酒吧認識葛瑞以來，我對他沒啥陌生感，他對我似乎也是如此。就以這次開車同遊為例，我們互坐隔壁，幾乎是熟友一塊出城去玩。

據我觀察，雖然我很早就被小說蠱惑耽迷，期望有「天雷勾動地火」的戀情；落實在生活中，我自知不是那塊料。被雷打到瘋狂地愛，並非我的感情模式。顯然地，也不是葛瑞的模式。我們都喜愛彼此作伴，至於說不說話並不介意，也就沒一定要掰些什麼，或回應什麼的壓力。靜默時，也不會害怕是否不禮貌？兩人都有默契，聊天多認識也不錯，安靜好生相陪也挺舒服，沒有禮儀的問題。

要去參加的這場婚禮，葛瑞說新郎倌是念大學的室友，波多黎各裔，兩人是黑白郎君對比。當天下午抵達教堂，時刻再好不過，新郎、新娘與牧師在舞台上排練明天婚禮。為了不打攪，葛瑞和我在教堂最後一排坐下，靜睇著彩排進行。

葛瑞的波多黎各同學和白人妻子站在台上，只看到背影。美國電影看多了這種在教堂中舉行的婚禮，現在親臨其境，雖然婚禮的花團錦簇還沒布置出來，空氣中已經嗅得到一股喜氣。明天會有大家最期待的拋花吧，不曉得那一排附近是否為男人禁區？不然我故意走過去，看會不會巧到被捧花砸到頭，也幫我預約一場婚禮好了。

台上行禮如儀，牧師宣布新人互戴戒指。新人面對面開始為對方套上戒指時，我福至心靈，也聽從牧師的宣布，把食指與拇指圈起來，模擬一個戒子，一半好玩，一半出自有心，象徵性地套入了葛瑞的左手無名指。

我感到他震動了身子，以手緊握著我的獨一無二「指頭戒子」，越握越緊，彷彿怕握住的東西會一忽兒溜走。

我無心的「福至心靈」，似乎變成兩人正逐漸真誠面對的「幸福來臨」，他轉過頭來對我微笑，整個局面大翻轉，牧師不僅為台上、也為台下一共兩對新人福證。台上有名有實，台下誠然也不是完全在玩家家酒，一股認真考慮要在一起的念頭如風吹過心湖，盪開了一圈圈花兒綻放般的同心圓。然後，我好像灑狗血還沒灑夠，多自言自語了一句：「I do」，迅速地我們之間撐起了戲劇張力，葛瑞也陪我灑點狗血，複誦「I do」。那當下，比八點檔還詭奇，台上新人按部就班彩排如預期，沒有新奇；台下沒人注意的一對男生，跟著牧師念證詞時間，自行完婚，搶了正牌新人的戲分，這才驚異。

我們正一步步走進天上那位編劇老兄的設局裡，不然有多少人認識不到一週，會發神經跑到教堂，趁人家結婚彩排時段，半推半就著我們的終身大事？

如果這真是我們倆的婚禮，我非常可能「I do」不下去，葛瑞亦然。畢竟我們認識還不夠深入，多少人會拿婚姻當兒戲？（儘管同性結婚此時在美國法律根本也不叫「婚姻」）

就正因為這不是我們的婚禮，卻剛好讓我們鬼使神差坐在教堂後面觀禮，一時興起，配合演出，就帶來了「對這件事可能性的想像」。真正實踐著這一場婚禮彩排意義的主角，根本不是葛瑞的大學室友跟他明日將成親的妻子，反而是我與葛瑞。

兩週旅行到了尾聲，我與葛瑞都感受焦慮混合著喜悅，五味雜陳。約莫十天，真可以改變了兩人的一生？

旅行結束前一日，我們下了決心，以後要在一起，想辦法克服困難，一關一關闖。大方向決定了，我們都知道從旅程返回實際生活，雙方就必須加緊步伐，為這個「要在一起」準備了。照計畫，我給了自己三個月，將報社主編工作告一段落，也理一理要遠行的心思，以及打點諸般生活物事。這三個月內，是我這一生當中真正的戀愛期。以前，有單戀、暗戀、苦戀、甩不掉之被戀，沒戀沒愛的時間居多。只能移情到朋友身上，從人緣、友誼中吸收養分。

葛瑞似乎也是如此，他頂多邂逅，嚴格要計算在內，沒一回真戀愛。這是我們兩個都過了三十歲的生手第一次你情我願，去樂於享受情人分開後的思念、期待、愉悅，甚至湧上比昔日更深的寂寞。已知兩人在一起的好，又得回到單獨過活，寂寞之獸變得更難馴服。

這三個月中，我們像初次談戀愛的小伙子，每天通話、傳真。是的。那個白堊紀時代傳真機還很發達。原來，真正陷入戀愛的感覺就是雙方兩頭燒，各自拿著吹筒，隔著半個地球，你吹一口，我吹一口，把那團營火吹得火勢熾烈。相比之下，以前那些什麼單戀暗戀忒也辛苦，自己拚命吹著火，對方沒反應，很快就剩下餘燼。

我長這麼大，才體會到雙方一起在戀愛是這種滋味，有來有往。只有「你愛別人，沒被愛回來」真的太累，偏偏我遇到的皆非俠客，未能「賞我一刀，死得痛快」，都在曖昧拖延中凌遲著我。

巨蟹座的葛瑞七月生日，我不想送花錢買得到的禮物，再昂貴的，畢竟都有價格。我自恃冰雪聰明，當然一出手就得讓壽星嘩的花容失色。我到 KTV 錄了一卷獨唱的帶子，其餘部分我製作得很像廣播，背景放音樂，我開始說出對壽星的祝福。

葛瑞收到那捲帶子，故意坐進車子內播放。他希望有一個全然屬於自己的空間，滴水不漏地留住我全部的祝福聲與歌聲。

我在背景音樂悠揚韻律裡，訴說著跟他認識之後的感受，我說：

謝謝你走進我的生命，像個王子一樣出現。我過去落單很久，以為被老天遺忘了。直到現在遇見你，我確定老天爺把過去所有欠我的，都零存整付還給我了。

葛瑞聽到這一段告白時，眼淚就流下來了。他十七歲就從祖國烏拉圭隻身來美國唸書、工作，沒有很親的親戚、沒遇到有資格稱為男友的人。他覺得一生之中，沒有人對他這麼好過，很少流淚的眼睛被突如其來一場大雨淹過堤防。

在紐約那趟旅行結束前，我和葛瑞必須有個初步結論，決定「要不要在一起」？不在一起很簡單，就當是旅行豔遇，快樂作伴，留下溫馨回憶，甜美地說掰掰，有緣再見。以後天涯海角相隔，各忙各的，偶爾想起問候一下，變成了起碼聯繫不會中斷，但也不會知悉更多消息的朋友。

這是我們要的決定嗎？應該不是，我們都不想讓這次相遇在互道珍重中謝幕。

那麼，另外一個所謂「要在一起」呢？它，到底對我和葛瑞又代表著什麼意義呢？

這不像男生愛女生那樣單純，在旅行中邂逅了，當旅行結束，還可以妳飛過來，我飛過去會合，繼續戀愛下去。等待某一天情感成熟了，步上紅地毯結婚，生兒育女組成家庭，這才叫做「要在一起」的畫面吧！

然而，我跟葛瑞「要在一起」有太多變數，他是烏拉圭籍拿美國綠卡，我是台灣籍，以後誰依親誰都是非法，一眼望過去的可預見將來，我們在法律上是沒有「在一起」的遠景。

就算暫時在一起之後，能不能走下去？能走，又能走到哪裡去？一個問題接一個問題泉湧而出，我是感性派，很容易感情用事，都已經憂慮重重；葛瑞是理智派，他定然更細膩想過以上的殘酷現實問題。

或許，我們那時被愛沖昏了頭吧，不然如果一想到法律層層難關、異地生活對我的衝擊、文化潛在的衝突、自以為掌握了對方人格的程度可不可靠、十或二十年後該怎麼走？以上任何一個問題都會把我們嚇跑了。

不知基於什麼原因，我們有意無意裝傻；或眼前太依戀，故意不去想未來，保持「能戀愛多久算多久」的情意與情義。

一切未來都是未知，面對感情的未來，從來都沒有全贏的保證，總需有一半參與的勇氣，和一半憑老天作主的機緣。

就像我們開車返回水牛城，怎麼料得到本來只是一場萬聖節雨夜，並沒什麼特殊：卻在途中某一個神奇時刻，雨珠冰結為雪花，在我眼前完成這個神祕的轉變，讓我見證了水從液態怎麼變成固態。初次見到雪花的意外驚嘆，又豈是我跟葛瑞剛踏上返程時所能預料？

如果想太多，我跟葛瑞就打退堂鼓了。那天駛回水牛城已是凌晨，鄰近尼加拉大瀑布，氣候更寒，雪花早又化身為雪片、雪塊、雪堆，把整座城市都覆蓋了；只剩零落的枯樹枝、被雪在其上走鋼索的電線、部分從雪堆裡露出的屋頂。前方連路幾乎都不見了，因為我們是第一批進城的車輛，沒有前行者的輪胎可以辨識跟隨。

這一條愛情公路，實際上從紐約出發回水牛城，沒逆料一路會有如此繽紛的景致。而抽象的這一條愛情公路呢？我們從一九九三年的紐約出發，將開往何處？能開到何時？我們都「樂觀地不去多想」。

愛情本身，會慢慢給我們答案。

第二章．小鎮風情，新婚假期

（水牛城：1993.8~1993.11）

1

我和葛瑞，以及在紐約留學的好友小梁就站在曼哈頓唐人街最熱鬧的路口，看到前面一排都是金舖，每家站在櫃檯後的老闆娘似乎都長得一個模樣。我們面面相覷，瞬間愣住了，忘記按照原先計畫是怎樣開口？

我跟小梁趕緊再做了一次沙盤推演，點頭示意出發，葛瑞任由擺布地跟在後面。我們走向最近一家金飾店，老闆娘笑盈盈打招呼：「買戒子啊？是結婚還是什麼用途？」

小梁負責打點：「我們來看結婚戒子，是他要買的。」他抬起下巴，對準我。

我沒敢跟老闆娘視線接觸，低頭專心在挑中意的戒子。老闆娘大概制式化都要問下一句：「那新娘呢？手指跟你比，粗細差不多嗎？」

小梁沒忘了任務，他是來丟煙霧彈，表面上說是代表新娘來套婚戒大小，其實一邊裝著在詢問葛瑞意見，也把試戴過的幾只戒子給葛瑞套套看。

現場有點複雜，我擺明是新郎；但新娘沒來，小梁也不知是新娘的誰，更離奇的還有個白人老外。到底誰要買？當然我要買，但其他兩位又是誰在幫忙新娘試戴？

哎，只能說距今二十年前的當年，我們對華埠還是沒安全感，兩個大男生去買結婚戒，有點害羞。我才叫小梁來充場面，趁混亂之際，不是偷，而是讓葛瑞試戴到他無名指舒適的戒子。

這樣紛亂了一陣，老闆娘肯定世面見多了，已搞清楚了狀況。她也不囉唆，語態自然對我說：「就是這一對啦，你戴和他戴都剛好。」

想必這裡是紐約，老闆娘每天要應付多少同志情人來買婚戒，人家大大方方，就我神經兮兮，還把小梁抓進來，演〈戲鳳〉裡的大牛。葛瑞最占便宜，老外嘛，橫豎不必跟講華語的老闆娘對話，一邊沒事人似的。

我們選了一對沒雕花，只刻兩道紋路的陽春金子婚戒。老實說，那時也真的不在意買多麼好的戒子（「第凡內」三字沒從我心中晃過，甚至連梅西百貨都沒有），腦子想的是：喔，老天，我要跟這一位阿斗仔結婚了，不是演戲，是私訂終身，還要戴戒子為證，有戒子就好。

我和葛瑞在我這趟紐約旅行結束前，表達仍願意在一起。眼前時間壓縮，因陋就簡，婚姻不就兩人的事，及第三人公開見證嘛？我和葛瑞這下有信物了，小梁權充證婚人，三人就躲在他位於NYU附近，向「房東小姐」分租的屋裡。因沒事先準備一般結婚誓詞，索性由小梁即時發揮，我和葛瑞就「I do, I do.」地把金戒套在對方手指。然後小梁說：「可以親吻新郎了。」

我們也顧不得他指的是哪一位新郎？就親啄了一下嘴，沒有法式濕吻。我們很擔心他口中房東，那位不知南洋哪一國的 bitch（自以為是高人一等皇后的 gay）會忽然闖回來。

這是最簡單的婚禮了，三人喝著香檳慶祝。沒有蜜月、沒有入住新家；更詭譎的是，這一對新人剩沒幾天就要此去千江萬水，在兩地思念，獨自過新婚的日子。

但我們約定三個月後，在紐約重逢，使等待有了熬下去的目標。

感情乍熱就要別離，這三個月不好熬，想當然耳。其間，我因報社公差到北京，體力疲倦，得了民間俗稱「蛇纏腰」，即帶狀疱疹，前胸下方幾粒小水泡痛得要人命。我到大藥房去問，有沒有治療疱疹的藥？站櫃檯那位大嬸一開始沒聽懂，再問懂了，要我掀開衣服給她看，沒料到這大嗓門大嬸就嚷起來了：「哎唷，他得了疱疹耶，你們看看。」

我站在原地，像醫學院教室裡的一具大體。這死大嬸婆，沒有藥不早說，還吆喝站櫃同事們全轉過頭，少爺我給你們白看白瞧！

我跟葛瑞通話時，說了這事，連他這個無神論也直呼：「Oh, no, my God.」

感覺甜蜜之餘，又像被判刑，蹲了三個月牢。我每天在那裡急急如律令，終於盼到了約定見面的日子。小時起，我始終以為個性無法適應新環境，絕沒想過長大會在異國生活；但參考紫微斗數又早已洞燭機先，我的遷移宮祿馬交馳、對面命宮又有太陽化祿會照進來，真要信命運之說的話，我終需與家鄉告別，在異鄉住上好一陣。這是巧合或命也，實不知情，但愛了就去闖吧。

八月，報社公事交接妥當了。正巧，有幾位友人也要去紐約度假，安排搭同一班機。我是去會情郎，另一位很熟的女同事想見識紐約，其他兩位男生是她藝術系要好同學。

抵達紐約機場，四人集體通關、領行李，開始往出口方向尋找標示。怎麼沒看到他？我心想，葛瑞不可能遲到，這麼重要的碰面呢。正著急，我們一行四人轉了個彎，見到葛瑞在二十步之遙朝我們走來，逐漸靠近。

當葛瑞走到我們跟前，一直擺在背後的那隻手，變魔術般拎出一株大朵紅玫瑰。

這個畫面倒有趣了，當時如果有個外人，正好瞧到葛瑞來接機這一幕，三男一女隊伍迎向一位攜花的紳士。任誰都會想那朵花，當然是情郎欲送給才下機的女友表情意。

這齣戲卻整個突搥了，收花人並非那位女同事。劇情急速翻轉，葛瑞不偏不倚走到我的面前，把花親手送給我。呵呵，大家熟悉的男歡女愛劇情全亂了。

他把花遞給了我，用力擁抱了我，輕輕在臉頰落個吻，三個月闊別等得總算有代價。

我俏皮地回頭，跟那位熟識的女同事說：「歹勢，只有一枝花。」

葛瑞從紐約載我返回水牛城，一路我因時差在昏睡，到了他家我仍在幫睡蟲孵蛋，他也不吵我，讓我愛睡到什麼時候自然醒。

等我睡飽睜開眼，天色亮了，眼睛盯著陌生的天花板，忽然閃過《羅馬假期》一幕。奧黛莉・赫本飾演歐洲某一公國的公主，因壓力情緒失控被醫師施打鎮定劑，反正劇情牽來牽去，最後公主是在葛雷哥萊・畢克扮演的美國記者公寓中醒來。

她醒後第一眼盯著天花板，怎麼宮廷的美麗花雕都不見了，變成一片平凡無奇，也許還有蜘蛛網的牆角？

我忽然啞然失笑，什麼跟什麼？我又不是落難公主，我是找到幸福的王子。那我到底睡在誰的房間呢？思緒有點串不起來，就在這當兒，葛瑞走進臥房。怎麼又變回電影了？他雙手捧著一張床上小餐桌，上面擺放傳統西式早餐，培根炒蛋、烤土司、柳橙汁，外加一株玫瑰花。這不是很像電影情節嗎？我受寵若驚趕快坐起，葛瑞把小餐桌架在我大腿上方。我剛還調侃自己，這下竟真如所願，成了在床上享用早餐的王子。

「這花……？你一大早跑去超級市場買的嗎？」總不成從他花圃剪的吧。配上一株花，儼然是五星級飯店的早點。

「是啊，開車很近。」貼心的葛瑞忽然變成了《羅馬假期》那位萬人迷的男星葛雷哥萊・畢克，正巧，名字也都有一個「葛」開頭。

那一天特殊禮遇以後，早餐都移到正常地方，在廚房餐桌上吃。我尤其喜歡餐桌靠牆的那一面窗戶，晨曦透進室內，把餐盤玉米粒照得顆顆澄黃發亮。這樣吃食物，像是灑上了日光鹽粒，口感宜人。

這一個月在歲月靜好的水牛城，度過我們的新婚期，恬淡沒有壓力，正式一起過生活，深入了解彼此。葛瑞帶我去美、加邊界的尼加拉大瀑布，穿黃雨衣搭電梯下到瀑布邊，興奮尖嚷著被水柱狂噴。還有，去吃遠近馳名的「水牛城辣雞翅」，選了一家最老牌餐廳，黑人歌手現場唱著靈魂樂，被光陰染色的木板牆面掛著很多黑白照片，要人名媛流行來此用餐。

葛瑞居住的這棟學校教職員宿舍，獨立一戶，屋外種滿松樹，松樹上常見松鼠飛躍，跟我大眼瞪小眼。一天接一天，感覺住在緩緩的時光河流畔，生活步調像古董立式長木箱時鐘那根鐘擺，慵懶地左搖右晃，有點催人眠，小城日月長。

一日，葛瑞以標準國語隨口唱著「因為這裡有愛，等你回來」，我聽出這是蔡榮祖的歌，神經敏感跳了幾下。我表現出一位醋勁大的老公模樣，急問：「你唱得很標準，誰教你唱的？」

葛瑞拿翹，我越想知道，他越賣關子，一派輕鬆，甚至還吹起口哨，偏要我著急。我想他能唱到如此字正腔圓，必經人指點。這個人當然是華人，哇，有個神祕者？競爭對手？

「說啊，不說我會纏著你問。」我在報社工作過，記者盯人那套我本來就會。

「OK, try me!」葛瑞還在跟我耍賴，後來看我不出聲，他哈哈大笑，領我進屋子，打開電視，轉到華語頻道。他說，就是在這些歌唱節目中聽到學一、兩句而已。

好傢伙，故布疑雲，挖個坑讓我跳。搞清狀況後，我也為自己這韓國泡菜式的小吃醋，覺得唐突好笑。

某日，葛瑞下班後，心血來潮去超商帶一束花回家。一週後，看著盛開的那把玫瑰開始萎頓了，葛瑞有一個點子，載我到市區一間家庭飾品店，挑了一粒迷你型圓滾滾的厚玻璃瓶，瓶口以木塞擠緊，小巧別緻。

我不知道葛瑞葫蘆裡賣什麼？買這玩意要幹嘛？拿它來裝什麼都嫌小，糖罐？蜂蜜罐？那喝一杯咖啡、一杯檸檬紅茶就沒了啊。

我當時也沒問，跟他神祕兮兮回到家。他開始動手，拿出花剪，從那束玫瑰中挑一朵最燦爛綻放的花，咔喳剪下，紅豔花球離了枝。他接住那朵飽滿盛開的花兒，裝入剛買的厚玻璃瓶子，再把木塞牢牢塞緊，送給我，說：「see，永遠不會枯萎了！」

我自詡是巧心人兒，很多事都設想在前；偏就沒料著葛瑞看起來理性很強，這次比我的心更巧，竟能想到去買這麼一粒耐摔、耐撞玻璃瓶，做如此用途！

從裝入花苞那一天算起，二十年過去了，這朵玫瑰花在瓶內已變成乾燥咖啡色；但花的形貌毫無改變，仍好好地放在我們台北的家。

我有時拿起來以眼睛水平線觀望，它像一個深色琥珀雕成的花蕾，雕功細膩，質地內蘊光華，看似商店珍藏的商品，但沒標示價格，代表非賣品。

這株玫瑰的價格，在我心目中早就超越了鑽石。我們沒有後代，自然它不會是祖傳之寶；我很慎重地考慮，將來我往生了，便與我一起火化，我的花、我的愛、我的靈……冉冉飄往無邊無際的天空，帶著微笑，天地任遨遊。

原來他那麼曲折一陣，就是為了把送花的心意，連同初遇的時光，一起鎖在這只透明玻璃裡，讓我永遠收藏；隨時想的話，都可以觀看，見證一切是真的。放置在時光膠囊裡的一朵玫瑰，實在超時空的美。

為了投桃報李，我也等待著好時機。剛好他被派到外地出差兩天，我祭出了我的法寶。葛瑞曾載我出來逛街，經過一家店，記得裡面就有我要的東西。

我從家步行了好一段路到商店街，走進專賣聖誕節流行的那種小屋、豪宅、別墅、城堡的迷你模型店。這些看似小巧，拿起來都重甸甸頗有分量，應是石膏製品。我挑了一座紅磚的小房子，還有煙囪，白欄杆。

第二晚就寢前，我點亮小屋子模型內的燈泡，看起來就像一個開著燈，等歸人的家。我把它放在走進房間必經的走道上，並在小房子下壓著一張我手寫的筆跡：「Welcome home!」

九月底，葛瑞收到移民局通知，必須返回烏拉圭進行綠卡面試。我們商量正好就利用這段時

間，我獨自飛到原本就很想瞻仰的巴黎、倫敦遊玩。

在紐約機場，我們擁抱說珍重，各自走到飛行目的的安檢入口。我那時心情忐忑，甚至沮喪、驚亂，突然迷了路似的。巴黎，不是我嚮往已久了嗎？英倫的異國風調不也在朝我招手？我還認真學了一年法文呢，可是為何這般離奇，我竟沒有一絲喜悅，渾身像被榨乾的甘蔗渣？

排隊時，我看見相隔數名旅客前方有一對年輕情侶不時親吻，女生一直流淚，哭紅了眼。看樣子這位女孩是從歐洲來觀光，遇見了身旁的美國男孩萌生戀情。現在旅程結束了，在機場淚奔分手。小兩口不顧旁人，浸在濃情愛意與依依難捨泥漿裡，女孩情不自禁的飲泣、男孩極力安撫的親吻，我都一一看在眼裡，也感染到那種電擊式的離情傷心。

我忽然也很想哭，巴黎、倫敦或者天堂，在跟葛瑞分道揚鑣，我單翅獨飛後，變得跟嚴峻的東、西德圍牆一樣，是分隔的無情象徵，而不是香榭大道、海德公園的文明姿采了。

我恐怕是有史以來最差勁的巴黎朝聖者，一飛抵巴黎，完成小旅館 check in，把行李丟在房間，受不了空蕩蕩的落單感，奪門便往街上跑。我如無頭蒼蠅在繞圈子，巴黎的窄小街道看起來都很像。我總算找到了一張公園椅凳，魂不守舍坐下去。這才發現，我坐在塞納河畔。

多少人夢寐以求要坐在這條河邊，望天空倒影，看兩岸宮廷建物，發思古之幽情。我真沒用，居然垂著頭，眼淚欲奪眶而出。

塞納河，是騷人墨客文學家的繆斯女神，我坐在這裡不爭氣地想哭，真如褻瀆神明。

想想看，巴爾札克、羅曼・羅蘭、紀德、雨果、卡繆、昆德拉都曾在這條河邊散步，沉思過情感深度、領悟過人生奧妙，無限歡喜讚美。只有我最不堪聞問，溺在小兒女私情裡，遺憾著美景當前，葛瑞卻不在身邊。

對巴黎，我難掩遺憾。在當地借住朋友的朋友家，八竿子勉強打到的關係。我也不便麻煩人，自由行嘛，什麼都靠兩條腿，和一張導遊地圖。那地圖是巴黎觀光局製作，如一張十八世紀的地圖，全部以筆描，畫出縱橫如鳥腸的街道，各處矗立著不同建築風格的縮小描圖。

巴黎悠閒，很多時光給觀光客儘管悠哉打發，號稱一棟古蹟建築可以看一天。我想，不如發給觀光客在建物內睡帳棚吧。半夜，可能還會奉送遊客隱約可聞上世紀這裡開大型派對，觥籌交錯，男女賓客喧嘩的遺韻裊裊呢。

我好些天就在看這一座座古蹟建築，感到自己都快發霉了。

在巴黎兩週，夜裡，我幾乎不外出。沙發借我睡的那位朋友的朋友，是法式料理媽媽班的老師，白天就在家裡開課，學生都是華人高級外交官太太。他一直跟我說：「出去玩哪，我從來沒見過來巴黎不去看夜生活的人。」

這位跟我同齡的屋主是不是嫌我妨礙，他也許每週會男友親熱的行程被我這不識趣傢伙打亂了。好吧，我懂暗示，索性到行前唯一打聽到的戲院，聽說男人不看電影，儘管走來走去互瞄。這家小戲院果然有紅樓戲院的味道，只是亂沒情調，戲院內光線比較亮，全不體恤有人見光死，沒行情。大家都穿梭樓梯、牆邊、洗手間比較暗的區域，像遊蕩的魂，等著附上其他男人的身。我是少見的東方臉，即刻有高眺男士來打招呼，全巴黎終於找到一位能以英文溝通的法國人。

在巴黎，不用法語點餐，連服務生都給我臉色看。偏學了一年法文，學到用時方恨「噎住」。我跟著那位穿著紳士、眼瞳很美的男子回家，座落不遠。位在二樓，從狹窄樓梯爬上來，這個城市真不歡迎胖子吶，什麼都為瘦子量身訂做。

他家裡通道的牆上掛滿了照片，我認出了幾張赫然是他。相片中，他的頭髮豐茂，還真是一枚大帥哥。如今頭髮疏了，只有有心人方能在他那雙綠湖的眼睛還見得到貴族沒落以前的輝煌。

我自然不是來上法文鐘點課，這種喜歡東方男孩的老外都有一樣味蕾，光聞著東方男生的體味，以及摸著光滑肌膚，便已醉茫一半。他們會對通體淨滑的東方青春軀體，發出不知是讚嘆或哀鳴的聲音。

我以前即使單身也少打野食，跟葛瑞在一起後，次數掛零。這次也許異地語言不通、借住屋主淡冷性情，使我有疲態想依賴。好吧，這些理由都不算數，我也不必粉飾，敢作敢當，有些人，有些時候就是需要被擁抱、愛撫。如此簡單。

每人有自己的菜色，例如牛肉吃到幾分熟？而我的野食菜單上，從沒有耗時烹煮的「10」這一道菜，這是我之後堅持了二十年的底線。

6

我很對不起巴黎，巴黎也很對不起我，我們互道珍重，心底終於說了踏上巴黎之後第一次撂下的法文：「Bon voyager」。

我搭機飛越了海峽到倫敦，台灣年輕時代的好友昇傳來倫敦發展多年，甚久未見，重逢大喜。他與英籍男友維克（Vic）來接機，雖是冰冷雨天，一與他們擁抱燃起了熱情，亦不覺寒矣。昇傳聽我說與葛瑞私定終生，樂得把我抱起來。他與我年少相識，知悉我曾經多麼孤單，悶悶不歡。而眼前，我們都有了伴。

我喜歡倫敦市郊的住宅區，成排並列的獨門獨戶二樓，均有一座前庭花園，鬧中取靜。我抵達的第一晚，電視黃金檔正在播放美國熱門同志影片《Tales of the City》（城市故事），當男主角終於在九彎十八拐拖延之後，與心儀男生擁吻。兩人吻下去那一刻，我們三人都快活地從沙發上跳起來，發狼嚎，呼鬼叫，彷彿男主角吻的是我們。開心的似乎不只我們這一家，聽外頭聲音，好像整排巷子的屋內都在尖叫。

第二晚，他們帶我到 SOHO 區，跟紐約的西村調調類似，有點雅痞、嬉皮、同志混合風，叫我著迷。

我住了幾天，耳濡目染也開始有了英語腔；就像台灣人到北京不必多久也會開始捲舌，什麼結尾都是兒。

在倫敦行近尾聲時，業餘做點手飾品的昇傳帶我去逛珠寶展。我對珠寶所知有限，經過他的解說，發覺看這些原被視作珠光寶氣的「特殊石頭」，其實滿有樂趣。

珠寶，是地底深處高溫融化的岩漿，從縫隙流出地表，經過冷卻，而在不同條件下結晶成為各類寶石。從岩漿變成珠寶，是一條跨越千萬年的漫漫長路，只要路上稍微走偏一點就報銷了。

這是不是跟愛情很像？目前天文學家估計，全宇宙裡像太陽這種恆星有好幾兆兆個。要在同一個時代，活在同一個地球的比例，小到令人咋舌。最新調查的地球總人口有七十五億多，一個人跟另一個人能夠認識，際遇已妙不可言；而一個人要愛上另一個人，兩情又剛好相悅，這機遇更是天人讚嘆，沒有別的字眼可以取代。

較為常見的珠寶有二十餘種，其中鑽石、紅寶石、藍寶石、祖母綠、貓眼石合稱五大寶石。每個人都是寶石，珍貴無比。不過緣分無法以金錢訂契約，譬如你是尊貴的鑽石，但對方情人眼裡出西施，偏偏喜歡藍寶石，一鑼一鼓沒搭起來，喜氣洋洋的〈鳳陽花鼓〉就無法高歌。

「彼此看對眼」，是愛情擂台的總冠軍決賽，冠軍只有一位。相遇，可喜！相知，可貴！相愛，可登上至樂也！

我自然特地留意鑽石男戒，鍾愛好幾只的精湛設計，價格之高，當然就不必提了。幸好，我與葛瑞都不是非以珠寶戒子當婚戒的人，那次在唐人街買的陽春金戒戴得照樣很歡喜。如果，要將一罐汽水的手拉環加工一番，我也會毫不介意戴上去。

返家途中，我跟昇傳講了如何騙金飾店老闆娘買結婚金戒的事，他笑得捧腹。我舉起手讓他看看就是這只婚戒鬧出的糗事，他說的正中我心：「所有東西的價值，都看當事人怎麼定義。」

到家時，他在信箱中抓出一把信，其中一封竟是寫給我。看筆跡就知道是葛瑞寄發，他都知道我快回紐約了，怎麼還以限時信寄到昇傳這邊來呢？不是發生令人擔心的事吧。

拆信一讀，原來是一封兩頁情書。

我最親愛的佑生：

我很開心寄給你這一封信！因為這意味著你即將回到家，跟我生活共處了。你覺得我很堅強，是獨立個性的人，以為我並沒有十分思念你。這完全不正確。我是可以很堅強，亦能獨立，但我終究非常想念你。

這一個月，不像你以前在台北的家，我能每晚跟你通話、寫信。眼前對我真的很難熬，因為我已太習慣每天有你。我想，我無法再承受像這樣的分隔了。假如日後我們之間有一人要離家到外地，我們必須好好計畫，以確保每天都能收到傳真，通到話。

我很高興這段離別終於快結束了，遺憾你在歐洲似乎沒玩得很愉快。我對你給我的愛，是何等興奮與榮耀呢。我真的值得你付出那麼多愛嗎？我有時納悶，自己只是一個普通傢伙，但你愛我愛得這麼理所當然。

當我們在紐約居家底定，我會慢慢回報你對我的愛意。我知道很多伴侶起初喜歡時，或剛進展關係期間，都相愛不移。隨著歲月愛情褪色，他們分手或離婚了。

我希望並深信我與你的愛是不同的，一定會在時光飛越中，越積越厚實。我覺得之前，我們的愛是奠立在熱情之上。經過你這段歐洲行的分離，每當我們透過電話交談，都覺察到我們愛情的深度、真誠度與時俱進了。

佑生，你對我非常特別，你給了我非同凡響的美麗愛情。我慶幸我們遇上了，你從此改變了我的生命。

我盼望著在紐約開始我們的新生活，尤其甚者，我期待愛你，並擁抱你，日日夜夜。

我愛你。

葛瑞（Gray）

兩週在巴黎，兩週在倫敦，總共一個月行程中，我跟葛瑞唯一的聯繫，是路邊電話筒，不想叨擾使用昇傳家裡的長途電話。這段時期的戀情，有些吉普賽風。一天逛完大英博物館後，我站在人行道上，拿起公用電話筒，打到南美洲葛瑞媽媽的家。

我講電話時，刻意轉身面對巍峨的博物館，眼前一片壯觀，人氣充沛，激勵人心。我為何會記得這個片刻，連姿勢、方位八九不離十呢？因為就是那天，我聽見葛瑞告知的大好消息，曼哈頓有一間學院通知他面試了。他的綠卡手續也沒問題，雙喜臨門。啊，謝謝英國女王！託您的福。

7

在巴黎兩週是月球漫步，在倫敦兩週是日月如梭。一眨眼，我又飛回巴黎那位法國菜師傅的家，借住最後一宿，明天快樂出帆，將要與也剛從南美洲返回水牛城的葛瑞在紐約機場相會。

我坐在朋友的朋友的家，還是不想出門，跟巴黎真個緣淺。忽然覺得歸心似箭，要多等這無聊的一天，直如坐了冤獄。我看到一道贖光（不是寫錯，而是真的一道「救贖」的光），拿起電話碰碰運氣，接通到我的返程航空公司，詢問本來預定明晚的機票，可否提早一天？

電話那端的女士以天使的聲音說：「可以啊，今天這班還有座位。」

喔，巴黎花都，我終於愛妳了。妳把最難實踐的美夢，留到最後為我點一下神仙棒，諸事變如意。我趕緊撥電話給葛瑞，說我提前改機票，今天就可抵達紐約。我從巴黎飛往紐約，跟他從水牛城開車往紐約，時程差不多。

晚等一天會怎樣？當然會怎樣！所有談過戀愛的人都可以回答這個問題。

第三章・都會叢林，野兔竄躍

（紐約：1993.11~1997.2）

1

紐約高樓多，像叢林；紐約人多，像很會生的野兔窩。這座廣納百川的大都會，既然人多，就什麼人都有。哪天遇到甘道夫、美國隊長、忍者龜、海綿寶寶、黃色小鴨、奇葩、怪胎，請見怪不怪。

那天合該有事，我跟葛瑞去看小劇場穿得太優雅了，他穿著暗紫色襯衫，我穿著深一點的袈裟黃，都打著黑色窄領帶，穿著黑色牛仔褲與皮鞋。我們正在當時曼哈頓時代廣場附近尚未都市更新，還是一片色情店面的四十二街上趕路，儷影鮮亮。

忽然，身邊出現一位先生，字正腔圓說：「Excuse me」。他的腔調跟電影《窈窕淑女》（My Fair Lady）那位語言學博士一樣咬文嚼字，想來是高尚問路人。我們停住腳步，看他穿著毫不起眼，卻又不似街友。我們等著他報出路名，不料他的第二句卻石破天驚：「Who shaves whose ass?」（你們是誰幫誰刮肛毛？）我跟葛瑞愣了一下，沒生氣，轉頭離去而已。

走了一段距離外，我們才把憋住的笑聲噴出來。我笑得岔了氣：「你看到沒？他為了這件事，很認真把我們攔下來。第一句問得正經又誠懇，好像我們是一對正副總統候選人，他要提問施政藍圖。」

葛瑞笑著接腔：「然後，當他問那粗鄙的第二句話，意思雖然不堪；但他還是問得很真誠。明明想損我們是gay，聽起來彷彿呼口號，『祝你們高票當選』」。

我忽一動念：「中文有句『關你屁事』，這個『屁』字，用來回答那傢伙的怪問題恰恰好！」可惜，「關你屁事」說成英文，只是不痛不癢的「It's none of your business.」，沒能把這個關鍵笑料的「屁事」譯出來；不然說給葛瑞聽，他肯定會被這一語雙關逗得更樂了。

「寶寶，剛才這樣被損，我們還笑得出來，你真的不生氣？」我問葛瑞，我知道他內心有嫉惡如仇那部分，不時會加以關注。

「我幹嘛生氣？同性戀又怎樣，要州長還是市長批准嗎？我們活得好端端的，難道被一個陌生人澆了一盆冷水就自個生悶氣，滾蛋回家？」

「啊，那我越來越受你影響了，感覺自己生活在紐約了。如果換成以前的我，這樣被當面奚落，一定很惱怒。我現在不僅沒生氣，還開心大笑，那我已是一株在紐約新土壤中適應很好的植物了。」

我們相視而笑，老天有眼明鑑，我和葛瑞是刁鑽級的同性戀者，決不會鼻子摸摸，就退縮到哪裡去。我們沒打算退，只有按照自己意志走唯一的方向：向前。

這就是紐約，奇也怪哉事、出乎意外事、猛然一驚事、平生僅見事、情不自禁事、三生有幸事、過去完成事、現在進行事，事事不可勝數。來到紐約貴寶地，既不必神話她，也無須鄙夷她，只要永遠保持好奇面對她，並穩住著點，這是跟她混熟的唯一好方式。

曼哈頓高樓錯落聳立，天氣陰一點，高樓一半以上樓層就隱入壓得甚低的雲絮霧氣中，如置身古木參天、蔥蔥蘢蘢、蕭蕭森森的叢林；而底部是一片原隰衍沃、鋪青迭翠，許多生物以驚人的速度，竄躍穿梭其中。

我們住的這棟大樓，從拉丁裔經理以降，到不管金髮、黑捲髮帥氣的門房，以及像哈比人高度的墨西哥雜工，有哪個笨到沒開天眼，看不出我跟葛瑞是一對嗎？晚餐出雙入對去吃飯，假日悠閒出門去，言笑晏晏，而且租的是只有一間房的公寓，什麼樣的室友吃撐了會膩成這樣呢？

在大樓內，卻沒人對我們擲過 question mark!!

我即便穿了同志喜劇演的那種誇張角色的戲服與造型，敷著挖兩個眼洞的面膜，穿著白色浴袍，頭頂盤著白色大毛巾，趿著兔寶寶拖鞋，從二樓搭電梯到門房那裡，簽領一份掛號郵包。轉身，又碰碰跳跳回電梯，也不會有人見狀滿地找眼珠、找牙齒、找眼鏡。

我那年三十三歲，葛瑞三十五歲，正值活力探險期，我們剛展開共同生活，彼此依靠，心情篤定；也有一個溫馨安全的兔子窩，可進可退。我們準備發揮野兔子精力，去扒掘這座叢林裡窩藏的一切祕密。

2

我有一個小祕密，很愛聖誕節。七、八歲時，每逢歲末載欣載奔到附近教堂，領了好多張灑落金色碎細沙黏在紙上，當繁星點點的聖誕卡。然後，我迷上了聖誕歌曲，熱鬧華麗的銅鈴鐺響聲中，似乎承諾我這個孤單小孩：歡樂的日子就不遠了。

長大後，台灣每一年連半弔子都稱不上的聖誕氛圍，仍多少安慰著我遙遠童年對那份承諾的懷念。

我跟葛瑞搬來紐約定居，很快就遇上聖誕節，興奮得宛如童年的承諾，開始要兌現一張面額最大的支票。天公作美，也應景下了幾場雪。我第一次買適合雪地穿的厚底靴，葛瑞有次跟我走在路上，一忽兒就沒見我蹤影。原來在轉彎以前，我發現一片沒被腳印踐踏的淨白雪地，忙著用力踩靴子，玩起跳房子遊戲。三次單腳，一次雙腳，兩次單腳，再一次雙腳；然後，跳入最頂上方，畫成半圓弧狀的天空，再跳轉過身子，重新以同模式跳回來，這樣子踩踏出了一條別緻足跡。

葛瑞回頭找過來：「你在這兒！你在跳什麼？這圖案是故意跳出來的嗎？」

我跟他解釋，跳房子遊戲遺留自羅馬時代，迄今廣場地面猶可見當時鑲嵌的跳房子圖案。我加油添醋，講得好像比空中彈跳還好玩。

「我再跳一次給你看。」這我可得好好表現一下了。

前面單腳跳、雙腳跳都一路順利，等跳到天空半圓弧裡，要反轉過身時，雪片覆蓋下是一塊結冰，我踩滑了，幾乎以一格一格慢動作要摔個四腳朝天。幸好葛瑞在身邊眼明手快，從背後接住我，止住滑勢，不然我可能摔個正著，屁股變成四片。

他拉起我，我們都感受到驚險威力。為了掩飾糗態，我居然腦筋轉得比滑跤快：「我跳到天空那一格才滑倒，所以，你真幸運，接住一個從天堂掉下來的人。」

來紐約後，我發現很著迷像萬聖節、聖誕節這類童話色彩的節目。白天，趁葛瑞去上班，我時常會到時尚之神管轄的第五大道上，穿越好幾條街，只因想聽每一家店面播放不一樣的聖誕歌曲，一下糜鹿進城了，一下金果杯金果杯，歡唱不歇。

我也專程到洛克菲勒中心廣場，仰望那株巨無霸聖誕樹，和兩排由銀樹枝、銀樹枝編結而成的高大天使，吹著仰天長嘯的號角。

洛克菲勒中心冬季附設溜冰場，稱為「紐約八大約會經典聖地」，是電影製片心目中首選。每一部以紐約為背景，拍到聖誕節的影片，好像沒去那邊溜冰，就是仿冒贗品。

私底下，情侶也要去朝聖。踏上滑冰場，少年男女不諳溜冰技術，只好每次驚叫：「啊，我停不住，要撞上去了。」

他們大呼小叫的相撞，其實真正的語義是「我滑冰功夫也很差，妳若撞過來，我只能把妳抱緊，滾落一邊，卸掉力道，兩兩躺在冰面上相擁」。

真浪漫！

葛瑞挺掃興，對這些宗教味的慶祝都沒興趣，他是頭殼比花崗岩硬的無神論者。

他信不信神可沒影響我的興致，經過街頭臨時攤販賣大型聖誕樹，我照樣停下來摸摸刺人的針葉，以及天然松柏那種不刺鼻的，嗅著飄在空氣中的松香，想像每位天使身上也都有這種香氛。

葛瑞跟我外出吃飯，看我徘徊，就會遞給我一記眼神，意思是說「想都別想」！唉，也的確是，我們家那麼小，擺上一株大聖誕樹，等於是想趕一隻大象通過摸乳巷。

「家裡有一棵聖誕樹」，對我為何充滿吸引力？它是一種象徵，如能妝點燈泡、垂吊綴飾，樹下擺著我和葛瑞互送的禮物，就應證了兒時唱的那首童謠〈我的家庭真溫暖〉。

聖誕前夕，我隸屬暗光鳥目綱，卻破例很早就去睡了，悶著不太開心。明明可以好生玩一玩的節日，被這一位無神論傢伙搞破壞。

隔天難得我起早，正在為國內報社寫稿，葛瑞晚起來，我看他兩眼，哼！顯而易見，我也不必對一位無神論者說：「聖誕快樂！」只淡淡說聲「早」。

葛瑞盥洗後，氣定神閒吃著麥片早餐，坐在大沙發上看電視新聞。我的小書桌貼著牆，坐下時正好背對他。這樣也好，憑我現在的心情，很適合背對著他。

不過，我沒能矜持太久，被他一句話撩撥就自動轉身。他問：「你猜，我有沒有買聖誕禮物給你？」

我那時如果照鏡子看表情，八成像勢利眼突然見到一塊金磚。葛瑞將我拉起，推到大沙發靠門的那一端，要我坐好。他就以每次都會逗到我笑的那一絕招——學著粉紅豹踮腳步走法，躡手躡足地走到大沙發另一端，將儲藏間的門打開，彎下腰，聽聲音是拿出一包塑膠袋放在沙發後方，不讓我窺到一眼。

「準備好了嗎？」葛瑞一副要登台表演的架勢。

他一邊喊著魔術師獻寶時通常會配上的那句「搭啦」，一邊從袋中取出一台拍立得。我正起身想去接，他示意我坐下，將拍立得先擱在沙發墊上。我有點納悶，他一彎身，又取出一件印有彩虹的黑色T恤。在我還來不及反應之前，他陸續從那口簡直是如意袋裡，掏出了十五樣禮物。

我看呆了，料想不到有人這樣給禮物；跟變魔術一般，一隻隻白鴿從大禮帽中抓出來，不是三隻、五隻、七隻而已，是十五隻耶。那一大袋禮物他到底何時去買？分幾次買？還有，怎麼藏到我沒發現？

我驚訝看著沙發墊上堆著一座小山的禮物，單價應該都不很貴重；但林林總總買這堆，也要花不少銀兩。重點不在於此，而是他想得出這種聖誕老公公扛禮物袋，一一拋送的方式，實在太天才，也委實太用心。

我啞口無言，起身走過去，以雙臂環抱他，迭聲說：「Thank you, thank you, thank you so

much, 寶寶。」

回想起來真糟糕，當我在心頭嘀咕葛瑞對我喜歡過聖誕節的心情不太理睬時，他可能正在奔走採購這些禮物呢。

「你怎麼會想到一口氣送這麼多東西？通常都一、兩件意思意思，你看，這裡有十五項。還有一盒油畫顏料，以及幾支粗細畫筆。你希望我開始畫畫？以前畫過水彩，一直想畫油畫就是沒去動手，現在剛好可以開始了。」

「何不呢？寶寶，你是作家，常用頭腦思考文字，有時畫畫圖，會讓腦子休息一陣。」葛瑞恐怕是紐約城最盡職的聖誕公公，送完禮物，還要做用途報告。

從那一段還年輕的歲月起，我們就互稱「寶寶」，現在有了歲數，雖沒年輕時叫得頻繁，只要不是當眾大喊，私下叫的時候仍常保持這個稱呼。

認識之初，我們以名字相稱，我叫他葛瑞，他叫我佑生（yu shen）。搬來紐約某一天，我們聊起每一種語言如何叫嬰兒？如中文的寶寶、英文的 baby、西班牙語的 bebé、法語的 bébé，甚至義大利語的 bimbo。他眼睛一亮，覺得寶寶這發音是他聽過最可愛的一種，問我可否叫我寶寶？

儘管，我心底一直有著孩子氣，但都三十出頭了還被叫寶寶，會不會有點怪？可能葛瑞從沒聽過寶寶稱呼，不像我已對這個詞有既定印象，乃可愛小嬰兒代名詞。他心裡沒有這個包袱，從發音聽，感覺寶寶渾然天成地順口，又有一種異國的美妙語法，因而歡喜。

我點了點頭，他愛這麼叫就叫吧！我們私人之間，如果連叫什麼都要考慮人家聽到會不會當笑話，處處拿捏，不把自己累死才怪！拜託，當一個同志在現實生活已經夠累了。

「你叫我寶寶，那我該叫你什麼？」我們慎重的態度好像在為我們的小孩取名字。

「你也叫我寶寶啊。」他的提議本叫我意外，但就如他說的「何不呢」，他高興最重要。

我們就這樣從三十幾歲的小班寶寶，經過四十幾歲中班寶寶，叫到現在五十幾歲的大班寶寶。

很多朋友、臉友、讀者看我在部落格暱稱一欄填寫「寶哥」，倒不知由來。其實是就地取材，從這個「寶寶」暱稱衍生。

我為紐約的新家取了一個暱稱「五星級小窩」，除了大門那一道金色門框溢出黃金屋之姿，公用通道鋪著光滑大理石地板，每次回家就讓我有進駐五星級飯店的錯覺。

我家位於二樓，開門進房後，發現唯一缺點，客廳與餐廳相連，唯一的窗口沒有景。從我們常坐著的沙發斜角望出去，窗戶被隔壁棟的紅磚瓦壁面塞滿。因樓層低，根本也望不見天空。

一搬進來我就發現了，有次幽怨地跟葛瑞說：「天天看那面牆壁，好像我是被關在……城堡裡。」本來想講「監獄」，趕緊吞住。付房租的是葛瑞，講監獄太陰損。

「不過這樣也好，看久了就期望，有一天白馬王子會來解救我，脫離城堡。」我故意把城堡童話化，離監獄之意又更遠一點，不讓葛瑞誤會我在嫌房子。

「那恐怕有點難喔。」葛瑞聽不出來我在謅童話嗎？幹嘛正經回答我？

我問為什麼，他一臉冷面笑匠說：「白馬王子都跟你一起關在城堡裡了，怎麼來解救你。」

不是我不給他面子，這話真把我逗得哈哈大笑，原來葛瑞有這等本事，可以繞個彎讚美自己。

之後，當我獨自坐在沙發上，望著那面紅磚牆，有時會發點呆。

我從小在台北土生土長，除了上成功嶺接受大專生和預官訓練，總計在台中縣住了半年，以及政戰預官分發到中壢半年，其餘時間我沒離開過台北。大學前從沒參加過救國團活動，全無外宿紀錄。高二那年，被學校派去校刊編輯研習營數天，出發前一晚我緊張到吃不下飯，臉色發青，媽媽瞧出端倪，也很憂心：「難道不能跟學校說不去嗎？」

我不在自己的家就鬧恐慌，不躺自己的床就睡不好，到了陌生環境便如驚弓之鳥。媽媽過度保護我這個獨子，規定不能騎單車、不能自己去爬山或去海邊、不能在外面過夜（我家沒有「睡衣派對」這回事）。

媽媽說，男孩子不要進廚房，讓我一輩子對烹煮料理沒啥興趣。上有大我六歲的姊姊做家事，媽媽也從不讓我碰抹布，或擦地之類。家境毫不富裕，但在媽媽於我十八歲過世前，我享受著冰火二重天的「禮遇」。她平日把我當寶貝疼，氣起來也可以怒目金睛，將我當仇人毒打一頓。

媽媽童年是養女，日據時代念小學，學校被飛彈炸毀了一半，外祖母叫她休學，從此燒飯持家帶弟妹全給她張羅。她自己是被打大的，從我讀小學到高中，她也是一路把我打大。

媽媽體型肥胖，血壓高，脾氣暴躁，兼之比不上爸爸黃埔軍校的學經歷，沒有安全感。我的小腿常被她拿去做菜，「筍子炒肉絲」，藤條是我腿肉的佐料。

小學被打尤其兇，狠狠遭修理之後，我的小臉蛋淚水已乾，會木訥地坐在門前，等待當公務員的爸爸下班回家，秀給他我的傷痕，讓他摸摸頭。

爸爸在我十二歲病逝，我的頭再也沒人摸了，保護傘收了，我的天空陰晴不定，暴雨閃電打雷全憑媽媽喜怒。也許是寡婦、寡母雙重身分的躁鬱，我的國中時代，媽媽又變成恐龍家族中最凶猛的暴龍；我伴母如伴虎，常常難逃被雞毛撢子的利爪抓出斑駁血痕。

媽媽在世最後六年，正好重疊我從國一到高三的完整青春期。在那一段人格形塑、心靈最敏銳期間，我的安全感歸零。上課去，媽媽的臉還是日光；放學後，可能已雷雨交加。她深信打我是愛我，把無止境的愛全給了我。

媽媽的愛，是一碗熬得香甜的雞湯，滋補可口。但我總需先忍受被表面滾熱的油燙傷了雙唇，流出了淚，才嚐得到雞汁的美味。

距媽媽往生三十三年後，當我觀看《鋼木蘭二〇一二》（原始版於一九八九年上映，莎莉・菲爾德飾演母親，茱莉亞・蘿勃茲飾演女兒），彷彿看到了媽媽的身影。

片中，任性的女兒罹患腎臟病與糖尿病，不顧醫生囑咐不該懷孕，否則危及性命的警告，仍產下了一子。一年後，她的腎臟無法負荷，母親願意捐一粒腎給女兒。在手術前夕，母女同房，當女兒看見媽媽移動著吊點滴的鐵架，欲上洗手間時，忽然崩潰，哭泣道：「媽媽，我這是在做什麼？一定有別種方法，我不應該讓妳為我做這件事。」

電影中，由奎恩・拉蒂法飾演的母親緊拉女兒的手，安慰她：「一般的母親一輩子只能給予一個孩子一次生命，我何其幸運，能給妳兩次生命。」

儘管，我的媽媽性格熾烈如火，幾度燒傷了我；但我毫不懷疑，若我有需要，她也會像《鋼木蘭》中的那位母親，甘心捐一粒腎給我。世界上，沒有什麼可以阻擋她對我的母愛，她是這樣的母親。

媽媽與我的緣分，僅有十八年；媽媽對我的愛，深深影響了我一輩子。我對親密關係的愛，始終沒有安全感。不愛則已，一愛就像溺水者緊抓一根浮木不放，常給對方壓力；最終不歡而散，我沒有一次逃得過遍體鱗傷。

直到遇見葛瑞，他亦愛亦兄亦父的付出，不僅是我的浮木，更是我的沙灘與海岸。我對他的感情裡深藏戀父情結，他是我被媽媽打到筋疲力盡時、靜坐在門口等待下班的爸爸，化身為情人來摸我的頭、摸我的臉、摸我的心。

我有生以來對陌生的畏懼、不安，說不出所以然，從沒在葛瑞身上出現。即便我只跟他相處不到兩週，算不得真的很熟，就下決定與他相守。當我飛來紐約與他共組家庭，幾乎不需要過渡期，他就成了我的家人，沒有陌生恐慌必須適應這碼事。

我跟葛瑞一起生活，對遠離故鄉，來紐約過異地生活竟一點沒在怕了。不純熟的語言，看不習慣的白人、拉丁人與黑人面孔，不同的文化、民情環繞在身旁，我卻一點都不似小時候看媽祖繞境，被七爺八爺嚇到皮皮挫。

這段期間，我在皇冠出版了一本書《當王子遇見王子：認識當代同性戀文化》，這個書名來自我跟葛瑞那次「王子被一起關在城堡裡」的對話。所有童話都是「當王子遇見公主」，結局也都是「從此過著快樂幸福的生活」；我跟葛瑞均為男生，變成「當王子遇見王子」，前面沒有範本可循，我也不知道從此會過著什麼樣的生活，一切都要去試過了才知道。

這些嘗試包括酸甜苦辣，連伴侶吵架我也都在學習。有一晚，我跟他意見不合發怒，他早早上床去睡，留下我在客廳越想越氣。我一直問自己：「伴侶吵架要經過什麼過程才算數嗎？」靜靜讓他睡，好像沒事發生，那這頓架豈不白吵？

我收拾了簡單衣物與盥洗用具，決定離家出走，表達「被氣走」的立場。我搭地鐵到哥倫布圓環站，住進了 YMCA 青年旅店，刷卡訂了兩夜住宿。進入簡陋的房間，我發現無事可做；在家裡有電視看、有東西吃，此刻都深夜了，我幹嘛被困在這鬼地方發呆？

不過，我們正在吵架啊，不離家出走，就沒證據。我越待在小房間越悶，心想恐怕葛瑞根本在呼呼大睡，連我憤而離家都不知情。那我不就虧大了？真的像是把自己關進監獄。

我按捺不住，沒帶行李又搭地鐵返家探探究竟。果不其然，悄然進屋後看臥房大門打開的弧度，跟我離開時一模一樣。聽葛瑞的呼吸聲，睡得很沉。我急得跳腳，第一次離家出走，講粗俗一點，連個屁都沒響一聲，純然只是我嘔氣在演獨腳戲。

想想不甘願，把葛瑞搖醒，心中 OS：「你也休想好睡。」他睡意仍濃，問道：「怎麼了？」

「我們不是在吵架嗎？我心裡不舒服。」我以不輸不贏的平手姿態說。

「寶寶，我們剛才為什麼在吵？」他似乎不記得。

我被問傻了，真要講我也不知道到底我們吵什麼，大概是一時情緒，沒有真正原因。

「早點睡吧。」他這麼一講，我想發飆都沒台詞。

算了，好像沒那麼氣了，折騰一晚我也累了。我換了衣服上床，在他還清醒著，解釋了我剛才「離家出走過」。他拍拍我，好似沒聽得很懂我是真的到旅店訂房住進去。

剩下我嚅嚅自語：「我明天回去拿行李，看能不能把第二晚退掉，不然就浪費錢了。」

我轟轟烈烈的離家出走，就在畫虎不成反類犬下，草草收尾。我這一門沒修及格，還是留下一個大問號：「一般夫妻吵架，是怎麼吵的呢？」

還有很多東西要學呢。

5

從地鐵站走上路面，一陣冷風襲來，出門前，還猶豫該不該繞這一條黑絨圍巾真是太多慮了，它可挺保暖。風一吹拂，黑圍巾尾端被風力亂捲，彷彿在寫草書。我即刻聯想盛唐書法家張旭的狂草，文學家韓愈這麼說：「張旭善草書，不治它技，喜怒窘窮，憂悲愉佚，怨恨，思慕，酣醉

無聊，不平，有動於心，必於從草書焉發之。」

我心中莫以名狀的情緒，任由這條如毛筆的黑圍巾尾端，恣意在風中飛舞，不正像張旭在寫狂草？

我知道送圍巾的人根本不會想到是圍在我的脖子上，就算想到，也希望圍巾能勒死我，而不是給我披了之後，看之典雅、感之溫暖。

稗官野史終究有一天，會如實寫出這一樁「黑色圍巾殺人事件」：

那天晚餐，叫中餐外送，當我嚼著宮保雞丁，咬到一株好像巫婆拿來製毒藥的辣椒，辣到一陣鼻嗆。葛瑞剛好輕描淡寫提起：「那男生今天送我一條黑圍巾，我不收，他硬要我收下。」

「喔，開始送禮物了？除了送禮，還有什麼嗎？」我走到洗菜槽，吐掉口中被我咬成殘花敗柳的辣椒碎片。

我想送個小禮物也沒啥大不了，小鬼嘛，總愛玩送送小禮物這套。等我瞄了一眼圍巾繡著名牌小商標，給了我好理由問：「學生買這牌子不嫌貴嗎？」

「他就是堅持要謝謝我，幫他找了很多就學方面的資料。」不知是葛瑞天真到不懷疑人家拿黑圍巾當頭套，把他矇著擄走？或者是我疑心，太高估一條黑圍巾了？

「喔，那很好。我喜歡黑色，絨絨的又軟。最近天冷了，我正好拿來搭配衣服。我可以圍吧？」葛瑞點點頭，這時他如果還搖頭，就是天下大蠢鴨。

我的口吻問得那麼天經地義，有人送東西給 Mr. 葛瑞，也就等於是送給「Mr. 葛瑞的

Mr.」。我當下決定明天就圍了出門，慶祝下水（或下油鍋）典禮。

這位送禮男孩第一次出現在我們話題中，是前幾天的事。

「最近認識一位台灣來的學生，他在哥倫比亞大學修英文課，離我工作的學校很近，有時中午會來找我吃飯。」葛瑞好似把這一段話當成筷子夾起的菜配飯吃，自然地說了。

我的心一凜，司馬懿的兵來得好快！我曉得這種「第三者的好感」遲早會登門拜訪或走後門私晤，只是沒臆著這麼快！我沒有中電影的毒，一碰到這種告白就歇斯底里。每一段親密關係本來就該有自己的劇本，抄襲好萊塢最屬沒創意。

那那……怎樣才是我的創意呢？我迅速在腦海中模擬幾套說帖：在心中分量的底線、商量的下限、度量的無限。可惡，我又不是在算機械程式，幹嘛排出這種仗勢。這只是一樁很簡單的事，如此而已。

葛瑞肯那麼大方告訴我，我就大方以對，問他們怎麼認識？在東方同志酒吧「Web」碰上的。幾歲呢？二十五吧。長得可愛嗎？還好啦。你們吃飯時都聊什麼？沒什麼特別的啊，就是他跟我打聽紐約哪裡好玩。你跟他說你有伴了嗎？有啊，我和他只是當當朋友。

我用腦波掃描他這席話還有表情，偵測出震度三點二級，震央在我左胸口的那條斷層。搖晃但不致嚇得人往屋外奔。

沒有真正理由值得我擔心，聽葛瑞說是年輕台灣男孩主動向他示好；而我猜他難免陶然，甚至喜歡那股「被當獵物」的虛榮心，這些對寫小說的我都不難懂。

只不過，司馬懿的軍隊意不在過境，竟然夜派探子來了。那晚近十二點，電話鈴如突然抽搐響了，我正在書桌上趕稿，嚇到身子一震。這時間算晚了，哪個冒失鬼撥錯電話？葛瑞在洗手間，由我接聽，居然不是打錯，指名要找葛瑞。聽聲音是帶著台灣英語腔的年輕男生，我原只當這小子是路口隨意停車，口頭告知即可，下次免犯。沒想到，他這次存心來犯天條！

葛瑞一聽是找他，趕緊走出洗手間接聽。電話放在臥房門邊的衣櫃上，有很長的電話筒線，他居然把門關上，聽他講話音源應該是抱著電話，躺在床上接聽。

我不是附耳在門板後偷聽的人，門關上，葛瑞笑談聲仍如漁陽鼙鼓動地來，我真他媽的給他打敗。這傢伙是被下降頭、中了蠱或頭殼壞去？怎麼行事魯莽到半夜跟「第三者嫌疑犯」通熱線？還當我是隱形人？

他們也許熱烈談了半小時，我沒去盯時鐘，那樣我會被秒鐘的蓮步挪移折磨成一隻鬃毛倒豎的獅子。葛瑞沒事人一般走出臥房，毫無要跟我解釋或補充的意圖。他渾然不知剛在床鋪上偷吃甜甜圈，一堆粗糖粒子都落屑滿床，待會躺在上面黏黏膩膩，誰睡得著啊？而他，此時竟只給了我他剛才吃的是貝果，都沒掉糖粒的無愧表情。

「他如果要找你吃午飯，要跟你在學校通電話，我都可以接受。但他這個時間打到我們家裡，跟你有說有笑聊那麼久，已經侵犯到我的生活領域，我希望不要繼續被這樣打攪。」我以最有修養方式，唸完了開羅宣言。

「你這不是無理取鬧嗎？什麼時候我沒有在家裡接電話的自由了？」葛瑞大惑不解。

他居然連這樣的分寸都分不出來？我的心幾乎停止跳動，一臉愕然：「我無理取鬧？你要在辦公室跟他怎麼通電話，算你的自由。打到家裡可不一樣，這是我們分享的空間，這麼晚了，難道不影響我嗎？」

「反正，我覺得你無理取鬧。」葛瑞砰地關閉了溝通大門，他上班要早起，進房去睡。我明早沒課，可以睡得晚，一夜坐在沙發上，不可置信他的邏輯。

這是我跟葛瑞建立親密關係以來陷入最低潮，他向來聰慧，怎麼會連這已構成我的精神騷擾都無知到這種程度？還反咬我一口無理取鬧。

連續兩天我剛好都有夜間課。下課後我不想早回家，獨自搭地鐵到西村，從克里斯多夫街路頭走到路尾，每間商家都去晃一下。其中一間賣皮飾卻非賣LV包包那種，而是給酷愛愉虐（SM）者「走厝腳」的道具、服飾專賣舖。店中央擺著一個條狀不銹鋼銲成的正方形大籠子，體積可以關一頭老虎。我打量好一會，轉頭問也正在打量我的老闆：「這籠子……是拿來關人的嗎？」

老闆露出我無法參透，也許是老虎聞到梅花鹿體味的表情：「當然，你想被關嗎？我可以讓你進去試試看？要嗎？」

他最後一句「要嗎」提高聲調，以加強詢問的力道，跟葛瑞習慣徵詢我意見時所使用的一模一樣，我全然敗興走出商家。

街尾，是一家同志色情錄影帶租售店，滿屋子堆滿了包裝盒，就像元代白樸〈天淨沙・秋〉描述那般：「一點飛鴻影下，青山綠水，白草紅葉黃花。」堆砌起來，五顏六色齊全。我隨手取一支片子出來，包裝盒男體橫陳，雄激素如水銀洩地。

忽然，餘光閃動，我抬眼直視對面，有一位棕黑髮色、皮膚如淡橄欖的男子也朝這邊望來。兩人目光在空中一碰，電線走火般爆出一朵焰。我一慌，趕緊躲開眼神，心口如西班牙奔牛節一群牛亂竄。終於禁不住好奇，我又羞澀瞄回去，那人依舊在瞧我。原來不是偶然視線巧遇，他是在打量我。

就在我不知所措之際，他嘴角一揚，微笑如蜻蜓彈開水紋。看模樣，我猜是義大利南部血統，有一對藍色眼睛。據說，義大利一直北富南窮，老天似乎基於公平，讓最帥的義大利男人多產於南部，因當地曾長期受波斯人統治，大量混血，結合了兩支民族的美貌，猶勝北方義大利男同胞一籌。

猛然地，我意識到手中正拎著一盒包裝印著一支大肥菇的猛男，肯定都入了他的眼，一陣心亂，盒子從手中滑落。我緊忙以雙手去捧，盒子在我亂抓間，像表演丟擲保齡球特技在半空跳了跳，手藝真差，還是掉落到地。我羞得滿臉發熱，撿起盒子隨便硬插進整排錄影帶一個縫中，頭也不回地推門離去。

我搭上了返家的地鐵，回想那張俊美的臉龐主人顯然對我有意，我怎麼會表現跟菜鳥一樣笨拙可笑？我之前在紐約遊學期間，至少還懂得被人電到時，放點電回去，幾瓦特都無所謂。現在不進反退，住在這座帥哥猛男滿坑滿谷的大城市城一整年了，都在暴殄天物。

我又推敲又思量，趕在到站前，想通了並非我的技巧生疏、反應遲鈍，是我因滿足於跟葛瑞的親愛關係，放心享受生命裡第一次擁有真愛的生活，以致眼中一直出現吸睛男人，卻有看沒見，置帥於無感。如果今天不是跟他鬧這個彆扭，甚至被逼到有點心冷，我可能都還不會真正去好好看一眼紐約男人。

那一個禮拜的週五夜，葛瑞問我要不要去「Web」走走？我無意跟他這樣冷淡著，也將這個提議當成是他想做的彌補，就一塊出發到我們初識的這家意義不凡的酒吧。

買票進場時，人已經多到肩膀相磨了。葛瑞先去吧檯幫我買酒，他知道我若不特別交代，就只喝金湯尼調酒。而我知道他若沒點啤酒，多半會喝白俄羅斯調酒，香濃咖啡、奶酒調入伏特加，是一股暖入心田的甘美滋味，他總會讓我啜飲一小口。

我獨自站在一樓欄杆處往下望，看著地下室舞池邊那個角落，假想時光倒流，回到初識那一夜。葛瑞就坐在那兒，整晚看著我的側臉，想跟我說話。這麼快，都已經一年多了。

葛瑞擠過人群，把酒端過來。一句話轟了我的耳：「我剛看到那男孩，他今晚也有來。」這樣算什麼？是預謀還是巧遇？我的臉色一沉，便杵在欄杆旁不動，腦袋嗡嗡，他似乎問我什麼，我都沒聽入耳。不過，接下去的話我倒聽清楚了：「你如果不想動，那我去走一走了。」

我簡直不敢相信他到底怎麼了？在這個敏感或尷尬的時刻，他不是更應該待在我身旁，意思意思一下效忠為何物嗎？難不成他真被下了蠱遺毒未靖？我幾乎不認識他了。

既然那男孩今晚也在此，葛瑞說要去走動，毫不避嫌，形同承認要去找他。那麼這個男孩就不會是葛瑞講的「只是朋友而已」的關係吧，是不是這幾天我們冷淡了，反而留給他時間，與男孩的感情更進一步了？葛瑞這樣做，幾乎全然不顧我的感覺，難道意味著，已在短短幾天內祕密進展到一發不可收拾？

我越想心裡越毛，我跟葛瑞的關係不會就這樣「劇情急轉直下」吧？說巧不巧，葛瑞這時走回到我的背後，問我：「How long will you stay?」

我一聽宛如五雷轟頂，我才正在心裡發毛揣想竟爾成真，他剛剛跟那男孩做了什麼決定嗎？現在就來跟我攤牌，這般不留情面逼問我：「你會待多久？」在我聽來，就是問我會「stay in our house」多久？因他不要舊人要新人，舊人不搬走，新人怎麼搬進來？

我的心糾結、崩壞、撕裂、滅絕，四大畏怖盡數襲來。他居然在我們初次認識的同一地點，咄咄在催趕我，要我乾脆一點，鵲走了，鳩才能飛進巢，這樣子好成全他們嗎？

原來心涼了，心死了就是這種滋味，四肢百骸一區一區斷電，正全面陷入漆黑中。

「If you don't want to stay too long, decide to go home earlier, just tell me.」葛瑞這一句對白是老天爺給他的劇本，不然不可能有一句簡單的對白，就讓我起死回生。

折磨半晌，他第一次問我的「stay」，我因先入為主，對號入座，把它想成是「你還要在這個家『待』多久」，拋出逼宮式質問。直到他補上後來這一長句，那個「stay」的意思全逆轉了，變成「你今晚要在這酒吧『待』多久，想早點回家告訴我一聲」。

眼見就要熄滅的餘燼，突然出乎意外發爐，天公祖終究還是疼惜我，站在我這一邊。那隻鵲滾蛋吧。

但大危機雖低空飛過，小糾葛仍鯁在心頭。葛瑞問我要待在酒吧多久，問完又離去了，不就表示他又去找那男孩嗎？那男孩莫非來自盛產孔雀蛤的淡水，才讓葛瑞眼睛全給蛤蜊肉遮住了。

但想想，葛瑞越是敢如此明目張膽，其實就意味越是心中無鬼。真有鬼的話，不都偷偷摸摸，哪會公然赤足走火炭？

經歷這場空襲警報的虛驚，我整個人虛弱了，也懶得去過問葛瑞與那男孩的下文。若是硬要飛出籠子的鳥，心兒都在籠外，我又不是過兒的姑姑，幹嘛發神經去練古墓派的抓麻雀神技。

我察覺心中起了微妙變化，如擋不住的四季遞嬗，初春的枝頭經歷冬雪，樹皮再厚，就是非要發出新綠；春神來了，邀我起舞。儘管我心不在焉，眼神慵懶，卻已忍不住地注意起了身邊好看的男人們。

隨後一陣子，我還是把自己流放在西村，不常蹲在家。關於這一點，我和葛瑞互有默契。他整日上班，回家累了只想休息。他明瞭我除了在「紐約理工學院」碩士課程，與隨時都可動筆的寫作，其餘彈性時間，我的興致一來，就會愛麗絲夢遊仙境去也。他從不過問我去哪？是否跟誰碰面？起先我打公用電話跟他說我會逛晚一點，後來即使每回未必打電話報備，他也知道小紅帽

在森林裡玩迷走遊戲。

居住紐約這段期間，我在《中時晚報》副刊開闢了長期專欄「紐約牛鬼蛇神」，專寫紐約客就像電影《MIB 星際戰警》（Men in Black）那般，在人類表層下都是龍、夜叉、乾闥婆、阿修羅、迦樓羅、緊那羅、摩侯羅伽、人、非人的見聞。葛瑞知道我如在外趴趴走，有時是玩心重，有時是去找題材。

專欄第一篇聳動題目「賣啥米死人骨頭」，就是我跟葛瑞的攜手之作。一天我們到東城逛，行經一家從櫥窗玻璃看進去就很迷離幻境的怪店。進去後，我低頭瞧著玻璃櫃的寶藏，果然「骨怪」，販售很多以傳統材質和各種生物骨頭，包括人骨結合而成的飾品，手戒、項鍊、鐲子、耳環、胸飾、家飾，像墨西哥死神節慶典所主張的「穿戴華麗，與死神共舞吧」。

我一邊跟葛瑞解釋：「中文有一句成語『刻骨銘心』，就是說在骨頭上刻字，在心頭寫誓言，來比喻很深的愛情。」

接著，我想起「刻骨銘心」有點拗口，口語裡，要對人表示很深的愛，可以說「愛你入骨」。

葛瑞一臉解惑：「喔，用骨頭來形容愛，的確夠深入。」

我也頻頻點頭，自作聰明：「那你以後可以叫我 love bone。」

葛瑞聽了想笑：「你知道什麼是 love bone？love bone 的意思是 penis（陽具）！」

唉，說的也對，軟骨或海綿體，嚴格講也是一種骨頭吧。不過，叫 love bone，愛骨，愛骨的，喚起來滿有意境之美。

我最愛流連的西村，是格林威治村西半邊簡稱；東村，自是指東邊。西村一帶若不是做同志生意，就是同志友好商店，人潮拍岸，水花四溢。這裡是紐約，甚至全世界同志大本營。外地圈外人來此，可能只見到肌肉男，偶有扮裝皇后穿越街頭，未必看出門道。居住一段時間的圈內人可就不，gay dar（同志雷達）多半靈敏了，譬如站著隔一條街等綠燈，也許對望一眼，就像台語說的「相打電」。

這一晚，我為了先前看到的活動預告，專程趕到座落西村的「男女同志社區中心」，參與一個稱為「Gentle Men」（溫和男子）社團聚會。一個屋子大約坐了三十人，我是唯一東方人，其餘白黑棕膚色、豬熊狼猴體型都有。

這個社團果然走溫和路線，大家圍成一個圈，先是跟右邊那位芳鄰擁抱，不必說話，不需手來腳來，就只是互相抱著，頭可枕在對方頸間。沉默感受跟一位陌生人可以如斯貼近；然後大家換邊，去跟左手芳鄰做著同樣安靜的擁抱。

這樣的相擁是打破身體戒心，在一個安全放鬆環境中，跟一群為了相同目標而來的男子，敞開胸懷擁抱，感受體溫與心跳；並體會大家無論外觀似乎多堅強，其實在陌生中都害怕被拒絕、被敵意反彈，進而集體練習如何釋放自我、保護自我、強化自我。

最後大家輪流分享心得，有一位熟男帥哥看樣子一定到處受歡迎，說出外表看不出的真相：「從小，父親跟我們小孩都很疏離，根本不會有身體接觸，連擁抱都沒有。我很感動今天這個活動，讓我對人不信任的身體，有了第一次相信的體驗。」

眾人輪流分享，或多或少都說出了感人故事，僅僅一個擁抱，竟可製造這麼不一樣的結局！最後一位斯文男抬眼看天花板嘆息，又望回地板發呆，好像在考慮該不該說出口？遲疑好一會，他黯然地說了：「我男友前些天過世，我太過傷心無法走出家門。本來想一定會拖很久，才有辦法回到人群。我很高興做對決定，今天強迫自己來了，重新感到人與人的溫暖。」

大夥為他鼓掌，他說完，把頭埋進屈起的膝蓋間啜泣，肩膀抽動著。在場者都動容，我無聲地滴下了好幾串淚，一群大男人在淚光中英雄惜英雄。

在這座人人武裝、偽裝的叢林，如果沒有謹慎的探險精神，和對陌生人事物的好奇，就算一隻稀世物種，像是獨角獸從身邊走過也渾然不覺。紐約，是一座大寶礦，你非得是好奇寶寶。不然，你印象中遊歷過的紐約，只屬於觀光客的大眾版，而非在地紐約客的限量版。

7

台灣男孩的事，後來是葛瑞自己說出口。他以閒聊方式，像無關緊要地順便一提。他說，不再理睬那男孩了，他發現對方很有心機。

我只是「喔」了一聲，沒過問細節。都下檔的戲了，幹嘛在意跑到哪裡演二輪了？

他有沒有跟那男孩怎樣？也非我太介意之事。男生與男生的親密關係未必都得套用男生與女生那一套。二〇〇一年，荷蘭是全世界第一個承認同性婚姻的國家。而我和葛瑞那時活在一九九三年時空，能保障同性伴侶的法律八字都沒半撇。既然法律不給我們男男之愛祝福與承認，那男男之間何必「得不到法律的青睞，還要傻到自己束手就擒，往身上套刑具枷鎖」？

儘管，我和葛瑞初識兩週，就買了戒子當定情之物，也在小梁見證下，喝香檳慶賀。這是我跟葛瑞認定的婚姻關係，被法律視為無物，那當然也跟外界一律無關，誰都別想對我們「怎樣經營婚後生活」指東道西。

我年輕時，在台灣找不到愛人，心胸放不開，嫉妒之火常燒到自己屁股。跟葛瑞在一起後，又住在紐約大格局，視野被放大了好幾百倍，那些沒自信的吃醋、傷痛、自憐等狗屁倒灶的情緒，漸漸已遷出我的心靈社區。

但終究，葛瑞觀察出了我的疲態；在他暫時重心往外偏時，我已變得不太起勁。我們之間，出現了一道鬼打牆，無色無形，卻知道一想靠近對方，牆就砌在那條中央線上。他知道這燒得悶煙燻人的火是他點燃的，算是小小的善後，他計畫了一趟南方的神祕之旅。也許離開鬼打牆現場，往大海所在之地奔去，最大的期待是在日光下曬恩愛。如沒曬到，兩頰紅潤也是值得。

我們開車從紐約出發，經華盛頓到邁阿密，繼續往南直下，連結到一條世上最美的公路風景線，叫做佛羅里達列嶼（Florida Keys）。每座小島嶼靠著橋梁、沼澤、濕地、矮丘相接，其中最長的橋梁「七哩橋」（Seven Mile Bridge）長達十一公里，仿若海上的一縷蜿蜒腰帶。腰帶末端鑲著一粒明珠，正是這座最南端小島——名聞遐邇的西嶼（Key West）。居民僅二萬多人，美

國之境最南，眺望古巴。海水共長天一色，美景當前，除了一般民眾湧來，尤其是同志度假聖地。

開車在細長公路上，往左看是墨西哥灣，往右瞧是大西洋。在很多地段，往前看，只有一條孤獨娟秀公路被左右汪洋包圍，上方是無垠天空，天、海、地三位同體，心曠神怡。

抵達西嶼，住進了同志民宿。葛瑞和我到附近商家買東西，黃昏時分，走進店時，路面還是乾燥沙地。沒逛多久出店門，哇，水漫金山寺，海水倒灌居然深及膝蓋，令我們嘖嘖稱奇。原來整座小鎮，低於海平面。

所謂同志民宿，即專門提供給男同志房客，旺季幾乎全部客滿。西班牙殖民地的建築風格木造屋，四周種滿了與外界隔離的樹籬笆，只要一住進來，就是進入逍遙地、自在天。房客可以選擇穿與不穿，一些人已經脫光在泳池泡著。這大抵是男同志世界最美妙的地方，天體隨興。男人與男人光溜溜互看了，或單獨被看了，也不覺吃虧。

葛瑞為這趟旅行安排了最驚喜的「男同志天體遊艇之旅」，這便是我說的當同志的樂趣，以天為衣，以地為履，不致處處受限，很會設計玩樂點子。

隔天一大早，船長開廂型車來載我們，沿途撒網，撈全了報名參加「遊艇之旅」的乘客，清一色都住同志民宿，也都是成雙成對作伴。我感覺這個組合彷彿早期電視影集《愛之船》的縮小篇，且是同志版。兩位船長同樣都光頭，我們的這位粗獷許多，比較接近海明威《老人與海》小說的船長。有點發白的密實鬍髭在其男性化臉頰與下巴，開成一片被海風吹臥倒同一邊的短稻禾。手臂長滿的毛，如被溪水泡軟的蘆葦。

他看得出上了某種年紀，卻毫無老態，壯碩軀體是經年海浪沖刷而不倒的岩塊化身。這一個男人，必須在臨海小島風裡來浪裡去，才得以打造出來。

一條白色遊艇靠在岸邊，我們是接送的最後一批；登艇之後，一算，與前一批乘客加起來共五對，我和葛瑞最年輕。

才一坐定，我就頭暈了。不是暈船，而是我看見船長唯一的助手，年紀輕輕的水手現身了，船長介紹他叫鮑比。他的頭髮像希臘雕像的髮式，被海風吹得糾糾如戟，底部髮根是棕色，上緣是金色，跟船長的稻禾鬍髭相映成趣，水手那一頭金髮就像夕陽下的麥浪。

這時讓我當狗都樂意，因我走了好狗運，竟遇見跟布萊德•彼特極為神似的俊美臉龐。鮑比打赤膊的上身該有的胸肌、大頭肌、二頭肌、腹肌都齊全到位，適當濃度的金色胸毛、臂毛在日光下也是閃閃生輝。「布萊德•彼特」+「水手」+「猛男」=「暈船暈得天旋地轉」。

水手或海員，一直緊緊糾纏著同性戀者的性幻想。同志們對「水手那種型」的著迷，一般都以德國導演法斯賓達（Rainer Werner Fassbinder）根據法國作家惹內（Jean Genet）一九五三年同名小說改編的《霧港水手》（Querelle）為代表。

片中那位結合性和暴力，儼然兩者化身的水手，由美國演員布瑞德•戴維斯（Brad Davis）主演。他演活了惹內小說裡那位性感、象徵「肉慾、厚顏大膽、超越世俗道德」的水手。放眼歷來影壇中的水手角色，他的野氣、邪門、自戀、帶著一絲淫和一絲天真，鮮有出其右者。

原著作者惹內是法國文壇之寶，一生際遇的傳奇和豐富，罕有匹敵。《目擊者》（Spectator）

指出，「惹內筆下的人物，都需依靠著烈火熊熊、風狂雨驟似的熱情，才能存活。」

片中這位水手，正是如此，堪稱具有納西瑟斯自戀情結的「男性尤物」，極盡挑逗之能事。他以趾高氣揚的做作姿態，有意無意地賣弄著美麗、飽含肉慾暗示的胴體，周旋在對他神魂顛倒的愛慕者堆裡。

著名英國籍同志作家奧登（W. H. Auden）指出：

有許多同性戀者喜愛水手，並非偶然。
因為當水手登陸了之後，他們便象徵從海上而來的純潔神祇，
不受到陸地上的人類文明和法律限制，
因此不管做什麼，都不必背負罪惡感。

的確，像惹內《霧港水手》裡的英雄，
既是神又是惡魔；
所以，每一個場景中，
儘管他犯下了謀殺罪、充當警察密告者、耽溺雜交，
仍讓人忍不住惜愛。

站在我眼前的這位水手，完全讓我耽溺在這股情結裡；倘若從大海貝殼中誕生的維納斯換成男性，必然跟這年輕水手相去不遠。我不是沒見識過帥哥美男，住在紐約一年多，看多了來自世界各地的美顏男子，我怎麼會對鮑比這麼心蕩神馳？

葛瑞用手肘頂頂我，跟我低語：「他是你的型，對吧？」

這是我和葛瑞之間會玩的小遊戲，走在路上或在公共場所，他會偶爾來個神來之筆：「現在走過來的這個傢伙，就是你的菜。」

我有時不置可否，有時似乎漫不經心應著「yeaah」。

然後，葛瑞就會說出那句神諭：「我了解你」。

討厭，每一位他指出來的男子還真都是我會喜歡的型。當他這樣說時，口氣一點也不吃味，或許他指出來的都是有味道的俊男，既然是我的菜，那我跟他作伙逗陣，不就意味著「恁嘛是緣投仔」？不過，他又不像那種拐彎抹角讚美自己的鬼心眼。反正，每一回他說「I know you」，不僅指「我的型」，包括其他事項，我都無法反駁，因為他都說中了。

當遊艇駛到了看不到岸的海域，四周一片汪洋，船長一聲令下：「let's get naked.」（讓我們裸體吧），全體響應，紛紛脫卸衣物。這趟遊艇之旅打著天體主義、回歸自然的旗幟，當然要把象徵岸上約束的一切東西，如衣服、帽子、布鞋或涼鞋、太陽眼鏡，全部拋開。

我看到船長一馬當先，兩三下光溜溜，他不曉得已帶過多少趟天體出海，脫衣比脫錶快。他原本穿著寬鬆短袖，脫下後還其本來面目，露出厚實胸膛，棕白相混的胸毛霸占了所有容積率，

能長的地方都長了，一片光榮過的豔霞餘暉。下體嘩地袒露，如非洲大草原，草根茂密綿延，中央矗立著一株年輪粗的光禿禿樹幹。奇也，樹幹頂端長出了一朵巴西大蘑菇。

我第一次目睹了這個年紀男人的身體，當仁不讓，也可以如此吸睛：日久被陽光曬出健康膚色的硃砂紅，肌肉老而彌堅，體毛則疾風知勁草。

鮑比剛忙著手頭的事，最後一位才脫。他本就打赤膊，只輕鬆解開褲鈕，短褲一溜到腳板，沒穿內褲，雙腿與胯下美景立現。這小伙子終究有不同世代的美感，將流金陰毛修剪得短而整齊，使那根媲美希臘神殿柱子的陽物益發碩長，卻不只長，也粗得肥美。肉槓表皮上浮爆一條筆直青筋，甚搶眼；盡頭之處如戴著一頂堅挺的鋼盔，流線優美、精力潛伏；馬眼，如一張噘起討吻的櫻桃小唇。

這趟搭艇出海，畢竟不是純裸體排排坐，我們開始準備下海了。我只好把年輕小海神鮑比暫且請出我的眼眶，回神到我旁邊的凡人伴侶葛瑞身上。

船長向乘客們示範如何穿戴配備，我如鴨子聽雷；因我從沒學過游泳，怕水如畏虎。這次報名，葛瑞跟我千保證萬保證說在大海裡，絕不放開我，託付給他無須擔憂。他先幫我依照船長的示範順序，穿上背心，戴上連結一根呼吸管的面罩；我像一個被爸媽洗頭，乖乖不敢動的小孩。

然後，他也穿好了裝備。見到我，笑說我穿著兩支大蛙鞋，很像一隻鴨子；而他呢，自比是一隻鵜鶘。我不服氣，回問：「幹嘛我就是鴨子？」葛瑞宛如拿到「教學獎」的生物老師在仔細介紹鴨類：「因為你的腳比較短，我的腳比較長啊。」

我望著海上浪頭翻騰，胡思亂想。幻覺自己是被吊綁在臨海岸邊，由族長欽點祭海的貢品，驚駭地等待最高一道浪頭襲來，大海妖吐舌將我捲去果腹。

葛瑞先下水，在海裡浮沉，等著接住我的身子，幫我漂浮。我踩著繩索階梯下船，天哪，我又不是人猿泰山，這叢林用的繩索梯怎可能讓我這種城市土包子站得牢？

「再往下走一階！」葛瑞的聲音在無垠海上，聽似嗡嗡蠅鳴。

我往下踩到第一階，站著不動了，再往下踏一階，是光腳踩菜刀特技者才會幹的事。但後面還有人等下水，我再繼續自演《大白鯊》續集就歹戲拖棚了。

罷了，看葛瑞怎麼執行他的保證吧，我幾乎以跳水殉情的精神縱身落海，葛瑞來不及抓住我。噗通，天塌了，滅頂了，全身下沉，被海水困住了，著慌踩不到底，整個人像漂浮在外太空的蛹：「死葛瑞，你在哪啊？我快被抓去當水鬼了！」背後忽有一股巨力，將我從海中提起，一顆頭終於浮在海水上。

「你看吧，沒事嘛。」葛瑞在面罩後對我露出魔鬼的微笑。

「我差點嗆到水耶。」算了，隔著面罩，說「我要宰了你」也沒用。

我死也不肯相信瞬息萬變的大海，葛瑞跟我一起浮著，一直想說服我，就算他放手，讓我獨自飄，因設備齊全，我也不會往海底沉。

「你要放手？」我聽到他說「放手」兩字，差點抽筋。

「我不會放手，我只是以『放手』做比喻。」葛瑞這種善泳者，從小跟大海長大的小孩，哪

裡知道旱鴨子小孩的原始恐慌。

「你不覺得我就已經很怕水，你還以『放手』當比喻，不等於火上加油？」

「寶寶，don't be panic.」葛瑞用了「panic」（驚慌到歇斯底里）這爛詞。「我在這裡，我在這裡，我不會放開你，OK？」

好吧，大海之大，他是我唯一的生路了。我盡可能放鬆身子，無法順著水流平衡，就算浮，還是左搖右晃、東倒西歪，浮力與地心引力在我體內互尬。葛瑞想出一招，我們並行，他伸直左手，我伸直右手，兩隻手心各握住對方的臂膀；沒握的另外兩隻手伸出去，當魚鰭划水，雙腳踢水，變成了一尾可以往前滑的魟魚，游得很順溜。

人家是比翼雙飛，我們這不曉得叫什麼？當作是「飛碟俠侶」吧。

隨著葛瑞引路，沒多久，我們已漂浮到珊瑚岩床上方。我低頭如在找掉落地的一根針，以極近距離目不轉睛，看著所有的動與不動。「玉輪顧兔初生魄，鐵網珊瑚未有枝」（李商隱〈碧城〉），詩人將珊瑚形容為鐵網忒有情趣，看外觀如枝幹繁多，卻非樹，因此「未有枝」，饒富意境。

珊瑚礁被稱為「海底的熱帶雨林」，又是妙喻。珊瑚礁一帶，是地球上生物多樣性最高，卻也最脆弱的生態系統。許多熱帶魚、海藻與珊瑚礁共生。瀏覽一塊大珊瑚床，那些魚啊，那些礁啊，那些浮游物啊，瑰麗層迭。當天上的神注視著藍色星球上的一花一木一人時，應也如是觀吧。

我注意到了如同錦繡花園的珊瑚礁旁，湛藍海水變得無比黝黑，那是深不見底的海溝，地獄的入口。我趕緊抓牢葛瑞，心想不管我們其中哪一位，獨自掉入那條深海溝，另一個人的世界都會天崩地裂。

裸體浮潛，低頭窺美，保持臀部上翹，屁股大概是身體唯一做到日光浴的，兩片嫣紅，羞人答答。

我的珊瑚礁巡禮完畢，低頭漂浮，我的耳壓鼓脹不舒服。葛瑞將我護送回遊艇，一路還將頭沉入海面下探看，我後來才知道他低頭是在幹嘛。我爬上遊艇後，葛瑞又跳進大海游個痛快。他小時候在烏拉圭的家鄰近海灘，愛游善泳；即使如此，能像這樣在廣遼外海逍遙游，機會難覓，讓他游得痛快吧。

我坐在遊艇前方的座位，艇身跟隨浪頭上顛下震，高低落差很大。我一直在大海中盯著葛瑞浮出海面的頭顱，有時他潛下水不見了，我就會緊擰眼神搜尋，心慌到呢喃自語：你斷斷不能游到海溝去哪。有時他出現了，我方始安心。有時又茫茫大海無頭緒……

驀然，我毛骨悚然，忽想起了三毛在荷西潛水亡故後，悲傷無底。她寫下了一般人較不熟悉的一首〈今世〉：

花　又開了　花開成海
海　又升起　讓水淹沒
你來了來了　一場生生世世的約會

我不再單獨走過秋天
不是跟你說過三次了嗎
我—是—你—的—天使
不在你身旁的時候
不可以不可以
跟永恆去拔河
你忘了忘了 忘了忘了

拉丁人名字，流行中間有個小名，通常以字頭縮寫。葛瑞全名中間那個字母是J，為Jose的縮寫，譯成中文是「荷西」。我從不稱他這個小名，此刻他在無垠大海中游潛，我心頭不吉祥地聯想起了他也叫「荷西」，猛然驚嚇，葛瑞可不能像三毛的荷西那樣，仗著精通水性，藝高人膽大而出差池啊。

浪頭洶湧，遊艇顛簸，到底葛瑞在哪兒呢？心頭越怕的東西，越會來勾搭，迫我憶起了〈今生〉的心碎歌詞、悽絕曲韻。

一字一句唱得淒厲，我和葛瑞不會因出遊而樂極生悲吧？不只有些電影編劇無情安排這種下場，連現實生活中的三毛不都親身遭遇了嗎？分手，並不一定不會發生在摯愛的人之間。

在我把自己嚇得六神無主時，一個大浪爆衝，我看見葛瑞的頭也跟著浮上來了，在跟我招手。我的魂都飛一半了，你還玩到像卡通的《海王子》？你剛去逛了龍宮嗎？你找到古老沉船的祕密嗎？我舉手做出叫他回來艇上的動作，他誤會我在回應他的招手，又跟我揮揮手。不能揮手不是好姿勢啊。

不知鮑比何時出現在我身邊，正在調整帆布，身體正面朝向我。兩旁都沒乘客，正是大好機會，將三步之遙的性感男體端詳個夠。他身上纖細體毛映著日光，微微發出薄暈。為了拉緊帆布，他跨開雙腿好使力，下體門戶大開。金色草坪長出的那朵蕈菇，莖槓渾圓，菇頭飽滿，且是食用菌的極品猴頭菇。美景突現眼前，我也只草草瞄了幾眼，注意力又轉回海上。固然，這盤天菜在鼻間飄香，舉箸可嚐，我卻哪有胃口？以後，我再也不答應讓葛瑞單獨去游深海了。

總算，他盡了興，登上遊艇。我沒吭聲，剛才千斤重擔壓心頭的折磨，我全忍下，人平安才是重點。我已有預感，若將之前的擔心當作自己在受苦，一見面憤而把整桶苦水潑過去，討回公道：兩人橫豎不可能打平，只會一起苦下去，旅遊全泡湯。

他全然不知我經歷了一場「驚險失夫記」，只顧著津津樂道：「寶寶，我從海裡往上看，遊艇被整座浪抬高，我看到你的頭變那麼一粒，急著探望，好像小兔子。」

雖不必砲擊，我可還是要賞他幾顆花生米：「如果剛才是你坐在遊艇上，我在海裡不會游大喊救命，那你會很著急嗎？」

「可是我很確認你安全坐在遊艇上，才放心去游。我怎麼會讓你獨自在海中掙扎？」葛瑞有

時理智到想跟他翻白眼，連「if」這種感性之人拿來討憐求疼的伎倆都不陪玩。

他接下去的話，倒完全岔開了我對這件事的自討沒趣。葛瑞說一路護送我回遊艇，他一直往海面下探視，其實真的發現有玩意。那是兩條梭魚（Barracuda），俗稱海狼，是一種金梭魚科鮃屬的條鰭魚，個性凶狠、具侵襲性。

葛瑞說那兩條一大一小的銀色梭魚就在我的腿邊游著，而我的頭飄浮在海上，壓根不知左近有兩尾魚嘴巴尖，下巴闊大，頭如梭，長有突出犬牙狀牙齒。兩邊背鰭分開，一邊有五條刺針，另一邊有一條刺針，和九條放射狀線條的凶醜魚隨游在側。

葛瑞一直在留意牠們的動靜，他後來說難怪船長在下海前警告我們，把身上一切會發亮的東西取下來，如戒子、項鍊、腳鍊、手錶等，會在海底經日光折射出金光，都很容易被像梭魚這種海流氓誤以為是食物攻擊。想必，有點像混混在撂話：「喂，把金子乖乖交出來就沒事，不然給你幾個窟窿。」

葛瑞那時當然不敢跟我說，不然我嚇得亂踢，醜臉魚兄本來已判定我不是牠的午餐，這下被踹，鐵定咬到我的腿可以「失物招領」。

葛瑞說他那時緊張，怕我這小子不按牌理，一下又想出鬼名堂，惹到誰都不知道！他只好一邊跟我談事轉移精神，一邊趁我沒查知異狀下，將我盡快拖離梭魚流氓的地盤。

我回到紐約後，上網察看梭魚兄台的嘴臉，倒吸好幾口氣。這種魚利牙錯置，既醜陋又凶惡，應該是大白鯊、虎鯊珠胎暗結的小混混。

一天，葛瑞下班進家門後神祕兮兮，把我從客廳拉起，推到臥房書桌電腦前坐下。

「我看每次你寫稿子，都用手在小格子裡，填滿那麼多字。在美國這裡要找中文輸入軟體很難，還是給我找到了。來！你試打一段中文，以後用電腦寫作方便多了。」葛瑞如書僮，將墨磨好、攤棉紙、擺鎮紙壓尺，就等我這公子一筆沾墨，點下去。

我敲了幾個注音符號鍵，跳出一排同音字選擇，我低頭敲鍵，忙著看哪一個同音字才對，又急著抬頭看它是否正確被打進文字檔；頭顱忽上忽下，沒幾分鐘我就頭暈刺眼。

「這太難了啦，我還是用手寫比較快。」我感覺電腦是一頭怪獸，讓人疲於應付。

我逃難似的離開臥房，據葛瑞後來說，他當下沮喪透頂，花了好多精力才尋覓到這家中文輸入軟體，我卻沒敲幾個字就放棄，委實令他洩氣。

當時我沒注意他的反應，是後來他以半開玩笑、並非真譴責之口氣，跟數位朋友訴苦提及，我才回想原來他那時是這般心情！我真該打五十大板。

葛瑞不愧拿教育心理碩士學位，在電腦抓了一組「貓抓老鼠」遊戲，一座迷宮中先出現老鼠，牠穿來鑽去，只要吃到乳酪就得一分。餓貓隨後登場，以捕鼠為天職。我操縱的是那隻老鼠，必

需快速敲鍵，讓牠左閃右躲。好幾次快被貓抓個正著，我都狂叫，驚險避開。

葛瑞從此下班後，一開門，就看我坐在電腦前，彷彿一隻老鼠吱吱叫，「快啊快啊，躲到裡面。不行過去！那裡有貓。」我手忙腳亂猛按鍵盤，幫老鼠移位走避，整個人像吞服了興奮劑。我生肖屬鼠，就該做鼠大王，全力救子弟兵。

那情景，葛瑞看在眼裡，樂在心裡。他用遊戲障眼法，讓我的眼球在鍵盤與螢幕間習慣快速移位，手指也靈活在鍵盤上飛奔，不自覺克服了電腦惡夢。

一個月後，葛瑞買了一台日立牌筆電送我。那時仍為手提電腦草創時期，筆電厚重，有點類似龐德的祕密武器手提箱。

這台新筆電也可說是我的祕密武器，以前用手寫稿，應付短篇小說綽綽有餘，像在遠流出版《懸賞浪漫》（一九九二）是短篇小說集，在皇冠出版《不倫的早熟少年》（一九九三）也是短篇，另一本《最佳單戀得主》（一九九二）則是極短篇，都屬短篇規模。

若要寫作長篇小說，用手在稿紙書寫，就不易處理大幅度調動、剪裁、另闢分支。換電腦上陣，打開文字檔，複製↓貼上，滑鼠到哪裡，隨處可修改或加新段落。拜這台筆電所賜，我在一九九五年出版了長篇小說《男婚男嫁》。

葛瑞以一種接生婆的方式，參與了我的寫作事業。甚至，催生了我好幾本長篇小說。

那時，網路還剛起步，聊天室系統已經熱鬧烘烘了。「American on Line」（AOL）囊括市場，成了一個新興的交友樂園。對我這種在紐約人生地不熟的異鄉客作用最大，身為少數族裔華人，難有機會結識紐約客。

我又不想只在華人圈混，我對不同族裔的紐約客充滿了好奇。偶然機會，我發現在AOL多不勝數的聊天室，有一個吸睛字眼「gam4gwm」。前者意思為gay Asian men縮寫，後者自然是gay white men。整體講，這裡歡迎東方男同志，以及喜愛東方人的白種男同志。

我安靜旁觀了幾天對話，才敢編個代號進入這個聊天室。起初，我回答著枯燥乏味的制式問題，身高、體重、年紀，就不知講什麼了。還好這裡見字不見人，不然我是電腦愣頭青的蠢相，可上不了檯面。

不需多久，我忽然開竅了。在這裡聊天，又非應徵工作，在與主管面談，何必那麼謹言慎語？就當作我在寫小說，創造人物吧。我嘗試用這種方式跟一位住皇后區的三十三歲白人談天，變得侃侃而談；不時，我還會利用文字發騷，撩得那人慾火熾烈。

我頓時明白，原來聊天室就是演戲舞台。你本人生活沒啥好談，卻能一進來就像登上戲台，賦予代號一個人格特質，自編自導自演。不消幾星期，我風靡了一票「米后」（rice queen，比喻只愛東方人的西方人，愛吃米嘛）。透過對話，他們享受我的熱情、友善、詼諧、慧黠；當然也得歸功添了幾筆好色、挑逗、鹹濕的魔術色彩。這些特色組合起來，讓我備受歡迎。

其中一位「熟聊客」自稱是大學職員，屢被我以R級片編劇自居的話語逗得樂不可支。他直呼我太棒了，每次都讓他忘記工作勞累。我感覺頭上的天使環亮起來，這樣子打發時光，不像我原先以為的那樣沒營養、窮其無聊。有辦法使人快樂，即使是字面功夫，也算善舉吧。

有幾次，我跟葛瑞談過這個聊天室，他聽我跟人胡扯、做壞心妖精逗人慾望橫流，嘖嘖稱奇：

「你這麼厲害啊？」

他聽我講得口沫橫飛，不免也好奇，取個代號進入那個聊天室一睹究竟。我趕緊告知我的代號，以免他那麼瞎，以為我是別人，忽然說嗨，跟我講些五四三。他後來沒上這個聊天室，可能去西語區了。

我逐漸覺得紙上談兵，趣味萎縮。加上那位「熟聊客」三番兩次約我去西村喝咖啡，熱忱想送我一樣禮物。

我想在咖啡店見面沒什麼大不了，聊天千日，見在一朝。我走進咖啡店，他很快認出，因之前給過他我的照片，而他推說不方便給，保持神祕客。如不是看他聊天有時認真起來，頗有知識感，我恐怕也興趣缺缺。

「熟聊客」是一個高頭大馬的中年男子，我們擁抱時，他如老鷹展翅，奇怪地去抱了一隻小公雞。他說和我見面，就跟聊天給他感覺一樣，聰明、友善、風趣，最後還偷偷講了「somehow dirty」，兩人均嘿然而笑。

「你知道嗎？我是作家，作家如願意，可以寫出任何東西。」我揭穿了謎底。

「你是作家？非常好，我也認得一位作家，同樣來自台灣。」他笑得很溫暖。

怎麼回事？全世界的人好像都認識台灣的 gay。而他一說出名字，嘖，我也認識。

「性感的作家，這就是我覺得很適合送你的禮物。」他從上衣口袋拎出一個密封型塑膠袋。

我接手，打開密封套，拿出了一條黑色丁字褲。噗，我忍不住笑了。這禮物挺希罕，我從沒買過，也沒穿過丁字褲。心中冒出一個問號：這麼少的布，誰穿了都包不住吧？

就這樣，我留下第一次跟網友見面的好印象，第二次就少了些事前的猶豫。我去一位想約人摔跤的五十多歲男子的家，事前說定，純摔跤，不發生性。我對男體與男體衝撞，源自古希臘時期的摔跤，始終受著詭異吸引。對方雖不年輕，身材保持精實，不曉得是已約過多少人玩摔跤的戰果。

對於新鮮的事，我總認為有可能的話，至少見識一次。當我看到聊天室有人自稱是一對天體情侶，我不假思索去敲。對方是老少配，這位年長者有位印度青年男友，都崇尚自然風，在家一律全裸。

他自動提起，也很喜歡在親熱時，有第三者一旁觀賞。我喜歡這點子，力爭VIP門票，他跟我全程聊得風趣，就互相滿意約見了。他們住在東村一間公寓頂樓，我爬樓梯好似爬不完，總算聽見有人的聲音從頭頂飄過來：「再一層就到了。」

當我經過轉角，抬頭一看，妙哉！那位年長者光溜溜，仿若原始部落的酋長在門外迎接我。一進屋，看見可愛的印度弟，果然也一絲不掛。這間屋子，走的是冥想派。

我本來大剌剌坐在床前沙發欣賞，差點跨起二郎腿。年長者說這樣太像在看電影了，氣氛怪。他要我也上床，就近看他們充分舒展身體，愛撫與纏綿。這裡面包含一些我日後才知道的譚崔動作，兩人像在修歡喜佛的坐姿，分別沉浸在當1跟0的喜樂中。

他們深情糾纏之際，也會抓我的手去碰觸他們的裸體，或回摸我。年長者還記住我說絕不參與1069，因而主動要求幫他們愛撫助興，揑揑乳頭、拍拍屁股什麼的。

我開始沉澱了整個想法，說跟網友見面都沒抱著一絲一毫的性吸引力，太過矯情。我不喜歡跟外人1069，也堅守這道底線，是千真萬確；在我以為，同志跟同志見面，抱抱取暖，甚或互打手槍，兩個男人之間尋了快活，誰也沒少一塊肉。

另一個理由，也許太過堂而皇之，也真的是我的一條捷徑。透過上網聊天，找到投緣者，約好登門造訪，看盡很多不同族裔、膚色、體態、工作背景、居住布置、人品氣質的「紐約客」。當然，這信不信由你！我一心想參觀不一樣裝潢風格的「紐約客」的家。因看看街景，哪個觀光客都辦得到，唯獨要品賞引以自傲的紐約客家居，才是在地深度之旅。

我約人盡量搜奇，有歐洲大國派駐紐約記者、大型表演團的藝術總監、法國音樂家、紐約專欄作家、剛從西班牙來發展的模特兒等；也約過高中鋼琴老師、市政府公務員、賣場經理、大學生等。

謝謝他們都配合我事前的約法三章：不玩1069，只有互打的餘興節目。這大概是男人跟男人容易發生親暱關係的關鍵，因男人不會懷孕，也沒有一睡就要嫁人的後果需收拾。

儘管不玩侵入式性行為，肉體觸摸在所難免，我也很誠意地向葛瑞開誠布公，與他討論走上「開放性關係」（open relationship）之可能性？

我說過，在他被那位台灣男孩傾慕，致贈黑絨圍巾之前，整整一年我很自然地沒多看身邊帥男人一眼。那次事件後，有些微妙變化發生在我身上：我開始注意男人，也被男人注意了。

我站在克里斯多夫街知名地標花旗銀行門前，約了東方朋友見面喝茶。等半天，對方遲到了。有一名五官淨美的黑人青年，在我面前來回踱了七次，直到終於引起我注意。他想約我喝咖啡，長這麼大，第一次有人在街上釣我，還是品質不賴、我十分陌生的黑色人種。說真的很動心，超想知道他們的文化，包括生活的、圈內的。萬分可惜，我約見的朋友到了，他也一臉惋惜，靈機一動要了我的電話號碼。

當週日上午，我們還在睡大頭覺，忽然一聲鈴響，哪個缺德鬼打來擾人清夢？我一接聽，心涼一半，竟是那位要我電話號碼的黑人青年，真會挑時間。我尚未跟葛瑞提到他，現場持話筒臨時解釋又顯得猴急（偏偏我沒急），跟他哼哼哈哈矇混掛了電話。他以為我對他毫無興趣，我也失去了好好跟黑人青年聊天，見識這支民族身為同志經驗談的機會。

其他，在「Monster」酒吧等候來紐約觀光台灣朋友，我與另一位女性同胞先到，站在鋼琴旁啜飲雞尾酒。我們聊得十分開心，我叫她胖美人魚，也以此名為題，發表了一篇小說送她。我在孤苦伶仃沒人愛時認識她，有著革命烈士相挺的感情。

當我們遠遠看見那位台灣男性友人到達門口，就放下酒杯，出門去跟他會合。「Monster」有一個十分巨大橢圓的吧檯，happy hour 時間吧檯周邊總圍著一群剛下班的西裝族。要走到出入的門口，需穿過他們這道人牆。其中有一位高個子背部抵住牆壁，跟坐吧檯朋友談天。我是老鳥，在前引路。當穿越他時，我還客氣地連說「Excuse me」。就在跟那高個子錯身之際，他忽低下頭在我耳畔輕聲說：「You are good looking.」我熊熊受驚，他剛才應已觀察我和女性友人一陣子。我也不小家子氣，微笑拍拍他兩下，說：「Oh, thank you, you are nice.」

其他，在街頭打公用電話，有義大利藍眼帥哥來搭訕，留給我他的電話。也許，我年輕膚色好，個頭靈巧可愛，在紐約自創了票房。

我這才明白，為何葛瑞當時被那位台灣男孩捧得飄飄然？被追求的感覺，對有男友、伴侶、先生的人，依然是一粒甘美蘋果。有人吃了中毒，有人吃了沒事，有人吃了直喊甜！

當我把這些當街被釣、酒吧裡被讚美的事跟葛瑞說了，他想必回憶得起被那位台灣男孩追求的甜意。時常，我如晚回家了，會說去逛西村（我的確常往當地的「同志社區聯誼中心」圖書館挖寶），或說跟朋友見面。他從不繼續問哪位朋友。

好幾次，他經過我的古典小書桌，必然看見我的螢幕上出現聊天室規格。我對他說跟朋友見面，沒說是跟同學，覺得沒必要謊謊。在這些線索下，我跟他提出「公開性關係」，他也斷然不會想我只希冀多交朋友，喝咖啡聊八卦。

他不置可否，沒說好，也沒說不好，僅以微笑表示他聽見了。我突然想，這種事是靠默契，有時盡在不言中。真要逼問出「yes」或「no」，雙方自找尷尬。

後來，我依然偶爾晚歸，還是說去見朋友，葛瑞從來沒出現負面情緒。也許，這就是我們不說破的約定俗成，例如週五與週末夜，他因一週被校方行政業務綁死，會想去酒吧放鬆。

酒吧，「not my cup of tea」，我常鼓勵他一人獨往，絕沒因自己不想去，把他牽制在家。至於他在酒吧有無豔遇，我也很放心，只希望他身心健康，沿途看看風景、調劑鬆懈、暫時小憩都OK，我知道他最終一定走在回家的路上。

我們不道破，建立在雙方的信任：小小放鬆的目的，不是要漸行漸遠；而是淺嚐了外食甜點，最終胃口仍快馬一鞭，回歸家常菜。我們，沒讓彼此失望過。

在這些見面的人當中，唯一變成朋友的是安迪。一九九四年初識，約在西村他家附近一間家常咖啡店，溫馨小巧，我們坐在窗邊，曬著熱度拿捏恰好的日光。

基本上，那天是我在聽安迪說故事。他大學念戲劇，現在工作是毫不相干的電子業。他臉頰略凹陷，如飽滿一點，應該是一張帥臉。棕色頭髮捲成一團，可能是天生捲；我卻很想拿梳子一根根幫他梳直，讓他的命運不那麼曲折。

他說到了重點，十年前認識了一位東方男友，耗到最近才正式分手。兩人都早已診斷是HIV帶原者，互相推卸對方造成自己感染，不歡而散。

安迪於十年前發現感染，他不唯是我第一位認識的帶原者，且非常資深，從一爆發的八〇年代就罹患了。

「但你活下來了啊！」我的心蝶舞殘陽，說不出是喜或感傷。

「也快要到盡頭了。」我注意到安迪的下眼圈微微泛黑。

不過，一下子他又開心起來：「我完全沒有性生活了，抱著做善事想法，不約炮友。都是自己解決，天天吃漢堡，也會膩了。我有一個請求，你可以拒絕，我完全了解。在我保證安全的情況下，你願意幫我打手槍嗎？」

我腦海裡迅速翻閱常識檔案，感染愛滋途徑不包括打手槍，除非手有傷口。我一時進退為難，不忍他到此田地，連一隻手的撫摸都是奢求。看他樣子，已經病毒數很高了，身形憔悴，到底安全嗎？

「我會戴保險套，剛剛留意你的手也沒傷口；你另一隻手可拍拍我的背，那是我從小起最有安全感的動作。」安迪那雙眼瞳有如夜裡出海撈捕，漁船上掛起的光點，在黑夜裡堅持不滅。

我同意了，安迪說他也不是亂找人，是見面後看見喜歡的人才吐露實情，只有五分之一願意。我們到了他家，完成了這一場詭譎的打手槍儀式。我忘不了安迪高潮時，全身拱起，噴精在保險套內，同時流下了淚水。他輕輕啜泣，我則用手拍拍他的背，不知該哼什麼歌好。西方童謠我都不會，只好哼「一暝大一寸」。他一度放聲大哭，我繼續哼曲，直到他又安靜下來。

老天似乎想多給安迪一些時光，事實上，他在一九九五全年都還有精力，甚至計畫到歐洲旅行。我跟他吃了幾頓飯，也看了幾場電影。一部《玩具總動員》，往後這系列推出一些續集，我不敢再走進戲院觀看，怕惹感傷。

一九九六年初，安迪生日前夕，我和他幾位朋友上他家祝賀。他沉浸在即將發出去歐洲旅行的興奮中，在場誰都心知這是安迪最後一趟看世界，各自低頭請老天幫幫忙。

老天臨時抽腿了，當家人與朋友都以為他前往歐洲了，三不管地帶空耗了幾日，沒人查他行蹤。終於，安迪紐澤西家的老媽起疑心，打電話給他歐洲朋友，居然說一直等不到他抵達。老媽於是請求我也認識的他的女性好友，帶備用鑰匙去開他家門。可憐的女孩，見到了永遠不想記住的畫面。殘酷真相竟是駭異的落幕劇：安迪根本無力出門，在出發前不知幾日，站入浴缸後，或因體弱摔跌，無法出聲救援而斷氣，或滑跤撞到硬物，當場斃命。蓮蓬頭不解傷心事，依然朝他灑了四天水。

我一直很想融入，或起碼走探「紐約客」生活，但絕不是這樣的例子，最後落得連同告別式、下葬日兩天都跟著他的朋友們前來悼念，相陪到陌生的墓園。送他最後一程，這樣算夠徹底融入了，卻斷然不是我要的。

我答應將安迪的名字寫進小說，他也認真放在心上盼望；每逢朋友就介紹我是作家，津津樂道我會把他名字寫入書中這件事。

全部塵埃落定了，我的心因一塊朋友的拼圖消失了，布局永湊不起來。出殯後那個週日，我感傷醒來，心口被一股強烈不捨淹漫。我不知所措，抱著葛瑞說：「我一個朋友過世了，我感覺好孤單。」（I feel so lonely.）

葛瑞沒移動身體姿勢，讓我的頭枕在他的肩榜上，也沒開口問：「你的哪位朋友？」或「怎麼過世了？」他彷彿全了然於心，問這些已無關緊要。

他摩挲我的頸後與上背部，試圖給我安慰，一逕說著：「有我在！」（I am here.）

我不知道台北市最熱鬧的十字路口在哪裡？不過，倒很確定如把全球當作一座都市，那麼最熱鬧的十字路口，就是紐約。

居住紐約後，朋友近悅遠來，有上門拜訪，有借住幾晚。除了好友，還招待過藝術家、文學家、攝影家、影評家、古物鑑賞家、畫家、藝人、音樂家、出版家、學者等，多是我在台灣就識得的朋友。

我很喜歡，也很享受與葛瑞當主人接待客人，在自然間，流露了我們是一對伴侶的身分。當然，會來我們家作客都已知悉我和葛瑞的親密關係；但知道歸知道，親自上門來看看小窩、閒話家常，對他們又是另一番滋味。這些造訪，也讓我感受到「我們是一對」那份極舒坦又很美好的心情。

大夥接踵而來，未必全部因我和葛瑞人緣好，畢竟紐約本身就被拱為「一生不能錯過的城市」。朋友們若來紐約，一定得來我家坐坐，我們小窩似乎變成朋友遊紐約的一個「must see」

景點。遊罷紐約，回台灣跟人說：「我到過紐約客的家。」這也是一樁別緻收穫。

「紐約客」已是一個專有頭銜，沒人在說「紐約市民」、「紐約民眾」這樣泛泛之稱。這個「客」字雖來自「New York-er」中譯，放在紐約地名後方的這一個「er」，即標榜著有個性、略嫌臭屁、自認唯一有資格當世界公民的一個怪部落。

上我家門的貴賓中，值得多點篇幅介紹林耀堂老師，一九九六年我們在台北舉行公開婚禮時，正是林老師伉儷擔任葛瑞的主婚人，這段緣分源自他來紐約造訪。林老師是畫家，這行業真浪漫，我看他旅遊都拿本素描簿，看到有感景色人物就刷刷入畫。

我在報社上班時，和還是單身的林老師常去一家新聞界、文化界愛流連的卡拉OK店「小蜜房」，喝點小酒、唱唱歌而認識，他年長些許，卻同我無話不講。他在台灣就知道我的同志身分，能坦然跟我聊這方面話題，畢竟藝術家視野寬闊，我還跟他打趣「什麼時候有男體寫生的課，也讓我溜進去畫吧」。

林老師年輕時風流倜儻，日子過得充實，因而晚婚。新娘子是我的報社同事，漂亮大方。我在報社擔任主編，事業運不錯，姻緣運則反，常遇人不淑，有兩次不小心日久生情戀上了異男，為情所苦。他正好也熟悉這兩位異男，一呢得意洋洋，跟人聲張「連許佑生都喜歡上我」；另一呢，只會草暝仔弄雞公，把我逗到情竇開，立時翻臉不認人。

這些苦，林老師看在眼裡，一直很關心我遠飛紐約，找到伴侶後到底生活得如何？

林老師是傳統中又帶有現代氣息的綜合體，能守舊也能創新。他在我們紐約家住了幾夜，跟葛瑞一見如故。林老師彷彿岳父看女婿，越看越中意。他的出發點是身為我年長幾歲的老友，有義務以其閱歷，好心幫我把關。而葛瑞就跟一杯清水單純質樸，喝了一口就可判定「得遇良人」，也替匍匐過風風雨雨的我著實感到安慰放心。

他對我與葛瑞的婚姻生活近距離觀察，在我們家每看見什麼，養成了一句口頭禪：「啊，兩個男人的婚姻生活，也是跟一般男女的婚姻生活一樣呀。」

我略感好笑地回應：「林老師啊，不然你是期待看到兩個 ET 生活在一起嗎？」

林老師為人直率，隨時有感而發。他觀看我跟葛瑞之間的互動，下了這樣評語：「我覺得你們對待彼此的方式，比很多夫妻還好；夫妻的模式僵硬了，而你們既是配偶，也可以是多層關係，如情人、兄弟、朋友、師生，甚至也有時會出現一點父子親密感。」

林老師婚後生了一對雙胞胎，太太仍繼續從事新聞業，又兼家庭主婦與媽媽。林老師問我：「葛瑞擔任學校主管，業務較重；你還在唸碩士班，課程彈性，他會不會想說你時間寬裕，應該多做點家事之類的嗎？」

倘若是女性，我這種就算典型懶媳婦。我聽出他對家事分工的弦外之音，有點小慚愧：「是啊，葛瑞從不認為我是學生，時間多，就該我來做飯、洗衣，擔待所有家事。」

我跟葛瑞真正分工的原則，是採自動自發制。以做飯來說，如我有興致、或考量到該節省一點開銷，就會下廚。若我真沒心料理，葛瑞也不會在回家後一看餐桌上空空如也，給我臉色看。我們於是叫外賣，或出門用餐，順道悠哉散步，有助消化。

葛瑞任職主管，賺得薪水不低，卻也不算太高；而我剛離開報社，跟自立報系以及其他合作過的報紙、雜誌保持高頻率供稿，依然有收入。除了租金與大筆花費，像到外地旅遊食宿，都由他負擔，其他生活開銷我們倆輪流付錢。他明白，我畢竟要自己負擔學費，又非全職工作。那時期花費，全憑我自己心裡有數，一個月的餐費與日常用品開銷，我約需分攤多少，我們生活便平衡了。

有天，我們經過一間家具行，看見擺在最外頭一張古董小書桌，座椅做得如鋼琴椅子，搭配典雅，連四根桌腳都雕出數個節環，大方而優美。我一看標籤價格，吐了吐舌頭，相當兩萬多塊台幣呢。

我為這張書桌懸念半個月，終於下了決心，跟葛瑞說：「我要把它買下來，當作送給自己身為作家的禮物。」

他希望能幫我分攤一些，我堅持自己刷卡，說服他：「我覺得用我一字一字賺的稿費全額付，這張書桌才會有作家送自己禮物的意義。」

為了減少葛瑞養家負荷，我一邊唸書，一邊大量為國內刊物寫稿。葛瑞常陪我去採訪有趣的人事物，例如以倫敦開膛手傑克為主題的酒吧，或走愉虐風格的餐廳，哪裡有新鮮，我們就往哪裡去。

幸好紐約是一個百寶箱，奇人妙事取之不竭。在葛瑞陪伴下，我的很多篇稿子都像在出遊。後來，我這些以炫奇眼光導覽紐約地下文化的文章，出版了兩本書《搞搞紐約》、《紐約調調兒》。

我強迫葛瑞在他的履歷表上，一定要加一項「攝影」。這些報紙發表文章、出版書籍的照片很多出自他手裡。

他也不時主動安排開車到遠一點的地方度假，如維吉尼亞州海灘、麻州普羅溫斯敦（Provincetown）同志小鎮、威廉斯堡（Williamsburgh）歷史古蹟城、邁阿密南灘藝術裝飾（art deco）風格建物保留區等地，一是玩樂，二則方便我多做些報導。

我的中餐手藝差強人意，至少每次問葛瑞滋味如何，他多年答案都沒變，「嗯，很好。」我心想，你說不好吃也沒用，我的烹調天分已經到頂了，若嫌不好吃，還有一個選擇：可以不吃。我記得僅有少數幾次，我問他好吃嗎？他沒吭聲，跟我顧左右而言他。我就心知肚明了，這些菜是死棋，也許連流浪狗都不愛吃。

我會張羅幾樣料理，看得出葛瑞是真心地愛。如雞肝炒大白菜、番茄炒蛋、芋頭排骨湯，很簡單是吧；我占便宜的地方是這樣的組合，他從沒吃過，一吃成癮。有一年除夕，我受到天啟，還照食譜大費周章弄了兩道大腸番薯泥、竹葉包糯米，他吃得爽口。那天他的眼神，看我似乎是臥底的祕密間諜，究竟真會，還是裝不會炒菜？謎底深不可測！

葛瑞有幾項廚藝，真是法寶，花魁就是這一道菜「咖哩蛋」。溯及源頭，要感謝我的丈母娘，從她住在英國的表妹那兒學到這道料理，然後母傳子。最後的好處我撈到，永遠白吃白喝。

第一次他端出來時，我怕咖哩辣，僅吃幾口。晚一點，我又把它從冰箱捧出來，多嚐些許，其實這種咖哩不辣而帶甘味，我一口接一口吃光。

等葛瑞經過時，發現餐桌上咖哩蛋的空碗，問我：「咦，咖哩蛋呢？你倒進垃圾桶了？」

「沒有啊，我倒進自己的肚子裡了。」我說得毫不臉紅。

當時，林老師就驚為天「菜」，說光是這一盤咖哩蛋，配著白飯，已然人間美味。這道菜不難做，需得費點小勁。先把蛋煮熟，剝殼，一顆顆切成薄片，加入美乃滋與咖哩粉調勻。簡單搭配，吃來真可謂絕佳私房菜，取悅了每一粒味蕾。

林老師覺得好吃到整個不行，配了三大碗白飯；嚷著下次回台灣，葛瑞一定得到他家，教他或老婆這一道菜，當成傳家之寶。

這麼多年來，葛瑞的咖哩蛋風靡了很多來家吃過飯的朋友；光只有我們倆，也不時會煮來吃。有時，他下班回家露出疲態，只要他問我想不想吃咖哩蛋，我點頭，他頓時變成快樂的廚師，去「搗」蛋。海鮮燉飯，也是道地西班牙菜，他亦常燉煮。

剛認識葛瑞時，他就讓我驚訝。他是我認識第一個喜歡烘蛋糕的男人，他不特別熱衷下廚，但三不五時就會問我想不想吃蛋糕？然後到超級市場，挑選食材的口味，回家後他開始串演蛋糕師傅。雖然他的蛋糕不像糕餅店賣的那樣美觀，但心意誠可貴，我這幾年來總默默知足享受著「葛氏蛋糕」。

有天，他作的料理叫做「Carbonada」，是「煤炭煮成的料理」之意。名稱由來我們都不明究理，作法是他跟老媽學的。

食物上桌後，吃起來很獨特，有牛肉的甘美，最別緻是還放入了水蜜桃，拌著飯煮，獨有幽

香，真的很具異國風味。

我下廚有點天馬行空，如撒水墨畫；他的風格是工筆畫，每樣配料一一到位，才開始有條不紊下鍋。

我早知道林老師會來紐約的時間，碩士學校也開始放長假了，便預訂了他返台的同一班機，互相作伴。那天，葛瑞在我們家大門送我和林老師上計程車去機場，我搖下窗跟他道別，問他待會要幹嘛？他說，可能到外面走走，不直接回家。計程車開了好一段距離，我跟林老師都回頭看，他仍站在原地。

「葛瑞對你實在不錯，剛剛我看他跟你說再見，幾乎流眼淚。」林老師有感而發。

「真的？我剛沒注意到。」前幾次飛回台灣，他都送我到機場，在進入安檢大門口不便多逗留，幾乎一擁抱道別，就急著去檢查證件。這是第一次我們在大門分別，我套用以往的模式，在道別時刻，心中縱有不捨，總是急忙趕路。

林老師觀察入微，看出葛瑞對我的依依不捨。我也忽然想通，他說不直接返家，也應是不願意獨處在我才剛離開，而現已無人影的家。

這一趟航程，在阿拉斯加轉機。進入候機室，我打了一通對方付帳的公用電話，跟葛瑞報平安。等回到林老師座位旁，他給我看剛才素描我在打電話的樣子，題上了一句：「跟溫馨家人通話的背影。」

11

第二對值得一書的嬌客，是我到倫敦旅行拜訪的台灣好友昇傳和他英國愛人維克，都虧了我們家有一座可拉出來當床的大沙發。它體積之大，如一隻北極熊趴在地面喬裝沙發，花色編織素雅。我與葛瑞在水牛城大賣場發現時，因試坐太舒服竟不想起身。

當初搬進這間小巧玲瓏金屋，這座沙發幾乎試過任何角度，就是無法從櫻桃小口的門硬塞進去。搬運工人搖頭嘆息，只差沒吼我們：「就你們兩隻瘦猴子，幹嘛買這張鯨魚沙發？」大家商議底定，最後一次，last call，如果再擠不進去，只好退回原廠商，換張比較是給猴子睡的 size。

這次獲神諦聽，聽見我暗自祈禱：

「拜託拜託，我要定了這一張沙發。它象徵我跟葛瑞千里迢迢開 U-HO 租用卡車，開進紐約的人生改變之旅。」這番稟告後，搬運工竟找到了一個奇異角度順利入厝，終於新居落成。

這張沙發妙用無窮，葛瑞下班累了，原只想在沙發上趴一下，往往因太舒服而睡著。有時，他睡到一半，忽然醒來問：「寶寶，你在幹嘛？」我若答說「沒呀」，他就會堅持拉我躺下，陪他睡在那張「雙猴牌」巨無霸沙發。我只想陪他睡一下，哄他入眠後再悄悄起身；但常常地，我也跟著睡著了。

這張沙發床肯定被希臘神話的睡神西普諾斯（Hypnos）灑花祝福，誰睡上去都會進入夢鄉。兩人睡姿如果都仰天長嘯，不夠空間，要講究「體位」。葛瑞採側睡，靠著背墊臉朝外；再將我抱在懷中，也是側躺，如兩根小湯匙。

昇傳和維多來訪，早晨我起來小解，從臥房行經客廳。我看著他們睡得香熟，想起曾經孤獨地睡在他們倫敦的家，每晚想著葛瑞綠卡面試、在紐約謀職是否都能順利？時間真快，我跟葛瑞「順利」在一起，兩年了。

我不得不說，命運考驗對我們頻頻放水。當初葛瑞飛南美，我飛歐洲，淪落倫敦，被好友收容；而今我跟葛瑞塵埃落定，有一個紐約巢，反過來當主人回報好友。

既然是 gay couple 好友到訪，當然要見識夜生活。紐約同志酒吧林立，風格殊異，什麼狐媚的花、茁壯的木、潺流的溪、粗礪的沙都有，兀自吸引朝聖者。西村，是酒吧的聖城。我和葛瑞常去紅線地鐵克里斯多夫街站前轉角的那家「Monster」喝點小酒。或轉往該酒館地下室以黑人、拉丁裔年輕人為客群的閃亮舞池，熱舞個把鐘頭。

或到一樓屬於白人區的大吧檯，悠閒聽歌。吧檯旁擺放一座鋼琴，每夜總有不知是自願，或甘領少少錢的業餘者來彈奏，一群五、六十歲白髮蒼蒼，視野可不茫（總要看幾眼酒吧裡的男色）老年同志圍著鋼琴，放聲高叫電影《綠野仙蹤》（The Wizard of Oz）那時代觀眾才會唱的老歌。每一位都有芳華凋落的滄桑之美，有的美在聲音、有的美在妖冶、有的美在對圈內社區的親切大嬸或大叔作風、有的美在「老娘就是最後一支孤挺花了」的那種腰力……

我們緊湊行程，希望為昇傳和維多這對倫敦幫，當嚮導看足光紐約之魔光詭影。

像走健美身材風的「Splash」（水花），門庭若市，正如其名，夜夜都有穿白色內褲的猛男們，站在一間可以透視的玻璃窗密室，任由天花板灑落的水濺濕全身，白色棉內褲緊黏貼身，寶物呼之欲出，引人遐思。

另一家聖地，體積如同一座室內體育館，週末人山人海的「ROXY」，更得參拜。我們四人入場後，必須手牽手邁步，不然會在幽暗光中人擠人走散了。

九〇年代初，是紐約扮裝皇后（drag queen）精緻文化的顛峰。週五夜與週末夜，曼哈頓下城隨處都能看到六呎男人，穿著恨天高的高跟鞋，戴著蒂娜・透納那種蓬亂獅鬃的假髮，個個有如大一號的八家將走在路上，尖叫著穿越馬路，一邊互相嬉鬧：「死姊妹，妳可等等我啊。」

要開眼界，看扮裝皇后都需來「ROXY」，個個天女散花獻藝。葛瑞不了解為何那麼多男人喜歡扮裝？哼，他的性別意識過於簡單，並沒深入去體會「性別，可以是一種自我認同的搬演、對文化體制的反動、對傳統兩性角色的顛覆」。我則不同，雖然打從心裡不曾愛穿扮成女生；卻很愛到酒吧觀賞扮裝皇后的對嘴表演，總是充滿爆笑。

「你若扮起女人，一定是最醜的女人。」葛瑞不知是開玩笑或當真，有幾次跟我這麼說。

我心裡啐道：「夭壽死囝仔，你給恁祖嬤恬起！」接著，我會質問：「你憑什麼說我扮裝會很醜？」

「你的五官長得本來就適合男生啊，女生有你鼻子這麼大，嘴唇這麼厚的嗎？當男生可以，

當女生就不成比例。」

呸！這什麼歪理！我也不想跟你窮耗辯論。至少，你承認了我當男生還算投你緣；不然，我真會敲你的頭。

聽昇傳說，他跟維多在倫敦有上社交舞課程，我看他們倆示範跳貼臉探戈，轉身、協調腳步，偶爾還翻出花步，煞是好看。我也很想學，料定葛瑞沒興致。我的孩子氣還在，什麼東西都想玩玩；他則全然轉大人，不會禁止我做喜愛的事，卻保持他不參與的權利。

像昇傳與維多的相處模式，都還保有好玩那一面。跳土風舞啊，練社交舞啊，學牛仔舞都OK啊，說上課就去。我告訴昇傳，好羨慕他們行動派；他反而說羨慕我，因葛瑞給我很大的自由度。他說，維多愛吃醋，每天回家都有SOP，報告行蹤。

我吐吐舌。他打起趣：「伴侶天注定吧，維多的全名是Victor（維克多），簡稱Vic；我英文名叫提姆（Tim）。如果朋友接連先叫他，再叫我的名字，就變成『victim』（犧牲者）。你瞧，就這麼巧，我是他沒安全感的犧牲品。」

我難以想像，如果葛瑞是那種會擅自打開我的電腦，全盤掌握我的交友狀態；鉅細靡遺查我的行蹤，或神經質隔離我與任何其他男性友人，那不管這份愛有多圓滿，我可能立時打包走人。

我和葛瑞給彼此的自由額度都算高，也自知分寸，根本不會透支。昇傳感慨道：「好替你高興，遇見葛瑞。」

我認識昇傳好幾年了，二十多歲在台北就是哥兒們。我熟悉他活潑外向，沒有自信心的情人會以為他這樣是花蝴蝶。其實他只是愛交朋友，人好逗陣，見面哈拉就七分熟了。

兩位英國紳士過境，我跟葛瑞的緣分起源地「Web」酒吧自然更需一遊，作歷史見證。我們兩對情人在那家偏愛東方男孩的酒吧中，分別發表了「當西方遇見東方」的組合看法。

根據我和昇傳橫跨歐美的觀察，越南妹（圈內俚俗稱謂，無涉貶抑）被拱為「最會搶男人」，黏人功夫一流；個頭都小，卻能一翻身，騎到白人頭上去，駕馭自如了。我們其他亞洲同志每見又一位帥哥淪陷在越南妹手裡，都會捶心肝。菲律賓妹也不好惹，跟泰國妹被歸於「亞洲三妹」。我們是否基於酸葡萄心理很難講，總之很懷疑一些帥哥老外是不是喝了東南亞什麼符水，怎麼以我們華人眼光看，這些天菜身旁很多是不甚起眼的乾扁四季豆。

同志圈與異性戀圈子一樣，只要碰到帥哥與醜妹子成對，大家路過撞見，就會自動低頭默哀。雖然維克與葛瑞兩位白人，對上述東南亞妹子的理論，還想爭辯。我跟昇傳趕緊跳針，轉換話題，指出東亞與東北亞，如台灣、日本、韓國、香港、大陸又是另一批特產貨了。膚色較白，嗲聲較少，身形較高，氣宇較斯文。

喜歡這一組亞洲人的老外也不居少數，有的品鑑成行家，竟完全能從外貌，區分日、韓、華裔。更嚇嚇叫的角色，甚至連來自哪一地的華人，如台灣、香港、大陸、泰國或馬來西亞當地華裔，都能分辨無誤。

我常聽圈內人轉述，以及親自遇過半打以上聲稱「只喜歡台灣男生」的老外。我聽一位老外解釋，如何從一堆黃皮膚類似五官中，找出「MIT」？因台灣男生陰陽最適中，親近可人，為人不太乾澀，也不太油膩；有一種特殊自信，談起話來挺有得聊。台灣同志已有了國際觀，又還保有鄉土特質。（咦，當時忘了問這老外是期貨市場分析師嗎？）

我把葛瑞歸於「純粹華人愛用戶」，從大學起他便跟一堆馬來西亞華裔同學在宿舍合住，熟悉華人生活文化。一對年輕夫妻都有課時，葛瑞常充當他們女娃的保母。難怪，我認識他時，納悶他拿筷子功夫一把罩，與天生會拿筷子的華裔沒兩樣。

證諸葛瑞前後任喜歡的人，確都是華人。有維克在場，我得讓葛瑞賺到面子，讓自己賺到裡子，耳聽目明想出一套說帖，對葛瑞說：「你真好運，找到我這個華人極品。」吹牛不打草稿，我將爸爸生於浙江（江南山明水秀，又文人輩出）、媽媽生於基隆（北台灣祥雲瑞氣，娟美秀麗），煞有介事說是大陸江南靈秀之氣，與島嶼北方渾然之山水，兩股精華粹集，孕育為翩翩公子，是不世出的極品也。

昇傳跟我笑得趴在彼此身上，維多和葛瑞則一臉木然。真糟，笨麻瓜，我都已拋出去十幾個梗，到底他們抓到一個沒？

送別昇傳與維多那天，感覺屋子忽然空了許多。兩對同樣是異國伴侶，各有其相處的樂趣，卻也有各自回家要面對的議題。

後來，昇傳與維克分手了，他仍保持跳舞的熱情，參加了一個同志國標舞團，榮獲二〇一三年歐洲冠軍。二〇一四年，舞團參加了眾所矚目的 Sky TV 舞蹈比賽，進入準決賽。當我在 Youtube 看到他們表演，特別注意昇傳始終笑盈盈的帥氣舞蹈動作，又高興又欣慰。

他現在的伴侶是約翰，認識八年，相隔車程四十分鐘的城市，只有週末聚首。兩人很審慎地考慮，在同性婚姻已經合法的英國登記結婚。

那張大沙發又歸還我們了，趁坐著看電視時，我開始慫恿葛瑞效法昇傳他們一樣，我們也去上專門開給同志的國際舞課程。他反應不熱烈，我幾次極力想跟他解釋幹嘛那麼正經，台灣人認為，三八一點會很有樂趣。但我實在找不出貼切的英文字，來形容國語的「三八」之神韻。

他看我有點洩氣，拿遙控器關掉電視，開了音響，把原來放在播放器裡的CD點播出來。我不解是怎麼回事，他把我從沙發拉起，說：「來！我教你一套國際舞課程不會教的舞步。」這倒新鮮，難道是什麼烏拉圭的民族土風舞？

他要我把雙腳踩在他的腳上，我個頭比他小，體重又算輕，踩上去對他不造成負擔。我們上半身保持一般跳國際舞的姿勢，雙手互握抬高，他開始跨出第一步，第二步，第三步，哈哈真有意思，他居然是在踩華爾滋舞步。因我的腳踩在他的腳上，所以我跟本不必跳，只需被他的腳載著轉過來，又轉過去，滿屋子轉圈圈，果然也算一種舞。

我一直咯咯笑，這點子怎麼想出來的？像在跳舞又似在玩遊戲，也很接近在遊樂園中騎旋轉木馬。哈，我從頭笑到尾，太好玩了。I love it! 我們的身高、體重天作之合，我再高、再重一些，對葛瑞可不是舞蹈，而是做苦力了。我無法解釋精準的「三八」被舞出來了，對嘛，這才符合三八精神。

從那次起，這種被我戲稱「四腳華爾滋」成了我們日後在家裡，興致忽然來時，就能輕易製造的樂子。

只要葛瑞通關密語一下：「來！踩上來！」一旦我們這樣踩高蹺，翩然跳舞；我總無例外地被逗笑，即便心情爛如踩到狗屎，起碼苦笑是一定有。

儘管，來紐約拜訪我們的客人以我的朋友居多，葛瑞這邊不來則已，一來就是重量級天王、天后。天王是他的教父比比亞諾，天后是他的媽媽蘇珊娜。

比比亞諾與葛瑞媽媽是童年玩伴，與她的同學、表姊混在一塊玩；葛瑞出生時，請他當教父。十餘年前，比比亞諾因心臟病，特地從南美飛到美國住院開刀，都由葛瑞守護，打點照料，視為親父。我也搞不清楚，葛瑞的教父與我應該算什麼關係？難道是比照「公公」，而叫「教公」？比比亞諾任職律師退休，父親是地主也擔任過律師，太太是名門望族，道地的豪野人。他鰥居許久，膝下無子。

他個頭高大，我的身材跟《哈利波特》男主丹尼爾演到後幾集的發育差不多，那比比亞諾儼然是片中的龐然巨人海格。他這趟來紐約住一個月，葛瑞去上班；我除了到校上課，白天有空就陪他到曼哈頓四處走走。

等葛瑞下班後，三人一塊用餐；他很好奇我不會講西語，比比亞諾不會講英語，到底我們倆單獨相處時怎麼溝通？我當然沒跟他教父心有靈犀一點通，靠比手畫腳，加上善用 key word，或有時兩人都假裝懂了對方的意思，含糊打混過來。

有次，比比亞諾點了一道沙拉，侍者送來一碗超級大號，器皿還是不常見的木碗。他故意把臉埋進去，表演牛吃草。我宛如吸了笑氣，笑到全身骨頭快散了。忽然，我察覺這樣笑，是否太不得體，不過連比比亞諾自己也承認這碗沙拉連牛都吃不完。

既然提到牛，我請葛瑞代我問比比亞諾，他在烏拉圭有很多土地？也有養牛嗎？

葛瑞把比比亞諾的回答轉述給我，是的，他擁有土地。

我聽了，隨意點點頭。隨即，他加碼問我：「你知道比比亞諾擁有的土地有多大嗎？」

我脫口而出，回答大概就一般農場或牧場大吧。像電影那樣，靠腳走路繞遍全場也許要走很久，騎馬繞一整圈，總不至於有多難吧。

「比比亞諾的土地，跟曼哈頓全部加起來一樣大。」葛瑞如真想讓我露出「阿比與阿弟」的吃驚表情，他達到目的了。這答案把我嚇壞，整個曼哈頓？天哪！那不就可以在他擁有的土地上拍攝西部片了？比比亞諾自己當壯碩大一號的約翰•韋恩。不過，我恐怕得把騎馬換成騎牛。

我很想唱一段古代說書人的台詞：「大地主在此，小的我有眼無珠。」

當離開紐約前夕，比比亞諾在紐約最貴的法國餐廳訂了一桌，答謝我和葛瑞一個月相陪。餐

廳位於中央公園附近一棟舊式大樓的一樓，內部陳設讓我想起大導演馬丁・史科西斯《紐約黑幫》那年代。只有上流社會人士才有膽子走進來這種餐廳，光開一瓶酒就花掉幾百到上千元美金。比比亞諾點了法國知名紅葡萄酒Chateau Roques Mauriac，在透明高腳杯裡發出紅寶石的光澤，帶著淡淡草莓香。

我和葛瑞彷彿陪著灰鬍子公爵在用餐，他坐在那兒當真氣派十足。對比比亞諾而言，這頓餐飲開銷約莫只是他土地上的幾根草吧。

一九九六年我和葛瑞回台灣舉行公開婚禮，透過CNN全球放送，比比亞諾居然巧合到人在烏拉圭家中坐，也看見了這則電視新聞報導。後來，他寫了一封信給葛瑞，責備他不該如此做，沒有考慮會不會使他媽媽難堪？

那時我聽到葛瑞提起這封信，回想陪伴比比亞諾，他是一個老好人，卻如此給予責備，不免感到落寞失望。葛瑞自個倒很看得開，說：「他是天主教徒，不能接受我也沒辦法；很可惜他為此不悅，但事實就是事實，我的人生並不是為了他而活。」

幾年後，比比亞諾因心臟衰竭病逝。一如葛瑞預料，這位富有教父沒有留給他這位教子任何遺產；他側面了解，比比亞諾另外兩位教子應有所獲贈。

我態度認真地跟葛瑞說：「很抱歉，我害你的同性戀身分曝光；不然你可能繼承得到遺產。」

他語氣很乾脆，充滿了果決：「我從來也沒在貪圖這個！我覺得遺憾，像他這麼有錢，與妻子沒生小孩，本可以認養小孩或資助年輕人，讓一些人有機會改善人生，甚至改變人生。但他從來沒做過，這樣當個有錢人又有什麼用？」

通過天王這關還不算頂難，可是，天后駕到？非同凡響！我打從知道葛瑞媽媽要來，直到她真的來了，都在焦慮中。不管她是婆婆或岳母，我都擔憂她會越看我越有趣，或者越看我越挑剔？

葛瑞要我以平常心面對，故意非要表現怎樣，反而不真誠。好嘛，這話是你說的！皇帝既沒下詔曰：皇太后駕到！我也就無須那麼戒慎恐懼了。

葛瑞媽媽從烏拉圭首都蒙得維的亞起飛，抵達紐約時間是上午，對我這位愛德華（《暮光之城》吸血鬼）的遠房表親，專門晚間活躍，白天昏睡的人，早起，比拿削尖桃木椎鑽穿我的胸膛還難受。我前一晚跟葛瑞請旨，可否他一人去接機？等他接媽媽到家裡了，我才跟她碰面，就不用起個大清早。他說好，我感覺如釋重負，像期末考剛宣布少考一科。

以下假設命題：如果我的男友不是白人葛瑞，而是另一位台灣人，那他媽媽來紐約探訪，我拚著半夜不睡，也得一大早陪台灣男友去接機。

以東方習俗，女婿初次見岳母是何等大事！去機場早早守候，見面時深深一鞠躬，禮儀免不了。葛瑞是西方人，他不重視這一套，也知道媽媽心態一樣。

But，葛瑞可以不堅持，按台灣禮俗我則該堅持去接機。我為何敢如此幾近放肆呢，連藉口都不必謅，直接承認不想早起？

這原因應是在一起生活以來，葛瑞始終保持「我不會勉強你去做任何不想做的事」；連我幾次從紐約飛回台灣度假，只要通知他大概的一個時段，詳細機票日期他從沒干涉。

關乎此，我們討論過，為何給對方這麼大的自由度？難道不會安全感動搖嗎？

談了一談，我們的觀念出奇一致。他和我都覺得，管得多，並不意味特別親密，或出自更多的愛。管得多，常只是當事人在解決自己「沒安全感」的恐慌。

還有最重要一項，我們如出一轍，都各自僅剩一位家人，他與媽媽、我與姊姊。這兩個女人有共同交集，愛對我們嘮叨。奉關愛之名，管這管那。我們怕死了她們的碎碎念，進一步發現「碎念，是破壞親密關係的原兇」。兩人朝夕相處，互相霸占的時間長，要盡量幫對方減壓，若不行，起碼不要多給對方壓力。而碎碎念，就跟耳朵旁長出一支小樹幹，上頭站著一隻鸚鵡，每天嘰哩咕嚕講個沒完，耳朵主人遲早一定壓力鍋爆了，欲掐死鸚鵡而後快。

關於接機，他認為這是我的自由度問題，不是態度問題。

險也，那天還是出現了突槌演出。我原以為能多睡一點就好，等葛瑞接媽媽回家，我都已梳洗完畢，恭候大駕。

我一覺醒來，迷糊中聽見客廳有講話聲，臥房關上，隔著門板仍聽到話語。我立時驚起，慘了，他媽媽已被接到家裡了。西班牙語腔調比美語清亮聒噪些，我不會講西語，卻聽得出。咳，如果我是女生，八成就會被數落是那種懶媳婦，婆婆第一次拜訪，我竟然還在房間呼呼大睡。

還好，同性戀關係裡，我們一直不是以性別分配角色，沒有約定俗成的「什麼非要這麼做不可的事」。我不是媳婦，她也不是我婆婆，要嘛也算我的丈母娘；如果我媽還活著，她也是葛瑞的丈母娘。所以，我們壓根沒把「婆媳」那層關係，套在自己身上。

好吧，醜女婿也得見岳母，更糟是還沒梳洗的醜女婿。偏偏去浴室必經客廳，我只好努力裝得清醒，開門出來跟她打招呼。

葛瑞向她介紹我的英文名字：「這位是 Chris。」

也許她脊椎側彎，個子比葛瑞小好多。全身打點得很有歐洲貴婦風，金蘋果色的茂密頭髮吹得蓬起，梳整貴氣。看樣子像假髮店裡的，我仔細看過，卻如假包換；太強了，南美洲女人的頭髮生命力！她一身絲質襯衫與黑褲，襯衫上好幾朵盛開巨大的紅豔花卉，襯衫底部的白綢像風吹得輕絲產生水波運動，那些大紅花便如浮沉水面，很是大氣。

「我可以叫妳 Auntie 嗎？」這個姨媽或嬸母的稱謂，是我和葛瑞好生琢磨出來的頭銜。

葛瑞多年沒提交女友，現在搬到紐約又跟一位斯文東方男生住在只有一間房的公寓；兩人已非學生，更非吉普賽人，勢必睡一張床，那媽媽還需要什麼線索嗎？

他媽媽笑容可掬：「你可以叫我蘇珊娜。」

不行！就算妳的名字是瑪丹娜，我這猴死囝仔哪敢直呼其名？我堅持叫她 Auntie，用這個親暱長輩的稱呼，慢慢為她拉開充分了解我們關係的序幕。

我藉尿遁躲進浴室，以當兵洗戰鬥澡精神，三兩下梳洗得眉清目秀。

第一天她搭機累了，傍晚提早上床。我們及早溜出去吃晚餐，做最新軍情報告、研判新局勢。

「你對你媽熟，覺得她沒討厭我吧？」我晚起床、急梳妝、自掀生活沒規律的底牌，話語不通，小嘴兒不甜，又沒一張「順民」的臉，我猜分數鐵定被打很低。

「別緊張，你在跟她講話時，眼睛都看著我笑。她全都看在眼裡了，有人喜歡她的兒子，終歸是好事吧？」葛瑞四兩撥千金。就是天塌下來，他也會等到最後一刻才把我搖醒：「喂，世界末日到了。」讓我命在旦夕的折磨縮到最短，很另類的體貼吧？I know.

就像陪天王一樣，我白天碩士班還是有課，跟「親愛的婆婆」說一聲，就出門上學。她第一週先把住家附近混熟，很有辦法跟同年紀的男女攀談，回來轉述巷口那家雜貨店是東歐一個小國家三代移民創辦，娶的嫁的都是同胞，他很光榮孫子的純血統。再往前五家是烘焙店，一對義大利母子開的，她不知跟人聊到多盡興，帶著人家免費送她的一盒起司蛋糕回家。

「你媽是神仙婆婆啊？你還沒回到家，我聽她說一待在人家店裡聊幾小時，不僅沒被趕，還帶伴手禮回來。」晚上我趁著葛瑞他媽在淋浴，像小老鼠跟他吱吱叫。

「南美洲女人都是這樣，到哪裡都可跟人作朋友。我沒遺傳到這一點，不知是幸或不幸？」葛瑞也跟我一樣在偷聞棕色袋子裡的蛋糕香。

「你只要碎碎念沒被遺傳，都好商量。」我心凜，岳母大人真是個角色！

第二週，她四處繞，發現我們住家的這一條九十二街，靠近哈德遜河畔的一棟二樓在拍電影。搭起了木架棚子，讓鏡頭走軌道，從外拍攝日光透進室內的場景。她詢問之下，原來在拍《一日鍾情》（One Fine Day），由喬治・克隆尼和蜜雪兒・菲佛主演。

她在那兒看了整天，直到夜色暗了。劇組人員開始灑水，製造雨夜效果，看熱鬧的非散不可了。一進門，她看到葛瑞，眉開眼笑抓著他，西語便如洩洪，把從早看到晚看到的戲說了一遍。當她說喬治・克隆尼還滿帥時，我跟葛瑞都低頭偷笑。聽說，這男明星總有老女人緣，真準。

當晚，我們上床後，葛瑞說他媽媽在問，我們叫彼此什麼啊？大人大種的，叫「抛抛」或「陶陶」，聽起來有點幼稚。

葛瑞不想大費周章跟她解釋「寶寶」由來，兩個同性戀大男生互叫綽號，自覺貼心又窩心，這就夠了。母親大人！您省省力氣吧，別管到這上頭，顛簸路不平哪。

我們也有疏忽，實在率直慣了，渾然沒想到在他媽拜訪期間，改叫正牌的葛瑞、佑生，省去他媽媽聽了耳朵被針刺，大驚小怪。果然一驚沒好事，踩中地雷！換個名字叫一陣是不打緊，葛瑞卻堅持：若連在家裡叫喚小名都見不得人，那象徵我們生活已被嚴重介入，即使他母親也莫想指東道西。

這是西方母子之間的標竿鬥標竿，我這單眼皮的靈巧閃邊去。幸好，隔天他媽媽也不再提了，西線無戰事。

西方人媽媽自成一格，跟台灣媽媽簡直是恐龍最早期三疊紀，與絕種期白堊紀間的大落差。葛瑞媽媽從沒開口問他賺多少、房租多少？有沒有存錢？甚至問「你們開銷都各自分開吧？」

西方媽媽跟東方媽媽不同，葛瑞說他媽從來沒私下巴拉巴拉之類，我很訝異葛瑞媽媽對他的隱私這麼尊重。他根本覺得那沒什麼，這正是烏拉圭家庭文化之一。不去探聽這些事情，不代表不關心子女，只是他們認為子女想說會說，沒想大概就是不想說，也不需自找無趣去過問。

哇，真酷。我一直被台灣父母那套嚇怕了，什麼都包打聽，以為這樣才叫關心，其實是自己想安心，卻讓子女煩心。

「我媽媽病逝，今天她若活著，換成她來，保證對你的斯文、溫和、古意越看越中意。不過你會沒隱私，台灣媽媽比稅徵機構還關心你的荷包。」我突然發一股冷顫，唉唷喂，還好來的不是我媽。若是，就不得了，連我跟葛瑞怎樣分攤生活費、房租費都會問到水落石出。

明明我占了葛瑞便宜，很多台灣媽媽猶疑神疑鬼這老外幹嘛對我兒子好，動機不單純，想謀啥好處？這一來，我大概也會跟葛瑞一樣大叫：「我的媽唷，您省省吧。」

隔數日，葛瑞安排工作較閒的一天，由我帶他媽搭地鐵轉火車，前往距離曼哈頓半小時車程，他工作的大學校園區。

那天日光露臉，驅走連續幾天陰霾，當地鐵出了地面，爬上高架橋，光芒耀眼，乘客們也顯得精神抖擻。其中一位三十幾歲黑人太Hi了，看我跟葛瑞的娘坐在一起，走過來跟我說話。第一句沒聽清楚，第二句聽見了。這個黑人傢伙在做他的什麼春夢啊？居然問：「坐你後面那位，是不是你女朋友？」

我沒應答，他繼續拍我的肩膀，一副套交情樣：「別不好意思承認嘛，你有沒有跟她……？」

看他淫笑，我知道他神經線沒鎖緊了，他叫我：「你這幸運的小子」（You, lucky guy.）脫線證據再添一樁。

幸虧那人沒死纏，我帶葛瑞的媽下地鐵，走出車門，那傢伙還嚷著：「好好照顧你的女朋友啊！」（Take good care of your girlfriend.）

我一邊低語咒罵「你這不長眼的死東西」、「你的腦袋裡灌漿啊」，一邊偷瞄葛瑞的媽幾眼。好險，她英文不算好，又有點重聽，完全不知剛剛一位黑皮膚的喬太守經過，差點亂點鴛鴦譜。

當我私下把這件《麥迪遜之橋》的糊塗戀情告訴葛瑞，他笑得腸子打結。此事永遠未了，日後葛瑞心情一好，就會故意提「你跟我媽有染」（You have affair with my mother.）氣我，或以「我媽的男朋友」稱呼我。

我真希望他懂點中文，那我就可以大聲頂他一句：「去你媽的！」扳回一城。但他既聽不懂，我只能氣得抱著頭，堵住耳，悶喊：「我的媽呀！」

唉，誰搞得清我們每次講的是你媽？我媽？或所謂我的女友？

第二年，他媽又光臨寒舍，除二度遊紐約，還有一趟意義之旅：攜帶兒子、半子，回到她從

未踏臨的血緣源地西班牙去尋根。她仍一身絲綢，飄逸涼爽，襯衫的大紅大綠一株也沒凋謝。

我在航程中猜想，像她打扮這麼尊貴，重視外貌給人有品味印象，體內流著的血液卻跟西班牙瘋狂導演阿莫多瓦一樣。正經的 Auntie 啊，我見識過妳兒子正經的家族遺傳，可他也有幽默耍寶的一面，為了逗我笑，他會學粉紅頑皮豹躡手躡腳擅闖禁地，偷世界最大鑽石的鬼靈精舉止，配合他的細長手腳，戲味十足。

我們剛認識時，看他穿卡其短褲、休閒鞋一同駕車出遊；我不敢說他有一雙鳥腳，只好繞個彎告訴他這樣子，很像台灣夜市賣的「一顆魚丸插在一根籤條上」。詳情我略過不表，他還當在稱讚他美味可口呢。

旅行中我等了許久，終於等到他媽西班牙血統裡不羈的一點小證據。有次，我們去逛大賣場，忽然警鈴大作，葛瑞找不到他媽，知母莫若子，一定是他媽闖禍了。賣場警衛也在跑，我們跟著同一方向追，我跑最後一個。這賣場造這麼大麻煩幹嘛，又不是要舉辦世界盃足球賽。

我們追到緊急出口時，已經圍著幾名保安；葛瑞鑽過人牆，才看見他個頭矮小的母親被團團圍住。葛瑞出面解圍，原來緊急出口的橫桿上貼著紙條：「用力推我」，她很好奇，難道推開之後有獎？就一按推桿開門，觸動警鈴。

「媽，妳為何隨便按緊急出口呢？」葛瑞一副大人要修理自家闖禍小孩，給上門討公道的鄰居看。

「我看它寫『用力推我』，就是要人推開啊。」葛瑞的媽一臉無辜。

「媽，妳太矮了，只看到下面。人家上面還寫著『如遇緊急狀況』，」然後有一道大箭頭往下指著推槓，「叫人有緊急事才推門逃生。」我在旁聽，雖是西語，看那些字條與葛瑞的肢體語言，就知原委了。

純屬無心之過，沒人追究了。葛瑞把他媽像掐一隻兔子的後頸，速速離開現場。我卻暗自樂死了，嘿嘿，正經的 Auntie 來到祖先之域，還是不免受到祖靈召喚，血液裡一樣迸出了阿莫多瓦的調皮性子。

葛瑞和盤托出，絕不敢帶他媽參觀大型產品展，她只要一落單就有狀況。在好奇心逼使下，她會去按每一個鍵，有時弄得雞飛狗跳。

「我覺得你媽比你還有瘋狂作樂的潛力，她外表像維多利亞女王，內在像維多利亞的祕密，暗藏驚奇。」我剖析道。

「你當然護著她，她是你女朋友啊。」葛瑞睜大眼珠瞧我，一副我能奈他何的樣子。

我這次不叫「我的媽了」，只回瞪他一眼，輕聲說：「別辱沒聖母蘇珊娜」。對不起！偉大瑪利亞，請您在我們爭鬧時，先讓位給葛瑞的媽一下。

我們也報名了古城之旅，搭車參觀建於羅馬時期的托萊多。沿途風景宜人，公車搖搖晃晃，坐得快淡出鳥來。

我只好專心看著導覽介紹，直到十六世紀前，托萊多是西班牙政治、經濟中心。這座城市有趣在於集基督教、伊斯蘭教和猶太教文化於一身，別說戰爭了，現場街頭也沒人打架。宗教戰爭，打來打去，實在都是上層少數人發動。底下平民百姓，只圖安居樂業；但戰火一起，生靈塗炭都是他們。悠閒逛古城，卻湧上一絲悵然。

逛紀念品店時，葛瑞買了一套小型盔甲武士的全副武裝，如人偶般站立。全身被磨得銀白的鐵片，一片一片隨著關節而組合，可行動自如。這裡一石一木，皆是葛瑞母系祖先的真實生活。西班牙，曾是海權時代的無敵大國，這光榮歷史葛瑞應已知曉吧。

我想像，葛瑞若生在早期西班牙，持盾拿矛，套著一身鋼片盔甲，騎著羸弱馬匹的模樣，不就是唐吉訶德了嗎？嘻嘻，我又找到一個西班牙品種的梗，暗暗好笑。

此趟越洋旅行，不僅是葛瑞或他媽媽的尋根之旅，也是我認識葛瑞靈魂的更深度之旅。

15

觀光客的紐約也許二十四小時不打烊，我和葛瑞在這座城市過著尋常生活，更欣賞她另一種冶豔背後的卸妝秀麗。

每晚，葛瑞上床前，會到我身邊說：「Vampire, goodnight」（吸血鬼，晚安），然後親我的額頭。那時辰，我通常還坐在心愛的古典小書桌，座椅本就矮一點，他站立吻我坐著水平高度的額頭剛好，似乎懷愛的神父在跟好心的吸血鬼賜福，並道晚安。

在一個深夜裡，夜未央，我的精神還很好。無意中，發現書架上葛瑞第一年聖誕節送我的油畫盒，原封不動。這樣不行，太辜負送禮人。心念一來，手也突然癢了，起意隨便畫個什麼吧，總要有起碼的回饋禮貌。

送禮時，葛瑞說希望我開始畫畫，調劑腦中不斷以文字思維的創作方式。也許那晚我寫作到腦子累了，看見油畫盒，潛意識有解放的渴盼。面對空白的油畫布，迅速回憶著我跟葛瑞共度的生活，好快，碩士念兩年，實習一年，在紐約居住一忽三個年頭，如跑馬燈的浮光掠影，快得看起來影影綽綽，卻花影繽紛，輪廓俱全。

我從小背書全班最快，記憶力靈巧舒活。在紐約三年，我的腦力尚值巔峰期，回顧紐約生活細節歷歷在目。隨興摘取一件發生的事，都可以入畫。

我自問最想畫什麼，以資紀念呢？濃縮這三年，會粹取出甚麼呢？驀然間，愛、家庭、生活、異國等元素，如記憶火山噴出的第一道金燦岩焰，率先發光。我的腦際出現「最優先」、「急速件」紅泥戳記，送發公文系統全面啟動，愛、家庭、生活、異國四大元素在每個腦細胞、每一條腦神經線以光速穿梭。

我的腦海即刻閃起「on air」燈光，已浮出了構圖。我拿相機進浴室，對準理容鏡，完成一張自拍照。我在畫布左邊三分之一空間，塗繪鏡子反射出「拿相機的我」。另外，剩下右邊的三分之二畫布，憑藉想像力發揮：我手中的相機快門射出四道光。如古裝漫畫的仙人一出掌，運神力所疾射出的龍捲風狀光條。

四道光芒中，我畫出了四種生活主題。

第一道光裡是紅鶴，在我和葛瑞到佛州旅行，首次目睹了這種在台灣動物園遺漏沒見過的美麗珍禽，代表我們所有共遊的親密時光。

第二道光裡是一群燈魚，集體游著，取自家裡唯一養的寵物水族箱中的魚，象徵家的溫暖。

第三道光裡是一張張書寫著紅色「LOVE」的郵票，美國政府彼時剛發行，象徵我和葛瑞的感情。

第四道光裡繪畫出畢卡索的代表作《夢》，一位少女坐在沙發上，頭部整個傾斜為水平線，臉上有幸福的紅暈。我以這一幅名畫代表紐約現代美術館，表現紐約市的人文大都會特色，象徵我與葛瑞在這裡「他鄉作故鄉」的異國生活。

這四道光芒的勾勒法，也很像古代畫到夢境時，一個人或躺或趴著睡，頭部幻化出一道會轉繞一圈而射出去的放大光環。

對當下的我，這四道光一點都不是夢境，而是與葛瑞一同經歷、一起經營生活的寫照。在我年輕時，愛情沒有著落，被同性戀注定孤獨終老的宿命觀纏繞，這四道光裡象徵的東西，確實如希冀的美夢，徒然是空想罷了。我哪想得到有一天，這些夢土俱成現實沃土，長出了花卉、穀果。

一口氣完成生平第一幅油畫，天色已亮，仍無倦意，精神一直維持著受到繪畫意義的感染力。

葛瑞已醒，從臥房裡走到客廳，意外看到滿室燈光大作：「嗯？你怎麼還沒睡？」

他無須等回答，已注意到了我的這幅畫。

「這是你畫的？哇，非常好呢。這是紅鶴，這是魚……」葛瑞湊近看，逐一數著光芒裡出現的東西，語氣驚奇：「這是你第一次畫油畫？以前沒畫過。你畫自己，還真滿像的。喔，你用了這一盒油畫顏料，終於用上了。」

當天，葛瑞下班回家，吃了許氏炒飯（台灣香腸切片、豌豆、紅蘿蔔切丁、青蔥、打兩顆蛋炒飯）。他吃飽了，精神來了，興致也來了，被我稍加鼓勵，也願意嘗試畫他生平第一幅油畫。

我高中時還畫過水彩，升大學之後，畫筆高掛，至少有點兒繪畫基礎。葛瑞說連水彩、素描、粉筆什麼都沒畫過，他會接受我作球給他的無論是邀請或挑戰，倒也新奇。

「我沒辦法像你一樣用想像力，我一定要看著東西畫，那該畫什麼呢？」他轉身巡視整個客廳，神情慎重，不輸給皇帝選妃。

「放輕鬆，隨便找一個你看得最順眼的。」我趕緊搧煽火，怕他興致滅了。

最後他目光底定，落在我身上：「好，你坐在沙發上，我來畫你……的腳。」

我以為他要畫我，完成他心目中王爾德小說《格雷的肖像》；我沒把話聽完，他竟然只要畫我的腳。一顆黃金柑橙不買整粒，竟跟老闆說剁開後，只買其中一瓣？好吧就依你，想畫我的腳，也算有獨到眼光。

我拿一本書坐在沙發讀，兩腳勾著，擱在有著現代畫風格的地毯上。地毯以橘色為主，散布著不同形狀的小色塊，色塊有的單色系，有的以對比色塗繪著乳牛或斑馬身軀的特殊條紋。

我不時從書本上抬眼看葛瑞作畫的神情，他白天戴隱形眼鏡，現在鼻梁掛著近視鏡框，神態格外專注。看起來，他是一筆一筆細描，不像我塗塗抹抹手肘動作大，他比較像正在精心組裝高級鐘錶的瑞士藝匠。

我忽然想起他剛配隱形鏡片，在書桌上首次試戴，每次都掉，怎麼也黏不上眼珠，焦急得跟小孩得到一個心愛的玩具，卻始終抓不著要領怎麼玩一樣。我那天笑到快要缺氧，多年來自己戴隱形鏡片，第一次就渾然天成戴上了，壓根沒想到這樣簡單的平地走，會變成有些人的障礙賽。

後來看他有點氣惱了，我馬上止血般止住了笑。障礙賽頻頻摔跤，若場邊有個二百五一直笑，真的會一把火「芽」起來，衝過去踢那人屁股！

葛瑞是慢郎中，我的小說都讀到春夏秋冬，天上人間了，他的畫乃大功告成。

「這樣應該算OK了。」他的口吻裡有幾絲不確定感，我好奇極了，趕忙站起「我的腳」，衝過去看「我的腳」。

他果真只畫我的腳，一腳勾在另一隻腳上，踩著一截地毯，正是橘配青的乳牛斑紋色塊。我們倆各自表述風格，我的畫如其人，想像奔馳，繁密綿織；他的畫亦如其人，篤實具象，簡單專一。兩幅畫測性格精準度，命中靶心。

葛瑞把我每一根腳趾頭筋絡凹下去的陰影都描繪清晰，細膩地築構起立體感。

「色彩飽滿，我喜歡。咦，你看到我腳的膚色，真有這麼深沉嗎？有點像黑人或巴西人的腳，是我的腳嗎？」

「喔，有稍微黑一點，大概你坐在那邊燈光暗。我畫的當然就是你的腳啊。這隻小老鼠的腳我一看就認得出來，腳趾短短小小，可愛型。」葛瑞常拿我的生肖屬鼠開玩笑，最愛掛在嘴邊的一句話：「你沒發現你有老鼠性格嗎？老愛收集小玩意，到處堆藏東西。」

哼，居然稱我的腳是老鼠腳，想想也沒什麼好不悅，他畫的確是一雙古椎的腳。

「今天是哥倫布還是牛頓的生日啊？我們都『發明』了自己平生第一幅油畫。要不要來個慶祝？」我把兩幅畫擺在一起，日月輝映。我們站成一排看畫，彷彿是藝術大獎的評審。

「怎樣？都給第一吧？」我用肩去推他的肩。

「所以，奧斯卡獎得主是……」（The Oscar goes to...）他停頓一下，我搶快一步回答：「寶寶跟寶寶，今年有兩位得主，居然還同名，太巧了。」

我煞有介事，拉著他站上沙發，當成登上頒獎台。我先示範發表得獎感言：「我要感謝的太多了，不如謝天吧！」

我把手中捲成圓桶狀的雜誌當成麥克風，交給葛瑞，示意輪到他發言。

他沉默片刻，拿起假麥克風，清清喉嚨：「我，說真的，深深感謝一隻老鼠。他讓我比想像中，還喜歡在這座美麗之城的生活。」

第四章・終身大事，承蒙祝福

（台北：1996.11.10）

1

「各位來賓，新娘新郎向大家敬酒！」伴郎開路，率先舉杯，一對新人正往我們這一桌走來。賓客們紛紛像貓鼬在草原中站立起身，一陣酒觥輕撞聲、祝賀聲、喧鬧聲此起彼落。新人行禮如儀，又趕往另一桌了，龍捲風過境。我們這桌賓客如復建家園那般，也復建著新人出現之前的閒聊話題。

席間，《喜宴》作者馮光遠坐在我對面，新郎、新娘都是他與我的朋友。他見多識廣，嗓門也大，一直由他帶領全桌話題。

我忽然感覺傳統喜宴很具內涵，每一張圓桌坐的賓客都有同質性，如親友桌，和小學、國中、高中、大學同學，以及同事們，各有圓桌席位。當新人走向每一桌敬酒時，如同逐一地在回顧成長的階段。敬完高中同學桌，轉向大學同學桌，意味忽忽穿梭過了三年歲月。再轉往每一階段的同事桌，也是在回味著職場上一年又一年的光陰。

這樣一桌接一桌敬酒，沿著人生一路回憶，比西式喜宴的長條桌排排坐，或端餐盤站立穿梭，實在具有人情味多了。

我驀然心動，愛死了這種傳統喜宴的點子，想像著如果我與葛瑞邀請一些好友，私下訂個小餐廳辦桌，人不需多，溫馨就好。那我們也可以如此招搖過市，沿桌敬酒，歡樂接棒啊！

我越想越樂，以近乎開玩笑的口吻，跟馮光遠說：「這種氣氛讓我也很想辦喜宴，或許我真該來辦一場。我若真的辦，你會來參加嗎？」

他一聽湧出喜色，比媒人還敬業，反應熱絡：「我一定出席。是嘛，就給它辦桌下去，兩個新郎的喜宴才有意思。」

當時我毫無所悉，這一根鵝毛般的點子，會變成一隻鵝，最後又變成一整座養鵝場。變化之廣，脫離我的掌握範圍；規模遠比我的原意龐大，如太陽跟銀河系之比。

一九九五年，我在紐約完成了第一部長篇小說《男婚男嫁》，撰寫作者序時，我遇到了表態的關卡。我到底要以不相干的創作者自居？或藉著出版這本同志愛情主題的小說，順其自然出

櫃？兩者勢必深深影響我日後的寫作定位與發展。

思考一陣子，我選擇了坦然，決定在這本同志小說中宣布自己的同志傾向。新書一出版，雖然我也不是文壇什麼咖，畢竟在華文創作圈無人正式承認是同性戀者情況下，使我登上了報紙藝文版頭條新聞。我在紐約接受《中國時報》記者陳文芬電話採訪，這次三十分鐘的訪問，改寫了我的人生方程式。

正逢學校放暑假，我回到台灣，成為媒體爭相邀訪的對象。過去，同性戀是避諱的話題，社會的大黑洞；爾今出現了大轉彎，不少有線電視台開新節目，公開討論包括同性戀的諸多禁忌話題，揭開了好幾層神祕面紗。

我自然扮演了同性戀面紗後的那一張臉，眾人不出櫃，我不忮不求，卻也由不得我，「橫豎你就是唯一或唯二的同志發言代表啦」。那個夏季，除了和出版社談出書計畫，我似乎都忙著在扮演這個角色，上節目、接受訪問成了家常便飯。

真要論輩分，我還是現代名嘴之前篳路藍縷的廖化先鋒。蜀中無大將，出了櫃，有任務，大夥嘴一嘟：「那就是你囉。」

上節目談同性戀者的成長，有的製作單位尚有誠意，有些則巴不得我大灑狗血，倘若有加料的，如小時候被性騷擾，或被媽媽當成小女孩穿著打扮，這種話題求之不得，媒體就愛這一味。偏偏，我成長在一個很正常的家庭，沒有他們預期的香花毒草。

我在平面新聞界打滾了多年，與電視圈也算同行。上了一些節目，在現場我就知道導播要第幾號攝影機對準我的眼睛，給我特寫。因為在這個橋段，我談到小時暗戀男生知情後斥責我、疏離我，苦情花如我，理當落下滾燙的淚珠。

真歹勢，我的人生不是節目編劇能左右；我天生淚腺是羊腸小徑，運送一桶水過來，真的很不方便，一滴水也沒濺出眼眶來。

在所有訪問節目中，有兩個最值得一提。

第一個節目〈小馬哥現場〉，當時馬英九先生辭掉法務部長，尚未宣布競選台北市長之前，有一段「無官一身輕」空窗期。他在有線頻道上主持這個節目，專門關懷社會弱勢族群。同性戀者，自然是其中一族，我成了受邀對象，與馬先生在二二八紀念公園舞台前長凳上對談。

訪問的內容我忘了，卻記得要換景時，從舞台區轉往蓮花池畔涼亭，中途我與馬先生一同散步閒聊的部分。他說很了解同性戀者的感受，在美國留學時班上就有同學是公開的同志。

那時他娓娓道來，語氣真摯；聽在我耳裡，我確信他真的了解同性戀者的處境、心境、困境，以我的 gay-dar，也許更超過「僅是了解」。

第二個節目廣播〈台北同話〉，也正是引爆這一場盛大婚禮的導火線。這是市政府經營的台北電台頻道，由一群文青同志通過企劃案包下時段，為自家人發聲。

製作人喀飛約我在餐廳見面，屬意我談一談「出櫃」這個題目，先跟我紙上作業，模擬問答。

在還沒談正事前，我因跟喀飛熟識，一快活就當起王媒婆，招出自己的喜事。本來我講話斯文，忽而變得快人快語：「我先跟你講一件事，十一月我會和葛瑞回台灣辦幾桌喜宴，僅會邀好友參加，小小慶祝，你一定要來喔。」

「真的？太棒了，這有趣喔。」咯飛大感興致，比王媒婆還起勁了。

他當機立斷，現在連進洞房的門都有了，還談什麼出櫃？櫃子先擱一邊吧。他決定在節目中改變話題，聊聊我年底想辦喜宴的好消息。

我以為這個節目只有同志圈在聽，那透過廣播，聊些我個人心願，辦喜宴讓好友認識我的另一半葛瑞，跟自家兄弟姐妹分享喜訊，當然是家常事，也是好事。

受訪節目為週日晚間現場，當天我因前夜晚眠，睡到中午。一連串電話鈴響，擾人清夢。原來是製作人咯飛，提高了聲調：「佑生哪，你看到今天晚報沒？」

這種口吻最嚇人了，難道我認識的誰怎麼了嗎？上了報紙，尤其是頭版，會有什麼好新聞？

「發生了什麼事嗎？」我戰戰兢兢發問，難道世界末日到了？慧星要撞地球了？天要下雨，娘要出嫁，還有什麼要發生呢？

當咯飛說出口之際，我怎麼感覺像在聽別人的事，與自己無關似地。他說：「你上了晚報頭條新聞。」

我瞬間沒搞清楚狀況，又恢復了慌張：「我怎麼了？我出了什麼事嗎？」我實在想不出，自己有何能耐會犯下什麼天條，被當成報紙頭條？

咯飛跟我解釋，按照規定，每個廣播電視節目需把當天節目內容大綱傳給各大媒體。尋常這類通知都被丟進垃圾桶，除非天王天后出唱片，或主播要嫁給豪門受訪心路歷程諸如此類，才被受理。

整個節目團隊包含製作人喀飛在內，預期週日這一張通知傳真，最後歸宿是垃圾桶，誰也不會當一回事。沒想到，《中時晚報》也許有人嗑瓜子時拿這張通知單當墊紙，忽然眼尖，看到我要談年底在台灣公開結婚的計畫。這……天地不仁，世界亂了，豈能不報？記者層層往上報，總編輯大概也想「國之將亡，必有妖孽，讓妖孽現形吧」，就這樣上了頭版新聞。晚報一鋪到市面，各家媒體都聽到狩獵季節的第一槍了。

喀飛在電話中叮嚀我要有心理準備，晚間到電台上現場節目，一定有接不完的媒體電話追著我不放。

我感覺好突兀，瞌睡蟲全溜光了。出版了數本書，我其實上過不少平面與廣播訪問，累積了嚇不倒的經驗。但怎會忽然地，我像是一位歌壇新人，被一家小公司發行 CD，準備拿去夜市賣一賣就好；沒想到竟給中廣大牌主持人拿到黃金時段播放，聽眾電話湧進來打聽：「這是啥米歌？伊到底是啥米郎？」

有些口氣，也似乎像在問：「人是伊殺的，丟某？」

從那次現場訪問宣布將舉行公開婚禮之後，我不僅是出櫃作家，也成了準備大鬧天宮的潑猴。消息傳開，以前常混卡拉 OK 店「小蜜房」的呂姊領軍的子弟兵，和《自立晚報》石姊（石靜文）督導的同事幫，兩派人馬迅速結合。「許佑生與葛瑞婚禮籌備處」正式掛牌，大家都有豐富媒體經驗，從社會與媒體界反應預測，這場婚禮投彈之後的震幅已無可預測，既然有形成社會運動的可能，就需組成團隊督軍。

這個演變十足擦槍走火，我最初計畫再簡單不過，找一晚包下一間餐廳，辦個幾桌，邀請報社同事與好友同學來吃吃喝喝，熱鬧一番。辦桌目的，只在讓身邊一些熟識，得以正式認識我家葛瑞，給予我們祝福；讓我們倆享受到「新人敬酒」的快樂，就很心滿意足了。

在我以為是稀鬆平常的自家事，文火燉小粥嘛，竟轟地變成料理幾十桌的那種盛大辦桌，巨鼎烹大鮮，層級升高，已然成了眾所矚目的社會事。

我那趟回台灣前，大約跟葛瑞聊過想辦桌請朋友的構想，他說一切隨我高興。回台後，還未上廣播宣布舉行公開婚禮前，我打電話跟葛瑞，就在證實：「只是訂幾桌，約些朋友熱鬧一下啦。」等一上了節目宣稱辦喜宴後，平地一聲雷，每天婚禮的籌備方向與規模都有變化，我跟葛瑞回報的軍情也日日有異。

「婚禮可能比我原先講的大一點，就大一點而已啦。」

「嗯，規模又會比我最後一次講的那樣，再大那麼一點。」

「可能真的很大喔。」

最後，我只好實話實說，希望葛瑞的心臟夠強。

「喔，是這樣啦，我也不太知道婚禮將會怎麼個大法了！」

3

暑假後，我返回了紐約，距離十一月台灣舉行公開婚禮，尚有段時日；我的心情已動盪搖晃，再不可能恢復以往無事人般的平靜。

我跟葛瑞當面解釋，一旦經由媒體報導了，我們原本只想溫馨小聚的那種場面，已難應付到時擠爆現場也在所不惜的媒體，那還能好好聚嗎？至於婚禮逐漸擴大到什麼規模？我一來還不確定，二來不想給他壓力，說得保留。

關於婚禮，我們在紐約沒閒著，當地幾位圈內台灣好姐妹淘紛紛動員。Lin是雷射藝術家，這門光影技術完成的作品，係透過特殊光暈看進層層鏡面裡，人像會變成3D，栩栩如生。他準備送我和葛瑞一份大禮，拍攝一幅雷射結婚照。

拍照當天，相約在他的布魯克林工作室，同時到達，我看他手捧一堆紅玫瑰，快樂讚嘆：「哇，你買了這麼多玫瑰花，我立刻有拍婚照的想像空間了。不然，都覺得只是來拍個大頭照。」

Lin說出構想：「我想人像後空空，沒有喜氣。用玫瑰花把後面空間裝飾起來，包括玫瑰花的每一瓣都會立體凸出，你們就好像置身愛情樂園中！」

「太棒了，真有創意，光想到那畫面就美死了。」我驚喜這一場婚禮的每一樣東西都如此與眾不同。

Lin的創意成真，果然處理出花團錦簇特殊效果。從右邊看起，緩緩走向中央，看到是我的

側臉。而由左邊看起，緩緩走向中央，會看到葛瑞側面。一到中央，若非看見葛瑞，便看見我，兩人影像重疊。

當眼睛正面朝著這一幅雷射結婚照，就會看見在深邃鏡中，忽而葛瑞，忽而是我，二合為一，應就是俗稱「夫妻本是一體」之最佳詮釋。由我和葛瑞兩男演出，則呈現了「夫夫本是一體」。

這真是一項別緻大禮，擔心易碎之故，那趟回台灣辦喜宴，葛瑞全程拿著這幅好大的畫框上下飛機。婚禮時，它掛在會場閃閃發光，取代了傳統彩色大幅的攝影結婚照。

在紐約名設計師旗下的 Jerry 也發揮所長，送給我們一面讓賓客簽名的喜幛。他先問我有無偏好？

「我想要一面長方形紅色絨布，搭配四周都是金色的飾物；似乎有點聳，但喜氣洋洋很拉風。」反正我也沒結過婚，想得到什麼，就去變出來吧。

他帶我到曼哈頓這一類飾品的專賣區，走進他熟悉的店。我忽然有種輕顫的感動，雖說我從沒把自己設想為新娘，也不自認要扮演女性一方角色；但當走進這家店面，滿目充滿了喜氣的配飾，我登時可以想像每一位新娘子在挑結婚諸多配件時，那份喜不自勝的飽足感。

我生平不怎麼接觸刺繡，第一次看到這麼多漂亮的流蘇、繩結、鈕釦、形形色色飾物，很受吸引。

「我們配這個金色流蘇好不好？看起來華麗優雅，可縫在喜幛兩個角邊。」我如返童年，在反斗城看見喜愛的玩具。

除了好友相助，我自己也有意外斬獲。一次行經住家附近百老匯街上的蠟燭店，我低頭看、側面看、舉目看，看得目不轉睛。忽注意力集中，我看到一對溶塑成新郎、新娘並　站的蠟燭，新郎一身筆挺黑西裝褲，新娘白色婚紗，蕊心就在他們的頭上，美麗匹對。

玻璃架上，擺出了兩組新郎與新娘，這兩對新人蠟燭將喜孜孜被安置於結婚大蛋糕的頂端，男才女貌高高在上，接受賓客祝福，最為吸睛。

我留心看那根新郎蠟燭，如同台灣傳統的紅蠟燭，被塑得細而長，站得挺直，倒有幾分神似葛瑞的身材。加上頭髮也是深棕色，又有接近歐洲人五官的狹長臉，越看越像，我抿嘴竊笑。

笑笑之餘，也暗自可惜，這種蠟燭好像只賣給異性戀，擺出了兩對新人蠟燭，都是將新郎與新娘靠攏在一起，分明男歡女愛。

年輕男店員大概看我一直在瞧這對新人蠟燭，上前有禮詢問：「先生，有什麼問題或需要幫忙嗎？」

我確有疑問，話到口邊，又吐不出來。看那年輕男店員態度親切，就算我問錯話，應該也不至於被翻白眼吧。

「請問，你們這種新郎與新娘的蠟燭，可以拆開賣嗎？我要買一對都是新郎的蠟燭？」我保持鎮靜，店員忽然變成了法官，他答不答應這樣賣出，儼然在審理我和葛瑞法理上能不能結婚？

「當然可以啊！」男店員漾起了友善微笑，沒有我想像那般皺眉頭，還跟我眨眼睛，一副「恭喜啦，是你要跟男友結婚了嗎？」的祝賀模樣。

我有點於心不安，好似讓人做了虧本生意，關切問道：「對不起，我這樣拆開來買，那剩下兩位新娘怎麼辦？」

男店員輕鬆回答：「沒關係，我們倉庫還有貨。何況，說不定等下就有人來買這一對新娘蠟燭呢。」

言下之意，以前就發生過男女同志顧客上門，只買一對新郎，或一對新娘的蠟燭，他們習以為常，原來這家蠟燭店這麼進步，可以把異性戀新人拆離，當場讓新郎出櫃，跟另一位新郎「合體」。

我將它們慎重打包，妥當地帶回了台灣。喜宴當晚，兩根新郎蠟燭是名副其實的「公」仔，就放在簽名簿旁，象徵我與葛瑞本尊：歡迎出席，承蒙祝福，銘感五內。

喜宴訂在十一月十日，禮拜天，非我們刻意挑的黃道吉日，是恰巧撞到。

一九九六年放暑假前，我已知道葛瑞在紐約工作這所大學將於十一月上旬派他為校方代表，來台灣出席「美國大學招生博覽會」。我推算他的工作告一段落，還有週末兩天假期，可以安排小型辦桌，跟好友們聚聚。我那趟暑假在返台後，才會提前在上節目宣布喜宴將在十一月份舉行。

我和葛瑞回到台北沒幾天就是婚禮了，一切作業都得提前。我透過電話保持跟「許佑生與葛瑞結婚籌備處」聯繫，商量許多細節。我們決定了幾個方向：

婚禮公開，除了邀請親朋好友，也回應圈內男女同志們的期盼，一併對我的讀者、同志賓客（不論我是否認識）開放。

透過林老師熟識的私交關係，訂下台北福華飯店為婚禮地點。

開始擬貴賓邀請名單，並安排坐主桌人選。敲定會上台致詞的貴賓：陳文茜、馮光遠、王偉忠、魚夫，以及台北市社會局長陳菊。

葛瑞無意讓他媽媽遠自烏拉圭來台，讓老人家面對一波接一波浪滔滔的媒體與群眾。他的主婚人會邀請我們朋友當中，唯一比葛瑞年長的林老師伉儷擔任。

我的主婚人出現了狀況，理所當然是我姊姊；她一聽婚禮這麼大的陣仗，表示不願當眾站上台，也不願坐在主桌，憂慮媒體拍攝放送，她身為公務員會被保守同事認出。

姊姊拒絕，我赫然一驚，她放棄了對唯一親弟弟婚禮的任何參與。我不想勉強她，如她擔心這種後果，我就必須尊重她的選擇。心中卻滿溢著失望、感傷，父母早過世了，連僅有的家人姊姊也躲得遠遠，打算坐在後面一點的宴席桌，看著婚禮進行，無意露臉曝光。這樣婚禮的意義，就欠缺一大塊了。好，這人選我再多思考。

「佑生，那你心目中有證婚人的人選嗎？」石姊詢問我這個重要的問題。

「我一時還沒什麼想法，石姊妳覺得呢？」我確實還沒考量到這裡。

我和石姊都在自立報系擔任主管多年，她唸出了兩個人名：「可以邀請社長吳豐山，或發行人吳樹民。私下碰到我的記者，都知道我在為你籌備婚禮，很關心證婚人是誰？」

證婚人一般邀請工作主管或頂頭上司都很合理，吳豐山與吳樹民也絕對位階夠高、資歷夠深、輩分夠大。石姊指出了大咖人選，我腦子靈光一現，我父母俱不在世，那麼形式上我的家長，應該可以往上推至台北市的大家長。我在台北土生土長，台北市長不就是最好的力邀人選嗎？

「我想邀陳水扁市長。」我把以上理由告訴石姊。

她有些意外我提出的人選，迅即意會我的用心。她知悉，現在我的婚禮已變成社會關注焦點，從私人層次提升到族群層次（同性戀族群），甚至是推促同志人權的社會運動象徵。她吸了一口氣，語氣堅定：「好，姊姊支持你，這件事我們來進行。」

飛回台灣辦喜宴前一天，張艾嘉臨時相約，帶了一位扛攝影機的大漢，來到我們家專訪，「同性成家」主題將成為她主持新節目第一集。我歡喜看到了一向最愛的電影偶像，張姊本人跟銀幕角色一樣，智慧、大方、瀟灑自如。

我們坐在大沙發上，回答鏡頭外站著的張姊提問。我盡量讓葛瑞侃侃而談，難得這次受訪是英文很溜的張姊出馬，先讓他嚐過鮮，回台灣他就較能適應自己當新聞人物的滋味。

隔一天，我們跟張姊搭同一班長榮回台。她臨時翩然出現，讓我感受婚前收到一份驚喜禮物。與張姊面對面交談，是我小時候看她演電影時，絕無法想像的人生劇情。但人生常常柳暗花明，一轉彎看見新的天地。正如我和葛瑞這一場公開婚禮，對從小自覺是同性戀，而對人生不敢奢望什麼的我來說，不也是山窮水盡疑無路，卻意外岔出的又一村嗎？

抵達台北後，距婚禮日期很短，時間壓縮，即刻總動員。好友鄭建國（Roger）為我和葛瑞設計新郎禮服，葛瑞是西式西裝，我是中式西裝。他的布料亮灰色，上面有一條條大間距的銀色邊，打著白銀領帶，不離傳統，卻又完全出現新意。我的布料沉灰色，點綴鎢金色刺繡圓點；領口另外縫一層獨立的白布邊，看似底下穿著唐衫，也是古典中飄逸著華麗風。

音樂才子盧昌明擔任音樂統籌，特地為我和葛瑞從走上紅地毯起，直到登上舞台這一段路，設計樂曲祝福。

攝影統籌邀請了雲門舞集攝影總監，也是我的好哥們劉振祥。

喜帖為了來得及寄發、邀請，已經出爐。這個重量級差事還是落在任教於大學美術系的林老師身上。他很有創意地使用我跟葛瑞都約莫六、七歲孩童照片並列，當視覺主要焦點，我們三十出頭的現今模樣反而放在後方背景，凸顯了兩小無猜的氣息。

好友李文媛擔任婚禮現場主持人，她的另一半，也是歌手殷正洋會在舞台高歌。

這一串鑽石名單有些是主動參與，有些是一受邀就熱情應允。葛瑞對這些朋友的背景與來頭

不熟，他渾然不知我們何其有幸，能有這些出色好友們的支持、相助。

喜帖上的邀請詞，我當然責無旁貸。身為作家，我以書籍的概念貫穿全局：

我們倆於一九九三年五月在紐約「當王子遇見王子」，

一見如故，私定終生。

三年多來，我們有時過得像童話，從此幸福無比；

有時像學術論文，據理力爭，辯到乾瞪眼；

有時像長篇小說，劇情高潮起伏，希望永遠不要有結局；

有時像新詩，丈二金剛摸不著頭腦；

有時像極短篇，意猶未盡；

有時像遊記，望梅止渴；

有時像影評，恍然明白；

有時像八卦雜誌，色香味俱全；

但不管像什麼，我們總是寫得順心，讀得暢快；

所以，我們要舉辦一場紅地毯上的讀友會；

誠摯邀請您大駕光臨；

因為這次我們選讀的一本書，很特別，叫做「結婚證書」。

「許佑生與葛瑞結婚籌備處」區分行政組、公關組、現場招待組、會計組、機動組，感覺像是上市上櫃公司。多虧石姊與呂姊，兩位大姊頭坐鎮指揮，帶領我之前熟識的報社年輕同事、「小蜜房」員工，個個三頭六臂，卯足了勁。

白天葛瑞去忙他任職紐約大學派遣的公差，出席「美國大學招生博覽會」；我則投入籌備處的諸多忙碌事。張羅一場婚禮已夠忙，這場還額外要應付排山倒海而來的國內外媒體，瞬息多變的事也不時出現，婚禮前真是海陸空聯合大演習。

到了試禮服當天一大早，趕在葛瑞到博覽會場之前，當我們一抵達「小蜜房」，不知如何走漏消息，現場已有媒體等候。我隨即發現葛瑞臉色有異，果然發飆了。他埋怨今天還是屬於他的公差日，試禮服的照片一刊出，他覺得對不起學校，即便是一清早，並沒用到他做公差的時間。

我當場傻眼，這個關節眼上，難道要被虎視眈眈的攝影記者拍到我們僵持、吵架嗎？我自己做過新聞這一行，很能理解這場婚禮不管說是關注，或窺視，已無可避免不再僅是私人事了，攝影記者想拍試穿禮服，自有新聞考量。

我了解葛瑞的為難不悅，同樣地，我也理解現場記者們的職責在身。兩頭都有龐大壓力，我夾在中間，快變成薄片人。葛瑞的怒可以對我發，我的苦又該向誰訴？

我們待在後陽台商量，葛瑞的氣惱口氣想必記者聽得到，我也顧不了，只希望他們會解讀為「小倆口難免吵吵架」或是「哪一對新人在婚禮前不吵呢」。

終於，葛瑞還是妥協了，我這隻跌進熱鍋裡十萬火急爬行的螞蟻，趕緊鑽著沒蓋緊的鍋蓋溜了出來。

我夾在兩面不是人的次數越來越多，夜間趁葛瑞空檔安排的媒體採訪絡繹不絕，國內全部媒體洶湧而至，連香港三大報紙、電視台也出動到台灣。我待過新聞線上，又有個人出書，累積不少受訪經驗，葛瑞卻沒這些法寶護身，應接著流水席式的訪問，他又被逼到牆角的壓迫感給悶燒出火了。

我們正準備接受香港《壹週刊》訪問，那不曉得是第幾攤了，葛瑞耐心全失，沉下臉跟我說夠了。現場還有不知幾家的媒體等候，都要求專訪，整個局面僵住。

「我們討論過，也預想過這次會受到大量媒體包圍。你也知道，婚禮搞得這麼大，並非我本意。我一點都沒想藉此出風頭，婚禮既然被社會注意到這種程度，你也同意，這個婚禮已不是為我們自己舉辦而已了，很多台灣同性戀朋友也把它當成他們幸福的願景。」

我安撫著葛瑞，跟《壹週刊》團隊說抱歉，暫且打住。

我帶他到附近百貨店逛逛，調整一下壓力，自己也趕緊減壓。百貨公司櫃檯歐巴桑認出我們，親切微笑打招呼，一段溫馨小插曲，適時緩和了情緒。回來後，我們這一對神「ㄉ一ㄠ」俠侶，運氣相互護身，第二輪再上傳媒戰場。

葛瑞一如多數西方人，重視生活隱私，我看得出來，他完全是因我而犧牲，聽任我擺布，扮演極力配合的老公角色。反之，他也瞧得出來，當婚禮引起這麼大的迴響，我是在盡一份推動國內同志權益的職責。他深富正義感，但終究是素人第一次被媒體圍城，把自己攤在陽光下，曬了傷，我萬分感激他的辛苦。

葛瑞被當時無數攝影機惡虎撲羊包圍，擺出笑容也看出尷尬。他唯一喜歡陳俊志手中那一套羽翼未豐的紀錄片裝備。

俊志就讀紐約電影學院，一九九六年我在台宣布將於年底舉辦公開婚禮，他向來對新聞嗅覺靈敏，也為了製作畢業作，搶得先機，直接徵求我與葛瑞同意，在美國紐約就開始拉線布局。當國內外媒體尚未驚動的前半年，俊志已拿著攝影機，跟我們幾乎生活在一起。

我後來看到一張照片，我跟葛瑞並肩走在七彩霓虹的時代廣場，一派悠閒，我還背著皮製的上課包。有時踮起腳，會像孩童般「頓右腳、頓左腳」地在跳躍邁進。這是我年輕歲月才會走的獨門姿勢，也只有在夠放鬆、信任的感覺氛圍中才會不自覺現蹤。沒想到俊志一邊攝影，一邊拍照，幫我留住了這一幕沒有第三者攝取，就永恆失落的動作。

住紐約時，有時一早我和葛瑞還在睡覺，有人來按電鈴。正要烏龜王八地罵，真是！俊志又殺來了，我與葛瑞兩個人在窄小臥房雞兔同籠在搶位置，趕緊開自己衣櫃，取出外衣蓋在身上T恤上。

這鬼心眼的俊志才不要我們著裝之後的影像，他突襲之目的，反而是要我們慌張搶穿外衣那種混亂局面，說有多狼狽就有多狼狽。

後來俊志根據我們的婚禮為主軸，也放入另一對女同的親密關係，加上幾位天才洋溢的男同志表演功夫，例如當時還未走紅的大炳可以將捲起的大拳頭，整個塞入闊嘴裡，真是轟動武林。

這部紀錄片叫《不只是喜宴》（Not Simply A Wedding Banquet），入選十餘個國家影展，我和葛瑞也親自去了一趟東京影展。

我們那時已搬回台北，影展單位安排住在一棟很幽情精緻的飯店。早餐我難得早起，特地陪葛瑞去用膳。望著頂樓餐廳下方仍在甦醒中的東京街道，我跟他開玩笑：「兩個影帝同時出現在一起吃早餐，人家有很多講不完的八卦閒話喔。」

隨後，這場婚禮發生了兩個變化。姊姊本來擔心在媒體前，「有一個同性戀的弟弟」身份曝光，會遭公家機關同事異樣眼光，而無意擔任主婚人，也不坐主桌。當我和葛瑞一抵達台北，周邊幫忙的朋友整個動員起來，每人都樂在其中，分享了喜事心情好，她每天看在眼裡。

婚禮前一天，她忽然願意擔任主婚人，並坐主桌大位，這真是驚喜大逆轉。她沒解釋原因，我可以料著。當她親眼目睹我身邊一群朋友為婚禮忙得像陀螺，個個都染上喜氣，像為自己家人辦喜事。她可能頓悟了，那身為我唯一的血緣家人在一旁當旁觀者、無事人，實在詭譎，說不過去。

她處於大夥為婚禮快活分工的氛圍中，連空氣都會感染，她越呼吸進去越多，越覺得自己不該錯過。為何要因本來就保守的公務員同事眼光，綑綁自己的權益與義務？

第二件變化起於主婚人，市長陳水扁原已答應出席我和葛瑞的婚禮，市府即接獲市民抗議電話與傳真，指責他不該帶頭做違法的事。他早先可能認為出席同志婚禮，有助塑造前進、開放，與國際人權觀念接軌的形象，這下可被抗議民意潑了一盆大冷水。直到喜宴當天，他改變了主意，稱說上午視察身體不適，派任民政局長羅文嘉代表市長，到場上台宣讀祝詞。

7

婚禮當天下午，大批記者已在大門入口處守候。飯店工作人員特意安排，引導我和葛瑞改走員工電梯，避開大門恐將出現爭搶鏡頭、人擠人的大混亂。我認出了電視曾報導這條路線，也就是鄧麗君遽逝，她的法國男友來台落腳福華飯店，為了避開媒體包圍，而走這一條通道。

我的心情既興奮又忐忑，感覺到「山雨欲來風滿樓」，大事將至所激發的不尋常腎上腺素激增。想起了跟鄧麗君男友走同一條通道，我一點也不忌諱，因生死與結婚都是終身大事，生聚死別，生歡死悲，緣起緣滅，誰都說不準，俱為人生常態。這個對比，絲毫沒讓我認為觸霉頭而卻步，反教會我寶貴一課：人只有活在當下，牢牢抓住相聚緣分，讓幸福的種子落地生根。其餘成住壞空，皆由它去。

當彩排婚禮儀式時，我和葛瑞從新人房搭電梯下到喜宴大廳，望見走廊高掛的喜幛其中一條由社會局長陳菊致贈，大頭針刺著「相愛是人權」六字金光燦爛光彩奪目，比史上什麼合約、宣言、誓詞都叫人動容。

全廳尚未開放入席，我和葛瑞大致走了一趟正式婚禮時的行程。腎上腺素依然燙滾滾，我的頭正在溫泉煮蛋。忽而，我看到遠角一端，有人跟我們揮手，竟是定居英國的好友昇傳與男友維克專程搭機回來參加婚禮。我和葛瑞分別與他們擁抱，感觸滿懷；這一對來自最遠的祝賀賓客，豈不足以象徵我和葛瑞跋山涉水，辛苦修成正果？親愛的昇傳，謝謝你見證著我早年在台灣形單影隻、在紐約築巢成家、在台北步入禮堂的人生三部曲。

正式婚禮儀式開始了，我和葛瑞站在進入大廳的大門後方，聽見廳內隱隱已有奏樂與喧鬧，湧上惶恐與好奇。當這扇門開啟之後，我們的人生將面臨怎樣的變與不變？

大門一推開，廳內黑壓壓人頭，全場熄燈，只留一盞強射光束，引導我與葛瑞走上紅地毯之路。這是一個天外的天，地外的地嗎？怎麼四處噴著全世界柳樹都在搖舞般的細捲彩條，半空彷彿灑落黃金雨般的水蒸氣，全場天女、仙人都齊齊喝采。兩個男人手牽著手，示現愛情，被這麼龐大的祝福籠罩，這一定是神仙世界，眾生一切平等，愛情一律平等。

忽然，走道旁有人塞給我一大把玫瑰花，看那巨大包綑，也許有兩、三百朵。我看見送花人了，他是我的知己好友，也來過紐約造訪、認識葛瑞的Poki。他扯著招牌大嗓門說：「這是我一大早在曼谷花市買的，馬上搭飛機趕回台北，就是要給你們最好的！」

登台後，我是帶著淚說新郎致詞，那是一串最真實的心聲：

從大門到台上這一段不長的紅地毯路，
我足足走了三十六年，終於完成終身大事，美夢成真。
從青春期、青壯年事業打拚期，
我都在愛情上交白卷，一個人孤單落寞。
我以為這就是我一生的命運，
直到三年前在紐約遇見葛瑞，
是他幫我打開眼睛，看見真相，
那就是我和他跟任何相愛的人一樣，
值得擁有一段好姻緣。
我今天站在這裡，接受大家的祝福；
但我知道很多在現場、在電視機前的同志們，
也都相愛甚深，所以這場婚禮也屬於所有相愛的人。

當主持人宣布新郎向主婚人答謝，我抱著穿一身紅色喜氣的姊姊，眼睛紅了。她在我高中時，無意看見我寫給對班上同學示愛的情書，反應是「你信上那些用語都好噁心」而創傷我；現在她

完全敞開心懷，不管世人如何說、怎麼看，她就是站出來挺弟弟。親情無敵，驅散了宇宙間所有的惡意。

當我與姊姊擁抱，以及跟葛瑞交換戒指，這兩個時間點我後來聽出席者回憶，當場很多圈內賓客都落下眼淚，想起了自己尚不知情的親人、憂怨與情人無法成眷屬，淚珠濕襟。

我與葛瑞在台上交換戒指時，台下很多偕同情人出席的圈內男女同志，也在私下於同一時間，交換婚戒，誓言相愛一生。

來賓致詞時，第一位上台者是連我都事前不知道的神祕嘉賓，一時傻眼了。這位神祕來賓，竟是曾任民進黨主席的施明德先生。

他坦承自己是不請自來，當聽了我們結婚消息，執意要到現場祝賀。他說出一番肺腑之言：

> 我一生在牢獄中關了二十六年，最知道失去自由是什麼滋味？今日得知兩位新郎結婚，使我想起同性戀者在台灣整體社會，也是一群嚴重失去自由的人，有的長期徒刑，或甚至終生監禁。所以即使沒人邀請我，仍懷著祝福之心而來。

就這樣，忙著登台、下台，與主桌親人貴賓一一敬酒，被宛如英國巨石陣包圍動彈不得，我一口澎湃美味也沒吃到。良辰進行到喜宴中途，要全場敬酒了，這意味我即將開始回顧一生經歷的人情風景，帶著如意郎君，面對一桌桌不同時期認識的好友們舉杯祝福。

像我這麼一個曾因同性戀而深感幸福無望，在少年、青年時都試圖結束生命的人，承蒙老天眷顧，以及自我大膽爭取，我終於等到了不可能降臨的大喜之日。

「各位來賓，新郎跟新郎來向各位敬酒了！」這一句話，在整座客滿的大廳，如日光下和煦的微風迴盪，一路吹拂，春風徐徐。

二〇一二年，我隨葛瑞到香港出差，約了林國賢和他的夫婿何永佳（Guy Ho）見面。二〇一一年，他們赴加拿大結婚，也拍成婚禮紀錄片《異路同途》。我看到兩人穿著一身白禮服，恩愛沐浴在親友祝福中，如陽光明朗，也為之開心。像這樣美好的彩虹喜事會越來越多映現出來，蒼穹之際，彩豔相連。

第五章・回鄉居住，人情溫暖

（台北：1997.2~2000.4）

1

歡歡喜喜回到台灣，葛瑞的「台灣女婿」身分不再像是塑膠盆栽，與土地絕緣；他正式移植到台灣，在這塊我的母親大地上種籽落土，生根發芽。照顧我的福爾摩沙之陽光、微風、小雨、空氣，凡此天空之下、大地之上的所有恩典，也將眷顧著他。

似乎，眷顧之神有其盤算，在確定這株南美洲產的植物，是否足夠堅毅長在亞熱帶特殊的天氣與土壤之前，安排了一場測試。

這場測試毫無預兆，第一次讓我覺察死亡如此靠近，險惡發生在葛瑞身上，不是普通的水土不服，而是怪疾爆發。

一九九七年春，我在修完傳播碩士學位後，一年實習眼見也要到期了，必須離境。我們還沒真正思索下一步，天公疼憨人，出現了不可思議的良機。這讓我們得以從容跟紐約揮別，優雅離去。夫婿葛瑞不管是嫁了雞、娶了鴨，三年紐約做莊後，一副好牌輪到我手上，他注定隨我回去台灣。

我的碩士班女同學素玲半年前返台，在一所私立大學任職主管，正巧他們學校打算建立遠距教學系統。一通神奇的電話，從天上掉下一個工作給葛瑞。這比電影還戲劇化，喜劇收場；我們何其幸運，本來可能兩地拆分，竟出現大逆轉，搭同一班飛機離美，返回台北故鄉生活。甫搬回台灣，什麼都未就緒，我和葛瑞暫住姊姊家半年。我出國前與她同住，我的臥房始終保持原樣空著。

某個沉睡夜，我被一種奇異聲音吵醒，隱覺有事不妙。趕緊坐起身，發現葛瑞摀著臉頰痛苦呻吟，一副無法忍受下去的表情。起先，我和他都以為牙痛，越瞧越不對勁，牙痛或許對有些人很劇痛，卻不會痛成快暴斃的模樣。

我知道葛瑞一向很能忍，倘若他如此痛楚難當，會不會是其他怪症發作，我膽顫心驚：「天哪，他不會怎樣吧？台灣不會對這位好女婿這麼無情吧？」此念陡升，我嚇到全身發抖。

我真不捨，瞧他那忍受的極致，像有人拿鋸子在割他的頸！

我未成年前父母遽逝，被大人拋棄的恐慌種籽始終埋在心田泥底；「葛瑞突發怪病先走一步」的憂懼傾盆而下，促使一夕雜草破土，藤蔓惡生。我真希望幫他分點痛苦，半點施不上力。他一向身強體壯，正值英年，不堪想像怎能痛成這般？除非……煞到什麼嗎？

我匆忙跑到客廳，燒香稟告許氏列祖列宗牌位，特別是爸媽，無助地求：「爸媽，他是你們兒子的另一半啊，不是普通阿斗仔。我們在一起，就像你們的婚約，他是你們的洋女婿。不會講英文沒關係啦，趕快幫幫忙，跟祖先們溝通，不要看到藍眼珠來家裡住，就給人家摸頭或怎樣，碰臉也不行，看他的臉都腫成這個樣了。」

我不記得當晚為何沒去掛急診，或許葛瑞認定是牙痛，等撐到白天才就醫；而我有時是大麻瓜，心思細膩，卻會在某些關鍵時刻少根筋。

一夜驚魂，隔天我趕緊陪他到大醫院牙科就診，女醫師幫他照了牙齒部位X光，說看起來不嚴重啊。我問她：「那他夜裡怎麼會痛到那種程度？」女醫師笑笑：「我們東方人比較吃苦耐勞，他們西方人可能比較怕痛。」

我忽然臉上十條槓，可能再多兩幾條就成了人行道，心裡嘀咕這是什麼怪理論？葛瑞是我見過支撐力很強的硬漢，區區牙痛怎會要他的命？果不其然，當晚葛瑞的劇痛如昨發作；若問題只出在牙齒，都整理修復了，怎會如此禍害無窮？

隔天，我們二度光臨同一家醫院牙科門診，這次換了男醫師；為了徹底檢查，安排照了全視角X光。這才找出了病灶，果真是怪病。葛瑞右臉頰皮膚底下的骨頭裡發膿，膿漸漸擴大，侵蝕臉頰骨頭，難怪痛到風雲變色。

這間大醫院牙科門診，每一位醫師使用分隔的一張病患椅。那時下午門診過了，牙科空蕩蕩。醫師正在為葛瑞檢查牙齒，我擔心牙醫師嫌空間擠迫，站得較遠一點。沒想到，男醫師轉頭跟我說：「你可以站過來，在他身邊，讓他比較有安全感。」

那時，我們才公開結婚半年，新聞餘韻裊裊，男醫師自然知道我們就是那一對新郎。我對他的提議感到驚喜、訝異，經再三確認，他是把我當作病患家屬，甚至視作配偶，給了我這個特權。

我走進隔間，站在病患躺椅左近，從高處俯看葛瑞仰頭張大口，身不由己，不能動彈；他像一條被釣上岸的魚，口腔被利鉤撐大，拚命蠕蠕地動，想含住最後的水泡。

頓時，我一陣心疼，發現了一些奧妙。我領悟到，以前都順理成章認為他大我一歲半，個性又獨立堅強，習慣把他當保護者，將自己當被保護者。直到這一刻，我才被點撥清醒，其實保護者並非永遠都是強者，我也必須不時回過身看望他，讓他明白在任何需要的時機，我一樣會是他安全感的來源。

葛瑞動手術前，先驗了血，醫師說報告都沒問題；言談中，他似乎強調後天免疫力檢測試呈陰性反應，亦即沒有帶原。我想他沒有惡意，不過特意強化反而欲蓋彌彰。如果他不知道我們是gay，就沒理由要凸顯這一項吧。

葛瑞推入手術房後，我在外頭等待，集中心意，持咒默唸佛號。我不能耽溺在憂慮情緒，當下以葛瑞健康為重，每一種大小手術都是未知，不能掉以輕心。我實質上幫不了他，則持咒請佛菩薩代為幫忙，於他有益。

手術房門開了，牙醫師先走出來；我起身迎上前，他說一切順利：「還在裡面休息一下，等會就被推出來，麻醉也許還沒散，你會在旁邊照顧，是吧？」

這位牙醫師有點妙，如我前述，他知道我們是一對伴侶，把我當家屬看。卻又因我們終究是一對男的，他通常在交代病患太太或先生的用語，對我說時就自動縮短。顯而易見，他在面對我與葛瑞，台灣第一對公開的同性伴侶時，想盡點善意；卻不免有點慌張，虎頭蛇尾。對話結束前幾句話，彷彿咬嚼紫菜蘇打餅那般，含在嘴裡，喃喃離去。

從頭至尾，這位醫師都把我當葛瑞的家屬，這種「被看成一家人」滋味真甘美。我不至那麼天真，以為是通例。這一切只因我是公眾人物，婚禮被大眾廣泛知曉，擁有一點「法外開恩」的小特權。如換了另一對伴侶，醫師雖有可能以此態度相待；反之，亦可能漠然表現：「你又不是他的誰！我跟你講那麼多幹嘛？」

我們的小確幸，說不定，正是不少人的大遺憾呢。唉！如大旱望雲霓，公義何時普降甘霖？

旋即，葛瑞躺在病床被推出來，我一念清明，先感恩佛菩薩護持，繼而感謝葛瑞，這硬漢發揮以往毅力撐住過關。一路上，我和醫護人員推他回病房，感覺雙手力量都長出來了，「他不重，他是我先生」。

我注意到他頭髮濕了，貼著前額，跟好萊塢電影孕婦生產，從手術房推出的冒汗模樣類似，透著狼狽。

這手術應不是我想得那麼小，畢竟要把臉頰骨頭切開耶，他或許經歷了一場我沒估準的硬仗。回病房途中，葛瑞眼睛微張，麻醉還在，卻清醒到足以認出我，對我笑笑。很欣慰他睜開眼，在天地玄黃、宇宙洪荒中，濃霧散去之後，看到的第一個人是我。我握著他的手，附耳跟他說：「嘿，你還好嗎？我們一塊戰勝了。」

我第一次看見KIKI，她還是一粒兩個月大小不點。那時她剛被一位拯救流浪動物的好心女孩從騎樓機車旁撿到，臉上有點刮傷，皮毛稀疏，暫放在通化街一家獸醫院，做除蟲等身體檢查。

往回推一個月，葛瑞答應買一隻貓當我的生日禮物，讓我先去物色。大致就看了幾家寵物店，一眼愛上了美國短毛貓，灰毛黑色斑條狀，厚厚而彎曲平行排列，毛色圖案似豹似虎似斑馬，美麗絕倫。

一問價格，都在二至三萬元之間，我猶豫有必要花這一筆錢買生日禮物嗎？這件事便拖著了。我回台灣後，在朋友開設的公關公司任職創意總監，年輕同事聽聞我想養貓，其中一位就跟我提了她朋友撿到一隻黑白花的小貓，問我有無興趣去瞧瞧，說不定有緣。

下班後，我約了那位流浪貓狗天使女孩，一走進通化街獸醫院，櫃檯旁就擺了一只籠子，裡面關著一隻全身三分之二白三分之一黑的貓咪，最醒目是右眼窩有一塊黑色，頗像《家有賤狗》的貓版，我即刻知道我們就是為這一隻而來。

我老實招，也許我滿腦子是美國短毛貓的美色外表，乍看KIKI皮毛稀落，臉部刮傷，心頭一陣黯然，似乎有點醜耶。

天使女孩問我的收養意願，我簡直想鑽入地洞，哪好意思跟如天使的她說：「對不起，這一隻醜了點。」我寧願去撞柱子。

在這位愛心貓咪聖母前，我卑微地不敢造次，點頭畫押。我們將KIKI從獸醫院領出，她帶我到附近寵物店購買飼料和貓沙盒。一群小男生剛好走進來，看見KIKI臉部特殊花紋，哈哈大笑：「啊，你們看，好像《家有賤狗》那隻耶。」

我耳尖，心想：「什麼賤狗不賤狗？你們才是一群賤小鬼！」

貓咪天使幫我大包小包連同KIKI，全部運送到府。葛瑞趕緊幫忙接手，我讓KIKI走出紙箱熟悉環境。她實在像一粒毛線團，小到我好怕踩到她。KIKI就挺著一根筆直的小尾巴，咚咚咚到處巡察，走路怪滑稽。

「這是公，還是母？」葛瑞如是問，跟所有產子的父母有一樣的疑問。

「我問了獸醫，他說貓還太小，生殖器看不出是公是母？」我隱約覺得說出了沒有邏輯的話。

「What? 不可能，貓咪一出生就知道公或母，你確信獸醫這麼說？」葛瑞大驚失色，好像我跟他說剛在樓下遇見教宗。

他是行動派，把KIKI抓過來翻身，亮給我們看那枚小櫻桃：「這不就看出是母的嗎？」

這次輪到我花容失色，一位專業獸醫和身旁這位救貓無數的天使，竟皆信服「貓咪太幼小，還無法分辨性別」，害我這位沒養過貓的笨蛋，也信得一塌糊塗。

往後好幾年中，我跟葛瑞只要憶起這件事，都開心大笑。我們沒法想像一家獸醫院怎有可能無法判斷貓咪性別，還能夠開著？我記得那獸醫跟我講生殖器還未發育成熟，態度是很認真的。

等貓咪天使離去後，我私下跟葛瑞埋怨，覺得KIKI不算可愛。

葛瑞不可置信看著我：「你這樣認為嗎？我養過貓，我一看她就知道以後一定是大美女。」

可能我的死腦袋瓜子裡，還有美國短毛貓的煽惑。KIKI，把拔真該向妳認錯。

當KIKI長大了，我端詳其貌，她如側向一邊，黑眼窩那兒像一位俏麗少女的眼睛，眨著美麗捲曲的睫毛。黑色塊，使那邊的膚毛連同睫毛又長又顯著，非常婀娜。她從醜小鴨變天鵝，我招認，眼睛當初被烏賊汁噴到。

剛領養時，葛瑞希望她自小養成習慣，睡在窗戶關上就成封閉空間的後陽台。第一天如此，夜裡聽她哀叫想進屋子，我都狠心忍。隔天早晨，我看她以四張腳爪鉤住廚房通往陽台推門的鋼鐵絲網，懸空掛在那裡，可憐兮兮狀；我再也捨不得，對葛瑞堅持第二晚起，給KIKI庇護權進屋。

她是我們共有的第一隻貓，日後證實三千寵愛集一身，很愛黏葛瑞。

有天我去超商採買，手臂抬大包小包，真嘔人！公寓電梯竟挑在這時壞了，加上我忘了帶手機，望十二樓興嘆，無法叫葛瑞下來幫忙。人家是「無可奈何花落去」，我是「無可奈何摺落去」，將心一狠，直登十二樓。這可比一〇一大樓爬階梯比賽還要慘烈，我氣喘如……算了，沒一種動物可比擬我的悽慘。

抵達家門，我辛苦騰出三根手指頭拿鑰匙開門，用腳撞開；正巧看見一幅奇觀，葛瑞趴在地

上，跟KIKI不知在搞些什麼？

我一看就想唱起歌仔戲，本人剛摘下爬十二樓冠軍錦標哩，再多爬兩層，恐怕葛瑞就要當鰥夫了。結果呢？一人一貓悠閒趴在地上，葛瑞在教KIKI如何匍匐前進啊？

「喂，你們還這麼閒情逸致啊？我累死了，你吃的麥片、魚罐頭剛好特賣，扛得我手都快斷了。」我鬼吼鬼叫，反正亂槍打鳥，總會有一、兩句被聽到。

葛瑞學貓爬過來，搥搥我大腿，捏捏我臂膀。我其實也沒真生氣，只是「順勢要糖吃」。等我手腳恢復點力氣，好奇道：「你剛才屁股翹那麼高，臉趴地上，跟KIKI在調情啊？」

葛瑞哈哈笑：「連女兒的醋也吃啊？」

我狐疑道：「不然，你們在練蟾蜍功嗎？」（蟾蜍的英文字我還不會，只好說青蛙功。）

葛瑞這才跟我解釋，原來他想試試看以KIKI視線水平，她到底每天眼珠子都看到些什麼？說著，葛瑞把我一拉，隨他趴在地上。

我把視線水平調成跟KIKI一樣高，唉唷，真有趣。我看到幾隻螞蟻走路碰到一起後，還會耽擱幾秒，好像兩隻在互通情報，問「沿途路好不好走啊？」

原來，這就是KIKI眼中的奇妙世界啊。但願從她的仰角看我，可能有比較帥一點吧。

3

人間機緣真奧妙，我們透過仲介商物色買屋或租屋，看了幾戶。要買嘛，覺得物不美價不廉；要租嘛，也沒好到想住下來。總尋不著互看對眼的，才會蘑菇半年，暫住我姊那邊。

奧妙出於，此番吉屋招租的機緣到了，居然又跟我的婚禮機緣牽拖交纏。我參加一位朋友的婚禮，有馮光遠與我同桌那次，激發我也要擁有婚禮的想望。那一場友人婚禮的青年伴郎是圈內人，招呼我之際，不小心被他的緊實豐臀反彈一下，萌生美麗的錯愕。

他在喜宴上跟我說笑一陣，我被逗得心湖打水漂，盪出幾圈「青春鮮美」的水紋，事後還保持禮貌性聯絡，誰知後來派上用場。我要租屋的消息隨便放給朋友們，一天意外接到這位伴郎電話，說他住在建國南路社區內，有一戶頂樓貼了招租紅紙，不見仲介商釘板，可能自屋自租。

那陣子，葛瑞有要事回美國，我一心想在他回國前找到理想的屋子，給他一份大驚喜。畢竟，他跟我尋尋覓覓流連在屋與屋之間，一樣在忍受每一次希望破滅。在紐約，憑他作主；在台灣，是我的地盤，我有在地責任讓他喜出望外。

我快馬一鞭，不耽擱，約了房東到現場。進了屋憑直覺，五分鐘就知道這裡是我跟葛瑞築巢的好枝頭，當場付押金和第一個月租，遞上一張我返台工作的公關公司創意總監名片。

隔天又揮一鞭，與房東約在空屋簽約，萬事底定。房東太太說：「真歹勢，我們老人家不識市面，我女兒昨天看到你名片，說她知道你，你是一個名人。今天她就說，要跟來親眼看你。」

我伸過手去跟她女兒打招呼，暗想：「這對純樸的房東夫婦，知道我們是那對公開結婚的gay，到底會加分或扣分？」看他們笑瞇瞇，又不似後悔。臨走前，說了一席感人的真心話：「許先生，我們很高興這房子是租給你們。你看起來非常有教養，人也很好，我們很放心。希望，你住在這裡也會很愉快。」

拿了鑰匙，他們離去後，我把客廳的燈打開，高興情緒憋很久，捱到四下無人，當然舞力全開，盡情跳踢踏舞、扭扭舞、啦啦隊舞等解放大動作。

Yes! Yes! 老天相挺，故意設下這一棋局，非得讓葛瑞不在台灣，給我一次良機，租下了我們在台北的第一個家。就格局、光線、容積運用、鄰里環境，我猜想他都會滿意，就算不是狀元，也有榜眼、探花水準。

我快馬三鞭，每天下班去空屋洗刷地面、衛浴、廚房、窗台，甘為我家的台傭；全力以赴，只求不知情的葛瑞開門後一見傾心，湧出了受寵。

那天，葛瑞搭機返台，回到我老姊家時，我真想撲上去報喜訊。那樣子太沒戲劇化，也顯得自己沉不住氣，半瓶水的功夫。「要給人驚喜，自己得是冷面笑匠啊！」若自個先爆笑，那就去面壁磕三個響頭罰跪寫悔過書吧。

我不是半瓶水，卻也好不到哪去，是四分之三瓶水。我根本等不到第二天白天帶葛瑞去看新屋，當晚我就以試探口吻問：「你還有體力吧？我帶你去吃好吃得不得了的東西。」

搭計程車到新屋，這是住宅區，入夜哪有什麼吃食店？葛瑞沒吭聲，也許冷眼在看這隻小老鼠能變出什麼把戲？我帶他搭電梯、開鐵門，他大抵已知曉怎麼回事；等到大門一開，他果然露出我向神明祈求的表情。三大房、一套半衛浴、客廳寬敞，還有兩個前後長陽台，此物非等閒呢。

「你發現這間屋子？跟房東簽了約？而且，你自己打掃乾淨？」葛瑞像選美比賽主持人，對我連續發出三道機智問答題。我一樣模仿選美小姐，裝著傻，露齒而笑。

他開心頻點頭，如巡按大人四下探查。他打開每一間房的電燈，欣賞著比我們期待還優質的屋況。我忽有感觸，當年在紐約，葛瑞辛苦找到了那間城堡小套房，給我遮風避雨，為我構築愛巢。三年後，在我的故鄉，輪我當值日生，將功還功；使他在離台前仍憂慮找房的事，回台第一晚就卸下仔肩，他體會得出這是禮重情意重。

接下來一個月，是我最愛的部分，一起挑選家具。我們平民價與貴族價都挑，純粹看喜愛。床架、床頭櫃、中高衣櫥都是北歐名牌，沙發是台製外銷，餐桌是IKEA，階級美大融合。只有一樣東西被我老姊嫌，語帶不自覺的輕蔑：「你和葛瑞都那麼大了，沒想到那麼愛幼稚園塗鴉啊？」

算了，不想跟她解釋。拜託！這是米羅大師的畫作好嗎？管它什麼米羅、阿修羅，她總有本事把我喜愛的事物說得一文不值。

搬入新家不久，某天我聽見室內電話響，沒打算接，有事就留話。在錄音嗶聲響起後，我聽見一串話如演舞台劇台詞那般流出來：

「請問，你是許佑生先生嗎？就是那位作家？我打這一通電話很冒昧，但我想了又想，決定

還是告訴你這件事。前些天，我在大安公園裡看見應該是葛瑞在跟一位年輕人講話，我跟你說，你一定要小心，一開始就要防堵，不能讓感情欺騙的事發生。我父母離異，從小我看透了感情方面被欺騙造成很大傷害，我不願意看到你受傷。我男友叫我別打這通電話，但我不希望你被蒙在鼓裡，提醒你要看緊你那一半。」

我聽完了，面無表情，怎麼真的有點像在聽舞台劇對白？這位明顯是我的好心讀者，看見葛瑞跟年輕人在公共場所聊天，趕緊向我通風報信。問題是，他們在公園內有怎樣嗎？大安公園人來人往，沒有私密空間，根本無法避人耳目，真要怎樣又能怎樣？

等葛瑞回家後，我沒提高一度聲調，平常心叫他去聽答錄機留言。我翻譯給他聽完，開始了我的子曰：「我不知道打電話的是誰？八成是自認有正義感的讀者，到底你在大安公園有沒有遇見一位年輕人，若有，你們除了聊天，還有怎樣嗎？寶寶，我必須殘酷告訴你，自從我們公開結婚，雖不是什麼名人，至少被認出的機會大增。如果你真有做什麼，請告訴我，起碼是從你嘴巴先聽到。我不希望是從報紙或其他鬼地方讀到意外新聞。」

葛瑞大方答辯：「那年輕人就主動找我聊，說要練習講英文啊。」

喔，我雙眉一挑，些微暗笑。這把戲，我年輕時也玩過，在新公園找老外聊天。某次把一位德國人以為是美國人，他氣死了。

「我沒有要查你什麼？只是你要知道，我們搬回台北了，我們沒有名人的名與利；不幸的是，我們卻一樣會受到名人的某些莫名其妙限制。」我跟他攤牌，感到不捨，為了繼續推展同志權益運動，我仍不斷上媒體，等於也把葛瑞的隱私扯下水，晾在幕前，被鎂光燈的餘暉照耀。

葛瑞心裡有數，那場婚禮既是我們的喜宴，另一方面也是台灣同志運動史上的喜宴。從他答應跟我公開現身，就知其底線，他也放棄了若干西方人最重視的隱私。

如果連在公眾場所跟一個人聊天，都要被打小報告，換做是我，我會像《虎膽妙算》（湯姆・克魯斯後來改為《不可能任務》系列）裡那一卷通知任務的錄音帶，「三分鐘內自動銷毀」，炸出一個米粉頭。

我和葛瑞出身類似，來自一兒一女之家，皆為獨子，他是哥哥，下有一妹；我是弟弟，上有一姊。當我們相遇時，都只剩下一位家人。他的父親、妹妹過世，獨有老母；我的雙親過世，唯有姊姊。我爸爸是黃埔軍官，獨自隨軍隊來台，家族都在大陸。媽媽是養女，家族之間也較少走踏，道地人丁單薄之家。

所謂「兩人結婚，是兩個家族的結合」，姻親一串好不熱鬧，這碼事完全沒在我與葛瑞關係中出現。他跟我搬回台灣，展開家族接觸，其實從上到下，也只需結識我姊姊。

剛回台灣，我們暫住在姊姊房子半年，慢慢尋屋。他與她言語不通，常就是露出迷人親切的笑容，用簡單的國語跟她以猜啞謎、演布袋戲的雙重方式溝通，溫和有禮，厚道以待，回報我姊姊視他作家人。

那半年正逢夏天，我與葛瑞常窩在開冷氣的房間，裡面除了床，有電視、書桌，機能便利。當我們去洗手間，打開房門，整棟屋子內活似烤爐，熱空氣如沸水的蒸汽撲身而來，好像突然跳進火坑。我跟葛瑞每次不得不走出房間，都見我姊姊悠哉，不知人間溽暑似的待在沒有冷氣的客廳，猶然一尾活龍。

葛瑞終於見識到了我老姊的金剛不壞節儉力，在紐約時，他只耳聞我姊姊的省錢功，這下親眼瞧見，她被包在又黏又濕又熱的空氣中，亦不為所動，沒為客廳和她的房間裝冷氣，自覺電風扇吹吹就夠。葛瑞嚇壞了，這個經驗也成了我和他日後好幾年裡，常一提出來仍會無比欽佩，想跪拜超人。

「我們那時從冷氣房，開門走出來，熱得受不了。你姊姊竟然在屋子裡異常『冷靜』。」葛瑞每說到此，都模仿我姊那一副無事逛大街的模樣，讓我們又甘拜下風又爆笑。

居住紐約期間，每一次我回台灣，葛瑞都體貼地買禮物託我帶給姊姊。我們一起去選禮物，三年內他送了手錶、耳環、項鍊等，記憶中好像沒有一樣不被她唸一下。說手錶細，顯得手粗；說耳環小，顯得臉大云云。老姊或許不希望葛瑞多花錢，卻沒顧慮到送禮物也是一種表達心意，收下反而是體貼。我雖非送禮者，多次被澆冷水，叫葛瑞別費心了；他仍執意送禮，想出送化妝保養品總會是安全牌吧。

我們租到一間寬敞的頂樓，搬出老姊的家後；她每天下班後一定繞到我們家，理由很母儀天下：「我看你們兩個都是男生，我就來幫你們整理貓和鳥便、澆花、做菜、打掃之類。」

她天天報到，我見她在擦地，心情都沮喪：「妳要來就當客人，不要來當瑪麗亞，我們會照顧自己。」

老姊是固執女人，你講你的，她做她的。她把照顧我與葛瑞視成理所當然，「兩個男的嘛，家事我來又快又好。」

我起先被搞得啼笑皆非，轉為苦笑，後來笑不出來。她對我與葛瑞的「家人原則」完全出錯。在她眼中，我和葛瑞的確是兩個被歸類不擅家事的男生，但我們在紐約生活不也是兩個男生，家事從沒中斷過，亦沒做不好。

老姊是舊傳統一桿入洞那種婦女，口口聲聲我們都是男生，家事要由女生入主，這早已不是現代兩性觀念。她把我們當成兩個男生，心態上就等於把我們當成是「義兄弟」，而非傳統的「夫妻」或同志圈的「伴侶」。她其實沒想過，如果我今天娶的是老婆，一個真正的女人，老婆一定想保有隱私，絕不會樂意一個大姑每天來做家事，介入小兩口生活。

正因我和葛瑞性別都為男子，老姊並沒意識到「這是我們的婚姻，這是我們的私生活，這是我的家庭，她不宜天天來」。我和葛瑞在臥房內，葛瑞是客氣人，說姊姊在家裡，把門房鎖起來不禮貌。

沒鎖的結果，老姊會不敲門就推門走進來，渾然不知這樣做有何不對，唸唸有詞跟我們講話。

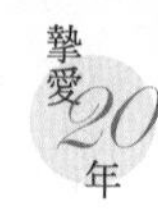

當場，我們只是衣衫整齊躺在床上聊天，萬一不是，隱私豈不被扯破洞。

儘管，她在婚禮中願意上台當我的主婚人，在生活中把葛瑞當作一家人；本質上，她像很多社會大眾不了解什麼是同性伴侶。我們除了是同性，其他夫妻該有的隱私、生活空間、甚至勢力地盤，連親如父母都應尊重與規避。

也確實難為老姊，她接受了我和葛瑞的婚禮；不過再進一步，以她的生活範疇，和接觸到的體驗，恐怕很難真正了解什麼是「同性婚姻」、「同性家庭」、「同性伴侶」。

葛瑞常提醒我，「我們坐在沙發，只要你姊姊一進門，我都可感覺到你的肩膀拱起來，忽然整個人都僵硬了，我怎麼按摩你背部都沒用。」

幾次，葛瑞請老姊吃飯，找排場不錯的餐廳，我深悉他的善意。老姊則以她的方式，來接受這個善意。

每上一盤菜，她就說：「這種菜我在市場買五十元，這裡賣到二百五，好貴。」好心問要喝什麼飲料，她口氣淡淡說：「我不點啦，幫你們省錢。」一頓飯的好心情登時沒了，幸好葛瑞聽不懂。直到後來，葛瑞見多了，也承認：「你姊真是一個奇葩。」

他老兄為了以示公平，將我也連坐批鬥一下：「你們是我見過最奇怪的家人，你和你姊是兩個極端，她的一百八十度就是你。你如不在另外那個極端，她也不會顯得那麼異常，就不會出現這麼水火不容。」

老姊神經極為大條，價值觀偏物化，對外人不太信任，朋友不多。我神經極為細條，價值觀開心最要緊，對人性充滿信任，合理享受，擁有一堆朋友。

我對老姊有著十分衝撞、不協調的感情，一方面她讓我跳腳，另一方面我也深刻了解世上除了葛瑞，沒有人比姊姊更愛我了。在她商職畢業進入公家機關的天地裡，完全無法連結她老弟內心的複雜世界；不過她沒放棄，連不通就變得通通包容。她默默付出，不會跟我邀功，不會如數家珍說她對我如何好，這一點真不容易。

她的優點跟缺點是同一項：神經大條，為此不明就理踩到我的痛處也不自知，卻也大剌剌很少記仇。她要忍受一個從小孤僻、長大後我行我素的怪咖弟弟，其辛苦可以榮獲「阿信姊姊獎」。

她的節儉功夫一流，對我和葛瑞可一點不小氣。買菜、買水果、買吃的都自掏腰包。

後來，當我們從台北遷居到舊金山，她以勤儉蓋世奇功買下一棟非常舒適的房子，只要回台灣住，它就是我的家；我去美國依親葛瑞，老姊就從她家搬進來住，就近照顧KIKI，光這一點減輕我賺錢負擔，就是大恩大德。她知道我生病以及常出國，賺錢不多，自願包下兩隻貓（後來又領養了斑斑）的糧食與貓砂費用，幾年如一日，是貓咪的最好姑姑。

我對老姊跟葛瑞語言不通這一件事，心有矛盾。若葛瑞聽懂中文，一定也會被老姊機關槍掃射，永無寧日；另一方面，如果葛瑞多少懂中文溝通，或許他可以在我跟姊姊的水與火之中，扮演「木」的五行角色。因「水生木」，「木生火」，木夾在水火中央，就化解了水剋火的硬碰硬。

姊姊對葛瑞很滿意，知道他重情分、有道義。這還挺不易呢，能入她的法眼，起碼得是全國好人好事代表候選人。

她明知葛瑞聽不懂中文，照常媽媽功一使出來，對他自顧自地講，講到自己哈哈笑。葛瑞中文聽不懂，笑聲總聽得懂了吧，就會也嘿嘿地笑，應應景。

看兩個外星人在試著對話，挺有意思。

葛瑞在舊金山，我回台北住，時常因落單發病；他和老姊就得保持聯繫，互報消息。有一天，我聽葛瑞順口一提：「你姊姊寫信給我……」，啥米碗糕？我那不會英文的老姊寫信給你？你們到底怎麼溝通啊？一問，真相揭曉，原來他們都先寫自己懂的語言，再用網路翻譯，譯成對方懂的語言，就算譯得怪裡怪氣，還是猜出個大概。這一條親情大連線，真的了不起。

葛瑞在台灣，一直沒把中文學好。一大半的錯在我，我總是強迫式、填鴨式，要他記住一些稱呼、用語。他就抗議：「你知道你是一個很差勁的老師嗎？你不懂嬰兒是如何學語言的，你要在日常生活中，不斷說某些字，讓嬰兒不需去記，只要聽習慣。」

我跟葛瑞初認識，就生活在講英語的紐約，我們倆三年多講慣了英語，即令搬回到講中文的台北，他身邊的人都想跟他練英文。而我這個老公，也提不太起勁，好好花時間栽培他。

在紐約我們有一位混得很熟的台灣朋友，趁我不在場，就亂教他一些句子。有一天，我突然聽見他彷彿在講某個令人驚訝的句子，趕緊求證，果不其然。我那位本想跟他開玩笑，卻不知這樣是整到他的友人，居然教他講得一口標準的讚美詞：

「你的老二很好看。」

我緊忙跟葛瑞解釋不必學這句，應該沒機會用得著，他是被惡整了。我警告他，千萬不要哪天忘了，對誰講出這句話。

或許，只是或許，他有機會在外面講也說不定。Well, whatever.

不過有次我在生他的氣，是他的錯。他見我老不開口，突然冒出「你的老二很好看」，我噗嗤大笑，氣也消了。哎，算他講笑話兼講實話，就原諒他了吧。

他這傢伙也不太跟我說西班牙語，即使我請求他好幾次。唯一教我的是一句普天下都有的版本，任何語言，罵髒話的那一句都最好學。他教我：「hijo de puta」（狗娘養的，如英文「son of bitch」）。

當他媽媽來紐約探訪時，我真想故意在他媽面前這樣喊他：「Hey, hijo de puta!」；為了不想讓這位西方王母娘娘震驚過度，就惦惦沒撒野。

我前輩子一定是花仙子，不然就是花精靈；再不濟也是母王蜂私藏的一粒珍珠花粉。今生我

的愛情與花才會如此菟絲附女蘿，總是於買花、送花、養花、種花、做花標本中度過，歲月飛花。

新租的屋子座落建國花市附近，讓我有鄰近天堂之感。花，在我跟葛瑞的生活裡是消耗品，很難想像兩個大男生家裡經常花團錦簇。那種會讓人誤以為我家後方是花農自耕地，隨時隨手可去摘來插水瓶。

每逢週末假日，從我們家約走五十步，即見一片怡人悅目的花海。逛花市，葛瑞會跟在我身後，我負責選買，他幫忙提盆栽、花器、植物。我的手，則騰出來抱一大束正值青春插花瓶的花。

閒逛中，一位歐巴桑花販還笑瞇瞇跟我說：「我在電視上看過你。」我微笑以對，如果在菜市場，我似乎可因此跟她要一把「沙米思」的青蔥吧。

每逛一次花市，我總感到不遠處有個家在等我，等我買一捆劍蘭回去，插入貼牆那一只仿希臘式窄口腰寬、有鐵箍架高的水甕花瓶。劍蘭遂如孔雀開屏，一字散開。

花藝的配種、基因工程一直進步，處處仙姑點石成金，連紫色的劍蘭都有了。我不時就買紫氣東來的劍蘭，一蓬直悠悠在我家壁面光芒四射，貴氣中兼有美質，一進門就望見，心情都美麗了。

世間什麼事都難逆料，M&M 巧克力家族多了藍色，劍蘭系譜多了紫色。而我，自以為會孤獨終老，也被老天聽見禱告，多了一位生活伴侶。反正人生就跟花市一樣，盡量挖寶吧。我捧過一盆跳舞蘭回家，這花名取得好美，黃色小蝶衣的花瓣，零星散開，確實如衣裙飄飄的舞者正翩然起舞。

葛瑞自個在台北漸漸如地頭蛇，他知道連我都莫宰羊的事，如去哪裡聽電音跳舞，這種店跳到通宵，我哪有精力奉陪？每次，我就催他：要去你就去吧，注意安全。

我常有一些演講活動，看情況，他有時跟，有時沒跟。跟的時候，就算都沒聽懂我在講什麼，還能於觀眾席間保持自在。每當演講活動前一天，我嗵啾亂啼：「完蛋了，我還沒準備。」他都像搖扇子的濟公，胸有成竹：「別緊張，我看你每次都說同樣的話，喊糟糕，結果一到演講開始，我從沒看過你停住口。有時，我在想，這隻小老鼠怎麼有那麼多話可講，而且我觀察旁邊的人還真的有在聽。」

「什麼意思？如果有人沒在聽，那我早就不去講了。」我聽不太出來，他這句應算是好話吧。

他喜歡台北的捷運，到處去逛逛。日後，我們搬到舊金山了，他才跟我吐實，在台北幹過幾樁好事！他說，每次經過一些連鎖大書局，有的在大門前會擺一個本週暢銷書的書架，按名次將書展示在格子內。他就會去找出我剛出版，或出版不太久的書，移花接木地，壓在某幾名的封面上，造成假象，我的書進入本週排行榜。

我一聽差點暈倒，「什麼？你幹了幾次？都是同一家書店嗎？」

「好幾次，只要有經過書店，我就進去動一動手。有時去程做了，回程再去檢查，如書還在那裡就好；若被移走了，我就會再把你的書放在排行榜上。而且，也不止一家書店。」

我的天，或是我的媽，或是我的誰？哪一句比較能表示我的錯愕又唐突好笑的混雜心情。

「你都不怕被店員當場逮住？」我可真不敢做這種事，太糗了。

「如果被發現，我就說，『我是外國人，聽不懂，聽不懂。』」葛瑞還猛搖其頭示範。我們那時已經搬到舊金山，他才說出這段往事，把我笑到胃抽筋。原來，這傢伙住在台北時有這麼多玩興啊！

不然，他也會把我上架了的書抽出來，放在看得到封面的平擺檯，增加銷售機會。

我不敢再往下問了，葛瑞都是基於愛先生情切，去做這些小動作。基本上應該不違法，只是，他這一搞，萬一我真的有新書，例如這本《摯愛20年》進入本週暢銷榜，被如實地放在該名次的木格子內，以前老覺得書本怎麼會飛的老員工，假設還在做同樣業務，豈不就發牢騷：「哼！這麼多年了，還想騙我它進入排行榜。給我撤！」

啊，這位大哥或大姊，或小弟、小妹，我先生何葛瑞少不更事，請海涵。如果邀天之幸，《摯愛20年》打進排行榜，請接受我為這個洋女婿的老公道歉，該放在哪一個名次就幫幫忙吧。

在紐約，我有三位來自台灣的圈內好友，男友都是西方人，四對閃閃中西合璧。當台灣幫攜男友聚會，眾人一塊交談時都說美語。聊著聊著，後來自然變成西方男友們一群去聊，臧否政治時事。我們四位同胞便交頭接耳，情不自禁講中文，感覺品嚐到了懷念的家鄉菜。

每個西方男友對我們四位台客抓住機會，以中文溝通的容忍度不一樣。好友之一是我碩士班的同學，他那位年輕白人帥哥男友採取「零容忍」，只要聽見我們講中文，他一定插嘴：「No Chinese.」有一回到他們家作客，當西方男友們聊在一起，我們開了電視轉到華語電台，想聽聽台灣新聞；他男友立即變臉，算挺沒主人風度擺譜：「No, No, No Chinese.」堅持我們關掉電視。

我和另兩位姊妹亂稱呼一氣的台灣友人，都有較為年長的西方男友，約莫葛瑞這般三十五歲上下，對我們講中文並不太干涉；那位年輕小伙子約二十七、八歲左右，絕不肯有任何他聽不懂的話冒出來，已不是所謂禮貌與否，而彷彿那是生命威脅。年紀，真的會顯出了待人處事的寬容，以及對感情的安全感之程度嗎？似乎！

回家途中，我搶著跟葛瑞感恩圖報一下：「謝天謝地，還好你不是他男友那種神經兮兮、掌控慾很強的傢伙，不然我會被逼瘋。」

葛瑞深表認同：「那，你現在知道我很不錯吧？」

「哎，早就知道啦，尊貴的王子閣下。」我立即送給他一顆鳳梨，讓他像廟會大豬公那樣咬著，堵住嘴。

戲弄歸戲弄，坦白說，我真慶幸葛瑞對多文化的包容性。我觀察，即便在我們另外這三對能寬容講中文的西方男友當中，以葛瑞又最為不計較。他跟我私下講過，很了解我們想輕鬆用母語談天的心情，他不介意，渾不當一回事。

「你知道我們在一塊有個優點，你來自南美，我來自亞洲，在美國相遇後定居下來。我們各自都是跨民族、跨文化、跨語言，對於事物的包容自然拉大。我同學那位美國男友一直生於斯，長於斯，生命中只經驗『一種』，而非『多種』，才會一聽到不是他懂的唯一語言就無法忍受。」

我很開心跟葛瑞分享這結論，忽閃過一念：「對了，我們每週日到台式餐廳喝豆漿、吃小籠包，我一坐下就埋頭在報亭買的華文報紙，好像我把你撇在一邊，你真的都沒很介意嗎？」

葛瑞看著我，微笑中灑些苦笑：「你現在才想到張開閱讀的報紙後面坐著一個人啊？」

我摀住口，眼瞳擴大：「啊？你介意？怎不早跟我說？」

「我不介意啦，我知道這是你以前在台灣做新聞這一行的職業病，非得白紙黑字的新聞，對你才進得去。你沒發現，你都不太看電視的華語或美語新聞嗎？」葛瑞神農氏為我把脈、調息，八字真有一撇。

有了葛瑞這種多元化心態，我很放心把他帶回台灣。過去聽說，有些台灣同志帶著異國情人回來，對斯土斯人嫌東嫌西，連蜜月期都沒過完便散了。

我雖和葛瑞有三年的紐約生活做底子，仍擔心台北的空氣汙染、橫衝直撞的摩托車、難以行走的騎樓、溽熱的夏天、沒有暖氣設備的冬季，不夠藍的天空會令他受困。

而這一切，我是多慮了。

我和葛瑞剛搬回台灣第一年，遇見不少認出我們的人。走在路上，中年婦女認出我們，走過來笑著跟我們握手。坐計程車，司機也會認得出。更絕，同一位認出我們的計程車司機，巧到居然搭過他兩次車。

餐廳經理、小販、空服、水族館老闆、房屋仲介人員等（餘下不表）都會認出我們。有一年，某家國內航空公司飛機失事，那陣子大家幾乎都不敢搭。正好，葛瑞認識的一所美國大學校長來台訪問，由他陪同，搭機南下。空服少爺認出葛瑞，反正機艙乘客少，他有很多時間送贈品給葛瑞和那位女校長。她不明就理，誇不絕口：「台灣的航空飛機這麼棒啊，坐起來寬敞舒服（嘿嘿，因沒什麼乘客嘛），服務人員還這麼親切，送一堆贈品。」

葛瑞根本不敢跟她提，前陣子才摔一架，校長從起點搭到終點，一路笑紋紋。

這個死芭樂葛瑞原來好處還撈不少，單獨搭國內班機，多會被空少認出，就有一堆贈品。有時惹得前後座乘客納悶，空少依然一副「少爺我高興，愛給誰就給誰」。

有些人，包括朋友比較意外的是，葛瑞的膚色。

「南美洲？不都長得像巴西人那樣古銅膚色嗎？怎麼葛瑞這麼白？」

一些朋友誤以為葛瑞在美國土生土長，當我說他的祖籍是南美洲烏拉圭，他們第一反應通常是上述那個問號，表情有點茫然。

不少台灣人認定西班牙語系民族，皆為黝黑皮膚、深色頭髮。這是大眾偏見，南美洲除巴西以外的周邊國家，比方烏拉圭、阿根廷居民都是我們俗稱的「白種人」，祖先來自歐洲，外表看起來跟歐洲人無異。

我跟葛瑞去看過一次他學校女同事老公的藝術展，現場遇到我擔任創意總監那家公司的女職員，她偷偷跑來跟我說：「葛瑞是我在台灣看過最有氣質的老外。」

我對她一笑酬知己，有人讚美你先生，沒有比真心一笑更好的答覆了。

葛瑞也真是什麼土壤都長得出芽的種籽，他打從住台灣一開始，就沒有適應問題。他立即喜歡台灣的生活。有時，連我看不舒服的地方，他反比我還包容。

一九九六年結婚那一年，他其實是代表工作的一所美國大學，來台參加美國大學招生博覽會。我有到現場幫忙，陪他跟來自其他美國大學的代表們聊天；一位白人婦女頻頻抱怨台灣空氣汙染，摩托車如轟炸機，講得似乎她的肺已經在滴黑瀝青，我跟葛瑞很有默契地瞪了她好幾眼。哈，啵棒，葛瑞這位台婿入境就隨俗，已經以「捍衛台灣」為己任了。

很多媒體和許多人好奇，像我們這樣公然出櫃，會不會遇上麻煩？例如看不順眼、找碴、惡言相向、發出敵意、擺出臉色等？記憶中，沒有一次。關於出櫃要付出代價的負面流言，至少以我和葛瑞的經驗都沒發生。

不過嘲諷的是，在最平坦的路竟也最可能被沒壓平的碎礪絆倒。那種被朋友捅一刀，傷疼起來不知是肉痛或心痛。

一位台灣朋友W到紐約專攻繪畫，經友人介紹，成為我們的好友。當時戲院檔期正放映張國榮主演的《霸王別姬》，英文名《Farewell My Concubine》，這個「康Q百」的發音就指中文裡的情婦。W個性正經中又有戲謔，我們常三人同行週末去酒吧，他跟葛瑞賴皮說要當聽起來像菜瓜的「康Q百」。

兩、三年的交情，三人成夥，嬉鬧怒罵，談笑風生。我是作家，他是畫家，有次我們倆走在同志新興區蘇活路上，他開玩笑問我：「下輩子，你要當藝術家呢？還是模特兒？」

我們異口同聲，一秒不差，都打從肺底喊出：「Model!」而且他又加上一句：「越胸大無腦的越好。」

我們那時哪管得著這是不是歧視人家有外在沒內在？我們就像兩隻小老鼠，望著洞口外沙發躺著一隻波斯貓，壓根不動大腦下意識大喊：「我來生要當波斯貓。」

一說完，我們意會到相同的心結，笑的笑跌的跌，兩個瘋子在路上像走不了一條直線的醉鬼。「我們都對才華太厭倦了，老天爺，來生給我們一張俊臉，一副好身材，懲罰我們吧。」我們繼續瘋言瘋語，樂不可支。

W是這樣與我和葛瑞走過來的圈內知交，我跟他三三八八，葛瑞就在旁看猴耍戲，總是各找到各的樂子。原以為，回台灣辦喜宴，葛瑞在台沒幾個朋友，託朋友傳話希望W一定要出席，讓葛瑞能他相遇故知。怎料，他的室友是我另一位圈內好友帶話回來，表明他不肯出席喜宴，亦不願來看望我們。

搬回台北後，這個疑竇仍不時腫起，我和葛瑞都想不通到底他怎麼了？老天大概也打抱不平，精心設下一場局。我和葛瑞走進濟南路活魚三吃那段路上的一家北方麵食館。踏進門，就看見W在與一男一女談事，他看見我們了，卻不打招呼，直到他隨友人離開都在閃躲，當作不認識我們。

「康Q百」，你就算遇見鬼，也不至於是這樣子吧？我和葛瑞有點落寞地吃著湯麵，哼，你在紐約一條龍，在台北一條蟲？這舉動昭然若揭，你就是在朋友面前不敢跟我們兩位「Big Gay」相認，以免朋友質疑，連帶懷疑你的性傾向嗎？

拜託！你是畫家，在藝文界打滾，你的朋友不是一群大驚小怪的保守派吧。除非你剛碰面的是公家機關的代表，你在接公部門的案子。那也沒必要搞得這副好比我們讓你丟盡臉的態度啊？

W，你龜龜縮縮地閃出店家，絲毫不見紐約時代你的瀟灑寫意。你把本來在天上飛翔的翅膀，一回台灣就交給海關了。我和葛瑞還有很多地方要去遨翔，沒有多餘的時間停留，為你難過。

當我們搬離紐約，返回台灣前，葛瑞跟他媽媽通電話告知此事。

「台灣？」我聽葛瑞的轉述，他媽很訝異兒子要去這座蕞爾小國，卻沒概念到底台灣在哪片大海哪一個角落？

如果是電影，他媽的台詞很可能是「What the hell...」開頭，意思說「這是什麼鬼地方啊？」

他媽到紐約探望我們，已知我是台灣人，僅止於此。我不相信她會去找地球儀，好好研究台灣座落何方？就算有去找，密密麻麻的全球地圖，她大概也會因眼花，永遠找不到台灣這一小片拼圖。

「反正，你就是要越搬離你老媽越遠就對了，還會有比台灣遠的嗎？」葛瑞的媽一掐中要害。烏拉圭與台灣相隔半個地球，理論上是無法再遠了。

不知拉丁語有無「狐狸精」這種類似字眼，若有，葛瑞的媽就會當我是一隻公狐狸，把他兒子從起碼是一塊美國大陸，騙到小山小島。

我們搬回台灣居住後，一九九八年她遠從南美洲烏拉圭，獨自候機、搭機、轉機，整整了耗掉了兩天，前來探視葛瑞。當她從桃園機場出口現身，看到葛瑞的第一個動作，作勢欲捶，嘴巴似埋怨非埋怨地說：「我真要揍你，你看你！讓我飛這麼久的飛機才到達這裡。」

老人家單獨從半個地球以外，又是南北半球對角的烏拉圭飛來台灣，可想見是一樁何等辛苦的事。航程中，她在舊金山過夜，否則旅途實在太勞頓。

在我們居住台灣三年內，他媽媽不辭辛苦來了兩回，最可怕是第二次剛好遇見百年一次的九二一大地震。對住在烏拉圭從無地震經歷的她，彷彿不會游泳者遇見南亞大海嘯。

那趟葛瑞媽媽造訪台灣，竟這麼巧合讓她進入了台灣島嶼「百年大震」的千鈞一髮裡。

九月二十一日凌晨一點多，葛瑞與他媽媽都就寢了，只有我這隻暗光鳥還在書房寫作。在這之前數月，發生過一次全台大停電，那晚把葛瑞搞得草木皆兵。那個年代，他了解台灣與大陸仍處於曖昧不明的敵友狀態，大停電可以平常到只不過斷電、跳電，卻亦可嚴重到是敵機來襲，轟炸半座台北。

可能我這個台灣同胞麻痺了，當葛瑞說要蓄水準備，語透憂慮，見我還是死老白姓一個，微慍地說：「台灣人都像你這樣沒有危機意識嗎？」

我那時偷笑他大驚小怪，事後又想，葛瑞的態度才是正確；平常就要備妥乾糧和水，以防說不準的天災人禍。

九二一第一波搖動就上下跳，把我從椅子上彈起來。我還來不及反應，第二波震動已到，變成左右搖晃；由於幅度甚大，開始聽見水泥牆中鋼筋發出的可怕彎曲聲，還有門窗轟隆隆的戰慄欲裂聲。這時全屋停電，我的筆電螢幕因有電池仍亮著，讓我眼睜睜看著身後書架所有的書紛紛如磚頭落下，地面似乎快被撕出個洞了。

KIKI一身白，在黑暗中隱約可辨，第一波還沒晃完，我餘光瞥見一條白影以光速飛竄鑽入臥房，一定躲進床底去了。

我一邊躲在堅硬的檜木書桌下，一邊朝臥房方向大叫：「寶寶，地震，快醒過來。」

我們住頂樓第十四層搖得如巨浪中一條小船，他醒來後，奔去書房推醒睡中的岳母大人：「媽，醒醒，地震了。」

我趴在桌下，絲毫沒感覺地震減弱，依然東倒西歪、上彈下震。我雙手摸著地板，心想：「我命休矣，終於傳說中的百年大震來了，再搖下去整座樓房要塌了。沒想到我難逃此劫，要死在地震天災裡。」

繼之，我又想葛瑞就在我附近，聽聲音他雙手撐在臥房門框架下，也要求他媽媽利用書房門框做相同動作。我們三人都在方圓兩公尺之內，要是劫數真到了，我們至少一家三口，連同KIKI都在一起。

客廳傳來一聲巨響，益發像樓房化為碎骨齏粉的一刻即將降臨。屋子沒應聲而倒，只聽葛瑞大叫：「媽，您保持在原地，不要動，大魚缸倒地全摔碎了，到處是玻璃。」

他媽媽語帶不忍：「要不要救那些魚呢？牠們沒水，躺在地面都會死。」

葛瑞這次口氣加了嚴厲意味：「媽，我不是跟您開玩笑。現在地震這麼大，又黑漆漆，根本沒法救魚了。」

那夜，我和葛瑞待在床上，搜尋廣播報導。他媽媽走回客房，可能也只敢坐著，沒有臥回去。整晚一片黑，外頭世界有著夜叉巡邏、生人迴避的離奇靜謐。我感受一股興奮的腎上腺素，想道：「原來一家人的命運與共是這樣，要活要死，都綁在一起。」

葛瑞的媽還笑得出來，跟他兒子拋線式對話：「地震在晃時，我睡覺中，以為是你在跟我玩，踢我的床墊。」

真猛，岳母大人，完全繼承了樂天的民族性格，泰山崩於前，還想救魚、還能說笑。

葛瑞說，她回到烏拉圭後，被鄰里當成傳奇人物，都爭相傳誦：蘇珊娜，可是經歷過台灣那一場震驚全世界的大地震喔！

8

葛瑞的母親讓我發乎內心敬重。葛瑞十九歲那年，爸爸以四十七歲英年病逝，才過三個月，他唯一的妹妹騎單車發生車禍，意外身亡。極短時間內，他媽媽連失去兩位至親。他早在這些事發生之前，本就計畫高中畢業後離開烏拉圭，到美國讀大學與研究所，他覺得留在烏拉圭沒有太大前途，計畫向大世界出發。

當家庭發生這麼大的變故，只剩下僅有的兒子，絕大多數媽媽都會捨不得兒子照原計畫，單飛到異鄉發展，讓她孤苦伶仃落單。身為寡婦、喪女之母的她，很合理會拉住葛瑞一起陪伴，說：「你爸爸跟妹妹都走了，你就不能留下來陪我嗎？這時，如你也要遠走高飛，那我的日子多難過啊。」

這一套理由我不必打草稿都講得出來，因滿符合人倫常理。然而，他媽媽沒提出這樣的要求，知道兒子想邁往大世界的志向，還是讓他在這種狀況下成行。

這是我丈母娘最了不起的地方之一，沒有自私地把兒子綁住，即使她當時有最說得通的理由！

在他媽媽前來台灣之前，我寫了一封英文信，請葛瑞翻譯為西班牙文，傳給他媽。我希望在這趟她來我的故鄉、見識我的母國文化之前，就表達我對她的尊敬：擁有一份願意放手讓兒子單飛，尋求自我理想的偉大母愛。我特別指出，一般東方母親在只剩兒子一位親人的情況下，幾乎不可能有她的所作所為。

結束第一次來台灣之旅，他媽媽辛苦萬狀搭機返回烏拉圭後，掛一通電話來報平安；葛瑞不在家，是我接聽。我們一向溝通有困難，她不太會講英文，我則一句西班牙話也不會，只好勞駕她以一口遲鈍英文跟我對話，她耳力又不好，我們講電話像各講各的，搞猜謎。

他媽媽提到了我之前寫給她的信，問：「你說我這樣讓葛瑞去美國，是很不容易辦到的，是嗎？」

我忽然感覺，全天下似乎都欠他母親這一個道謝，她或許不知道自己這麼做的偉大。我用力向她強調，「是的我說過，您真是非常了不起的母親。」雖然我是晚輩，當我這麼明白說出，他媽媽必然也會有「原本我不以為有什麼的事，可能還真的有點難能可貴吧」的欣慰。

那次電話中，他媽媽有感而發：

「我很感激，你幫我照顧葛瑞，他在台灣只有靠你，謝謝你照顧他。」

她說著哽咽了。

我聽了也很難過，心知她思念兒子，每回卻只能短短相聚，一別又是經年。

我連說「我會我會」，她從沒公開討論過我和葛瑞的親密關係；但一切顯然都了然於胸，她這麼拜託我，已再清楚不過，當我是自家人了。

9

葛瑞媽媽九二一那一年九月來訪，我知他工作走不開，早在當年夏天就籌劃一個人到希臘走走。《墨利斯的情人》（Maurice）小說不是提過，「舉凡同性戀者一生都該去一次希臘」嗎？

葛瑞跟我抱怨：「我就知道，你把我媽丟給我，一個人遠行去玩。」

我連忙解釋：「不是啦，我跟希臘網友聯絡，他們說十月底再不去，海灘都冷清清，氣溫也下降了，沒什麼好玩。」

我自然明白，這樣會凸顯葛瑞媽媽人在台灣時，我扛行李去旅行，有落跑嫌疑。我也莫可奈何，計畫大半年的希臘之旅，行程都打點了，心情也到位了，實在不想延後，明年重出發也許都沒 fu 了。

壞就壞在出門前十分鐘，葛瑞問起我關於他架設在我一位朋友網域公司的事。對方沒做好一些配合，他開始在我面前發牢騷，數落那位朋友。要死不死，這正好踩到我的紅線。

我想大老爺，你以為人家希罕你那一點流量啊？還不是我請託朋友，才得以進行。我做人情你沒看見，以為付了錢就要如何如何，數落我那位已經算額外幫忙的朋友。

他深居後院，我樂意幫他出面請託人情，半賣半送處理；他不知我已扛著人情債，還當我面數落，間接地對我也有所埋怨。我驟然怒不可抑，腦子被一把無名火燒到秀逗，絲毫沒想到他媽媽還在我家，氣到理智崩盤，拿起一張餐桌椅，奮力一摜在地，大吼回去：「你知道個什麼？你以為我夾在中間人很好受嗎？」

椅子摔地那聲巨響，粉碎了一家子安寧。我沒看見他媽媽出面詢探，大概認為小兩口大吵一頓不稀奇，或覺得我對她兒子大發脾氣不可置信，在客房裡氣到臉色發白。

我好心被雷擊，住台灣時，我處處幫他打點，沒事他順順利利，有點事就找我開刀。我那天遠行在即，情緒已很憂煩，又被他責備我請託的朋友，紅線一被踩到，我整個人抓狂了。

我頭也不回，拉著行李往外走。那時我們住處離福華飯店近，很方便乘坐寬敞大巴士到機場。沿路，我不免氣苦，幹嘛在旅行之日發生這種嘔氣的事？誰還有鬼心情去玩？希臘風光再美，心境無法跟著美，我還要去嗎？去去去！當然要去，我如果悄悄地又把行李拖回去，真把自己做小了，以後連我都瞧不起自己。

我在人行道上跟一群人等候大巴士，眼神渙散、臉色凝重地倚靠著飯店的柱子。神情不像要去希臘旅遊，反倒像要去希臘幫傭。

忽然，我瞥見一個熟悉的身高、身材、衣服風格、褐色頭髮。定睛一看，就是葛瑞。算腳程，應該我前腳踏出，他後腳就跟來。

他走過來，沒話找話講：「巴士還沒來？」

我如果回答：「廢話！來了我還會站在這裡啊？」

那我們之間的冷戰就沒完沒了，還好我EQ沒那麼笨拙，應著：「是啊，大概很快就來了。」

我想起，好幾次我們都一塊出國遊玩，兩人提著行李來這裡搭大巴士，到機場搭機。年輕時，我愛獨自到異地冒險，不參加旅遊團，完全自助遊。這趟希臘行落單了，太習慣有他作伴。當下他站在我旁邊，卻不會同行，只是送行，我的玩興幾乎都粉滅了。

他似乎有感受到我的意興闌珊，說：「我不要你帶著氣憤出國，要玩就好好玩，所以我才來這裡送你。」

「那你也陪你媽媽好好玩，我會請一個好朋友帶你們往烏來途中，去吃一家很棒的海產。」

大巴士來了，我向車外的葛瑞搖手再見，沒有我預料中的一絲興奮。希臘行啟動了，我在曼谷轉機，飛到希臘最南部的克里特島，入住預訂旅館後，一放下行李，害怕在房間獨處，我跑到街市廣場。

身邊很多觀光客穿梭，偏有一朵烏雲，飄在我的頭頂三尺，僅對著我一人下傾盆大雨。我根本不在乎身在何方？我的旅行指南針失靈了。

在一個小噴泉旁坐下，那泉水真像我的哀怨四濺，撥一通電話給葛瑞報平安。他問：「一路都好嗎？旅館呢？住得還可以吧？」

我的心空蕩蕩，經此一問，口氣更頹喪了：「我才剛到而已，就已沒有想玩的感覺。」

葛瑞應不再跟我生氣了，而是為我打氣：「也許搭機轉機太累，回旅館睡一下，精神來了，感覺也會好一點。」

我有些感傷，多麼希望這一趟夢想之旅，乘船遊希臘愛琴海諸小島，一島跳過一島，如聖托里尼島、米克諾斯島，最後飛到雅典，一路身邊有葛瑞作伴。我與他一塊旅遊慣了，像連體嬰，我落單走天涯時，就同手同腳不會走路；沒有他的平衡，我連走路都常重心傾斜。

我後來追憶，希臘旅程心情冷淡、索索然，加上臨時前爆怒，連他媽在家我也控制不了重摔椅子，絕對體內有病變了。應該是正式被診斷腦中血清素嚴重不足的憂鬱症前一年，憂鬱症病毒已提早偷跑的發病前兆（我是遺傳基因性憂鬱症）。

我的人雖不在台北，卻說到做到，請影評人好友唐謨帶葛瑞母子到烏來附近吃當地特產。他媽媽自始不信任兒子，一定有何詭計，騙她吃什麼怪玩意。如果她吃了，只要葛瑞一問：「媽，您想知道剛吃什麼嗎？」他媽登時嚇成了可憐老嫗，嚴厲下通牒：「不准！一個字也別提。我跟你說真的，老媽還是有力氣揮你兩拳。」

後來送上一盤溪蝦，炸得酥脆，體積小，且油炸到殼也如薄片；吃法就是送進嘴裡喀嗤喀嗤地咬，咬得殼肉都碎碎，吞嚥下肚。葛瑞老媽看了目瞪口呆，神情如坐在閻王殿。

葛瑞也是調皮兒子，據他轉述，如何誘惑他媽吃一口試試看嘛。寧死不屈的悲壯背景音樂都出來了，他媽發表了警世醒語：「只要還看得出有腳的，都休想往老娘嘴裡送。」

葛瑞跟他母親的遊戲，我聽了多年都摸熟了。他就故意設局，進逼道貌岸然的媽媽，戳她東，戳她西，最後把她給逗得笑出來方休。

我算準日期，當他們在吃溪蝦時，我應該在愛琴海米克洛斯小島上，點著一人份炭烤鯖魚，

佐著檸檬和莓丁。魚皮烤出了鹽與胡椒粉香味，魚肉滲出了鮮汁。餐盤旁是一杯號稱希臘國酒的「烏柔酒」，散發甜甜茴香氣味。

整片地面搭建的木板下就是微浪拍岸的海水韻律，以及四處點燃的火炬，輝煌交映，餐廳被白牆為主的數棟屋子包圍於中心，這一頓絕對是浪漫的情人餐。我帶錯劇本出門，竟在希臘被譽為同志占領的小島落單，食也不知其味，欲哭無淚。

回台後，我看葛瑞帶他媽媽玩樂挺好，承認技敗一籌：「看來，你對你媽好多了，有說有笑。我跟姊姊就劍拔弩張，親密遠不如你們，該作很多反省。」

「寶寶，那是因我媽只是來玩，我不必跟她生活在一起。如果她像你姊這樣每天來我們家，以我從前回烏拉圭的經驗，連我切個水果，她都會站在廚房口跟我聊天；一面聊，一面指導我這樣切是錯的，我當時就很想把我媽抱起來摔出去。」

我當然知了，最後一句話是表情達意，不可能真摔。這時，我才體悟道，我跟葛瑞都是嚮往自由的風，我們厭透了關在屋簷下，被小鼻子小眼睛的瑣事纏住。

當我們一起御風高飛，自由鳥夥同自由鳥，是何等雀躍快活；而這真是住屋簷下那顆大氣泡裡的人永無法了解的事。

有一個傳說，在午夜時分，削一粒蘋果，果皮如從頭到尾都沒斷，拿出一面鏡子，便可看到今生注定姻緣的那個人。

那一年我三十一歲，故事來源是報社女同事，說得繪聲繪影。這傳說，可說浪漫，亦可謂恐怖。三更半夜，就算鏡子裡真浮現一張俊男或美女的臉，心頭不會發毛嗎？我一度憋到很想試，哎，三十一載光陰我都只有短暫邂逅，從沒穩定交往，不知情愛之真滋味。看著時間蹉跎，盼愛的心房那一張吉屋招租紅紙，經久被雨淋日曬，斑駁褪了色。

不去想孤單，沒事；一去想，就消沉幾日，沒完沒了。有時，對著空氣幽嘆：「起碼，讓我愛一次吧。」

一九八九年，首度去泰國自助旅行，我慕泰國男色之名而來，一如雄性動物發情，在曼谷穿巷走弄，盡找名聞遐邇的同志酒吧。親臨其境不同的吧，對泰式男根文化嘖嘖稱奇；那一群一群半裸上身，僅著小褲頭，遮不勝遮，幾乎從中欲鑽出一尾史前巨鱷的 go go boys，褲頭掛著圓而小的號碼牌，昭告天下「我的飛彈發射密碼」，都是男仙下凡。

念大學時，我壓抑的同性情慾如暴動前的監獄。整個人像被下了迷魂香，慾望來了，晃神怔愣，亟需解藥，終覓到一帖治標不治本的偏方。我發現總圖書館收藏很多《美國時代週刊》，偶爾翻到半版男性內褲廣告，心頭小鹿亂跳。起了一計，分好幾天，抱著一大疊雜誌，坐在最角落，以風吹落葉般快掃翻書，果然又挖到幾座內褲廣告金礦。那年代，保守白色棉質BVD當道，通常挑選爸爸型模特兒，褲襠可能塞護墊，全無激凸，以現在標準甚無看頭，彼時連這種望梅止渴我都甘之如飴。

我多年罹患「男人視覺飢渴症」，第一趟去曼谷，見識滿城男色，不藥而癒一大半。回報社上班，同事詢問我去過哪裡？喔，老天！我竟沒去任何一處觀光客必遊之地。同事最後丟下一句提醒：

「下次就算哪裡都不去，四面佛一定要拜，求什麼都很靈驗，尤其求愛情。」

最後一句話，在我腦中如一張提醒便條紙，被圖釘了兩年後，我再度奔向分不清念「南方」或「男方」哪一個較為妥當的國度。這回不敢怠慢，老實先去拜了四面佛。我虔誠用力祝禱著：「弟子形單影隻已很多年了，沒遇見真正相愛的生命伴侶，懇求四面佛大慈大悲，廣大靈感，賜我一段好緣分，得遇良人。倘若願望達成，我一定帶他回來這裡酬謝神明，表達無限感激。」

這種祈求形同賄賂神祇，像說您讓我中樂透，我就辦一頓「膨湃」謝神。當默禱著，自己越發不好意思這麼大剌剌利誘神明。我觀察了四周那麼多泰國人、觀光客都真心拜求，擠在香火鼎盛的佛龕前，我一定不是唯一賄賂的信徒吧。

況且，我真是受夠了孤單。三十歲出頭，身邊從沒有過伴。四面佛請顯靈哪，弟子願以任何代價換來一位真命天子。

一九九三年我到紐約旅行，跟葛瑞初遇，這個結緣乃經過太多巧合撮合，環環相扣，只要有一個環節閃失，我們就會像兩粒火光拖曳很長的慧星，在無垠宇宙高速隔空而去，永無擦出火花之緣分。

我跟葛瑞的初識，絕非一般萍水相逢；回想參拜過四面佛求姻緣，那必是佛心來著，牽了紅線繫住兩端人兒，配成一雙。

既遇良人，答應回返曼谷向四面佛還願，此念始終縈繞於心。以前住紐約太遠，待我們搬回台後，遇到第一個春節豈容錯過？趕緊請旅行社友人張羅一切，動身回到我和他姻緣最初誕生的地方。

我早跟葛瑞說過，他是我在曼谷求姻緣得來的伴；他雖是無神論，看我那麼認真，也很樂於陪我去還願。連他這粒硬殼腦袋都承認，我們相遇有太多巧合。

抵達曼谷，我多年的好友Poki前來接機。他是藝術燈具設計師兼老闆，可在任何地方以遙控方式完成工作，他一來曼谷就愛上了，索性住下來。這些年他修練成精，想到曼谷、帕塔雅上天入地，找這一尾「地頭蛇」就對。

我是在建築設計師登琨艷的露天派對上結識了他的牛鬼蛇神朋友，其中之一是Poki。

當時覺得他好聒噪，講話像機關槍，與我安靜個性筆直對衝。我也不禁對這個人好奇，工作與設計師有關，生活上他更像設計師，突然打電話給我，約了就騎摩托車載我蹺班去淡水海邊。

他的主意天馬行空，亂蹦一些點子，都很不符合世俗規矩與制式，與我不喜硬邦邦的生活限制，剛好投合。

他實在有情有義，在一趟出遊曼谷時，交代嘟嘟車司機特意繞到花市，讓我親眼看這座曾吐盡精華為我祝福、他買了三百株玫瑰花抱回台北婚禮的花市。眾花繽紛，歡喜讚嘆，如佛國才有的花色曼妙、綠意蔥鬱的大花園。

Poki曾來紐約拜訪過我們，與葛瑞熟絡。他精力無窮，熱情過人，一下就跟任何人打成一片，跟葛瑞更一見如故。逛街中，他私下把我拉到一邊耳語：「佑生哪，你這個老公真挑得沒話講，老外還能這麼忠厚老實。我商場打滾眼力夠，他對你的好沒一絲作假。我真的是為你高興，這要燒多少輩子香啊？」

「啊，你說到重點了，他真是我燒香得來的。」我大致說了向四面佛許願始末。

Poki一聽，拍他的光頭叫絕，片刻不耽擱，攔車前往位於百貨公司旁車水馬龍的四面佛廟。一踏進廟門，我的眼就濕了；追憶才兩年前，我仍隨流水飄零無處留花住；一縷漂泊遊魂，望眼欲穿，不知斯人在何方。今日我再度來此，無主之花已飄到一片豐饒岸邊，生了根，長了枝枒，林泉久安住。

當八名扮成天女的舞者在佛前獻舞，我跪在地，出自真心還願。葛瑞站在旁邊看舞蹈，我則看著他，心想因緣或姻緣委實奧妙，「眾裡尋他千百度，那人卻在燈火闌珊處」，舉世數十億人，憑什麼葛瑞就正巧是「那人」？一定是一座工程浩大、設計精密專為人類搭配伴侶的命運大轉輪，全面啟動。

一支草，就有一點露，那粒露水偏要落在那枝特定的草，循何規矩？佛云不可說，只有心領神會了。

我們隨 Poki 逛街，佩服他有本事在路上跟任何陌生泰國人攀談，不管男女老少，都被他逗笑。譬如，他會拿起一頂小攤販賣的粉紅色假髮戴在頭上，唧唧呱呱，引起注意，逗得中國城店家小巷內，所有泰國人哈哈笑。

有他在的地方，有他在的時候，四周總有人被他逗笑，包括我的苦笑。

我之所以苦笑，並非不捧他場，是因給我一千年準備，也不可能如他這般小丑跳梁、粉墨登場，有精力豁出去，毫無縫隙跟泰國人民打成一片。

他講話快、腦筋快、做事快、走路快，什麼都快。一天當十天用，他的生命搶著要撈回本。

「你如果有 Poki 這種男友，你會怎樣？」我們遠看 Poki 向路人耍寶，互換心得。

「他是作朋友很棒的人選，毫無疑問。不過，有他這種每天講話沒完沒了，什麼節奏都太快的男友，我遲早會發瘋。」葛瑞與我互看一眼，感恩我們都是安靜一掛。那句俚俗「龍配龍，鳳配鳳，老鼠的兒子會打洞」，先祖智慧耐人尋味。

Poki 招待我們有模式，睡到自然醒，他租的高樓公寓鶴立雞群，把客房的玻璃門拉開，日光嘩然灑落，蒼穹下的迴旋風也自遠吹來，繞著本地唯一的這棟二十幾層樓房，熱心的風旋轉而上，拜訪每一戶人家。我總在白色床單與被單中醒來，葛瑞也許坐在陽台曬太陽，喝著從中國城特地

買回來的冰鎮橘子水。

午飯是去中央世紀廣場六樓一家餐廳，固定點泰式炒飯，以及一干我不頂熟悉的泰國料理。他可以花大把時間在廚藝精品部，看著奇形怪狀、莫衷一是之物。然後，抓我們去買東方飯店設於此地的糕點分店，以膜拜之姿感謝上蒼，吃到一粒巧克力草莓。

我和 Poki 熟悉多年，「被他嚇大的」，沒想到葛瑞很上道，溫吞英國派紳士碰上泰語快舌部落戰士，竟可打成一片。

下午休息一陣，他又像趕小鴨把我們催上一台計程車。在小巷子繞啊彎啊，我們不必戴黑色頭套，睜著眼看路，下次也絕計尋不到此桃花源。

這是一間有院子的大宅，進門後一個客廳區域，點咖啡飲料可靠臥在沙發上。映入眼簾，是正面玻璃窗內十幾位泰國青年，正在擱滿健身器材的小房間內，鍛鍊體魄。客人們都在窗外盡情打量，哪一張臉蛋？哪一副身材？那一種氣質？哪一種膚色？或哪一個人正在跟你使眼色？似乎肉慾橫流，卻感覺自有一股無形約定，不猴急、不粗俗、不礙觀瞻，一切都在輕聲細語的泰國腔中行禮如儀。

Poki 大概解釋了服務狀態，這裡有各種體型的青年，如精實猴、壯猴、荒野一匹狼、美體狼、小紅帽大野狼、小熊初養成、熊族友達，聽說猴與熊之間還有分出「狒狒」一族。喔，媽媽咪啊，我們是要挑動物，或要挑人？

挑中看得順眼的青年，亦即按摩師傅，他們有的穿多有的穿少，均會想辦法掛著一個有號碼的圓牌子。客人跟服務生或媽媽桑報上號碼，沒隔多久，該名青年師傅就會走到客人面前雙手合十，「三碗豬腳」，畢恭畢敬將客人請入內室。

一般是全身精油按摩，挑中臉貌佳、體型優、態度誠懇的師傅就是挖到泉眼；假如手藝技術（這一點可先問媽媽桑）又讓君滿意，放輕鬆享受，絕能悠忽神往。

泰式精油按摩，簡稱 **B2B**，全稱 body to body，師傅會脫到打出娘胎那樣精光，在身體上塗著厚厚的精油。以伏地挺身的方式，用自己的胸膛，從客人光裸的腿部一路滑上去，經過臀部、腰部、背部，來回摩擦。這古法按摩像是人的靈體互相拋光，以油洗禮，用肌肉的溫度與皮肉的肌理，磨在另一個人身上，那是一種喚醒。男性機能的被喚醒、男性被撫慰的陌生渴望被喚醒、男性想溫柔躺著不動的嚮往被喚醒。

我變成了一座發燙的神龕，按摩師傅變為膜拜的信徒，在我身軀塗抹獻佛的香油，以他一己今生仍緊實的皮囊，擦拭我軀體的每一處，使其淬礪發光，發散微溫。

每一吋肌膚互相觸摸，沒有情感牽繫，只有還給肉體千年萬年以來該有的尊嚴，它也應如飲食美味一樣受人肯定。「食、色，性也」，都是一種人慾，再尋常不過，沒理由大家在美食世界誇捧「老饕」，在情慾世界就踹腳「老掏」。

尤其在親密伴侶，或夫妻關係中，愛慾的收放程度是一種雙方默契。不必讓無知實際狀況的第三者（們）來替當事二人決定。慾望的產生，是自己的催化。慾望的面對，是兩人的醒化。假如，親密關係裡同意對方的身體，讓一具裸裎的精壯男體（女體）費心塗油抹亮，過程帶來了慾

望的短暫能量燃放。彼此都願意接受了，也互祝身心復原。那就夠了，不用跟全天下去交代，不用每一位上司都得蓋官印。

世俗或許叫這是偷淫，橫豎壓標籤都是人們在貼，撕下來，繼續貼上去的還是人類。人，永遠不想更改標籤都無所謂，重要的是，最要緊的兩個當事人知道，這一進去不是打炮、也不是吹喇叭；但會有美好的身體摩娑，私處也會像珠寶盒被轉軸幾圈，發出美妙樂音，音拍不對，好心樂師恐怕會也幫忙調一調弦。

我看著葛瑞選了一個我不意外的外型男生，自己也挑一位，都被迎神似的送入內室。我知道，葛瑞接下來要享受的就是我會享受的，我替他安慰，感到「你值得被無微不至的照顧」。我也替我們欣慰，慾望暫時抽離被滿足，不管你信不信這套理由，如此是為了回家更靜心去鞏固家庭。

時間到了，我跟葛瑞陸續走回客廳，我微笑問他：「按得還好吧？」他笑說：「很好啊，那男生個性不錯。」

「你給的小費是不是超過我們講好的公定價？」我斜著頭問他。他露出知情不報的笑容：「人家賺的是辛苦錢嘛。」

我太了解這個人，即使在身體慾望被小小溫存的這另類當下，他依舊心懷感恩。

他的臉色紅潤並非來自推拿，一律來自慈悲。

七月，我患了一場跟肺有關的病，住院兩週。醫生對我投藥，不僅沒減輕病情，反效果造成嘔吐、發燒、全身紅疹，無胃口進食，體力虛弱。

我住在最靠裡邊的單人房，每天待在那間陰暗的病房裡，好像我的生命也將走盡。藥物在我身體產生極大副作用，拖垮體力後，我內在的抗壓力也直落千丈。

每天我跟葛瑞通電話，遠水救不了近火；他因到舊金山上任才三個月，根本無法請長假趕回來探望我。

姊姊每天下班後過來陪我，十點或十一點看體力狀況，我就吃安眠藥入睡。有時睡到半夜醒來，手觸著冰涼的病床欄杆，黑漆漆，望不見什麼。

我心想這張床上有病死過很多人嗎？我會不會很快也要加入這張床的俱樂部？我淒涼想著，這就是我人生該下車的地方了嗎？

事後，我倒帶回想，就在這張病床上，我腦子的血清素製造怠工了。憂鬱症病毒沒有血清素壓抑，已如黑霧般在腦袋飄散開來。

某天，我把服藥的痛苦副作用，跟年輕住院醫師說明。這隻天兵菜鳥的一連串反應，哎，不如殺了我吧。

他面色為難：「你吃的這些藥，已是我們開得副作用最輕的藥了；如果開別的藥方，副作用

會更嚴重……」

他一邊嘆氣，一邊從褲袋掏出袖珍版藥物辭典，如法官正在宣讀死刑一樣，說A藥會造成腎衰竭、B藥會製造肝硬化、C藥會造成什麼負荷不良等等，念了老半天。

我聽了呆坐在床邊，死魚眼瞪著這位還唸不停的住院醫師。這傢伙在我手臂打針，刺了五次都不成功，針頭插入又拔出了好幾次，最後落荒跑去找護士來。第一次沒打成，他深吸一口氣；第二次又沒打成，他因低頭關係，我聽得很清楚，他居然是不自主地驚呼：「唉啊，糟了！」你這隻呆頭鵝、蠢番鴨、驢土雞，病人不先死，都被你嚇死了。但我也知道怨不得他，只好把瞪他的目光收回，絕望地全身癱瘓。

正牌醫師兩天來病房看我一次，說還不完全清楚我的病因，只有留院等待照射電腦斷層掃描。

入院快兩週，望穿秋水，總算排到我去照電腦斷層機器了。結果從片子沒瞧出異樣，主治醫師跟我討論，看X光我的肺浸潤也改善了，認定之前開的藥讓我痛苦萬分，可以不必吃了。如果我想出院，隨時都可以。

我聆聽了宣判，頭晃一陣，剎那無法分辨虛實；但主治醫師和那菜鳥住院醫生都還在點頭的畫面，如此真實。

我差點淚崩，走馬燈地回想起，之前所有藥物副作用排山倒海而來的身體磨難，心理壓力如泰山土石流的驚怖，以及我被棄在荒島上的徹底隔離，真似煉獄。

葛瑞又遠在天邊，他雖著急得很，隔著電話即使再龐大的安慰聽起來都像無聲的默片。住院十餘天，包袱一個接一個往身上加重，掛心於此，顧慮於彼，逼得我無路可退，徹底絕望。沒胃口正常進食，消瘦到身子桿彷彿要攔腰折斷，撐不過來了。

回家後，馬上掛電話給葛瑞討安慰，他直說：「太好了，太好了，那你現在就要多調養。」我如兩粒鈕釦眼珠子被刮磨到無神的洋娃娃，出院後整整兩天，躺死在電視機前的沙發，有一搭沒一搭望著螢幕。

佛地魔可打從老早以前，循著我的基因，就沒打算放過我。第三天，我跟他首度面對面了。早晨，我從沙發起身，到廚房倒水，返回客廳。一行經冰箱，倏地我整個人如被電擊，趕緊將手中的馬克杯放在餐桌上，以免摔破，人不自主蹲了下去。

腦袋一片黑暗，從沒有那麼強勁的意念擊潰我的腦中大軍。我痛苦萬端，只能想到這幾句話：「生命怎麼如此痛苦，人生以後不會再有快樂，我活著幹嘛？為何不去死死算了？」

那些佛地魔施放黑色巫術般的念頭，進入我的腦子後，就盤旋不去。我內心那片藍色天空湧起了灰黑堆積雲，本來就缺乏陽光照耀的藍，這下更陰沉了。

我當時還不知道這就是憂鬱症狀之一，但那悠悠然對死亡的嚮往，極不尋常地出現。那種對人生感到的苦，不是普通苦，而是注入五臟六腑的苦，苦到分不出是精神受苦，或肉體吃苦？種種苦，不時如惡浪席捲而來；站不對位置，或沒站穩些，就會被捲進滔滔浪中，撞擊岩塊粉碎。

葛瑞在電話中試圖給我一切動力，讓我武裝禦敵。我掛完電話，半夜三更，住在頂樓盡量按捺，仍控制不了發出了好幾聲慘烈的動物哀嚎聲，好似一隻狼人蛻變到一半，人不是人，狼不是狼那樣，血肉模糊，皮不著體。

那也不能算是人類的哭，我連人類精緻系統的哭都不會，那系統的哭還能感到自主性。我遭逢的這種不叫哭，真的叫哀嚎，退化到沒有語言可以吶喊、沒有抑揚頓挫的聲調可以化掉悲憤。我只能用動物本能的天性，痛就是只能開口咆哮嚎叫，嗚嗚嗚……啊啊啊……痛苦，進入到每一個細胞裡，每次都筋疲力盡如一張人皮屍。

出院時醫師為我開的安眠藥，吃了一個月，難以真正入眠。每在欲睡去，全身幾乎放鬆之際，脊椎骨立時如電瓶漏電，冒出劈里啪啦火花，使我背部一聳一拱渾似挺屍，整夜就泡湯了。

一個月都這樣似睡非睡，精神與體力都在崩潰邊緣，不曉得是不是快雙腳一蹬了，就死馬當活馬醫吧。我跟熟識的精神科醫師朋友報告我的狀況，並詢問有沒有讓肌肉放鬆的藥？他要我過去他的私人診所拿，回家後我真不信任這一排沒幾粒的藥丸，難道會跟仙丹一樣，藥到入眠？

反正也不差失敗這一次，吞了兩粒，乖乖躺在床上，等活佛引領入夢。接著，我的意識熄燈了，下意識有點感覺雙腳磨蹭數次，那是唯有睡熟後，才能鬆綁的肢體語言。下一刻，我有意識時，已經清醒。看一下掛鐘，整整一小時，我真的睡著了。這些生理反應讓我認知到，自己一定是哪裡出毛病了，才會在服用藥物下，本已不受我控制的身體，重新有了回應。

剛好那陣子，葛瑞大學時代認識的好友到舊金山探訪，聊起我的現況。

他的好友馬上拍板：「沒錯！我罹患過憂鬱症，一年都不太能動彈，也浮出求死企圖。這是典型的憂鬱症，你趕快叫佑生去看精神科，晚一步可能悔恨一輩子。」

葛瑞始知事態緊急，催我明天一早去大醫院掛號。掛電話前他說：「I love you.」絕對真心。我想，他意識到憂鬱症不會奪人生命，卻會影響病人意念錯亂，自己了斷生死，等同癌症末期一樣高風險。

憑著我的口述，還有現場那一副快要不支的虛弱模樣，門診大夫一樣以法官判刑口氣說：「你這是中度憂鬱症，馬上吃藥，連吃兩週才見藥效，要有耐心。你跟家人住嗎？獨居啊，那需要住院嗎？」

我才從一家醫院逃出來，打死我也不進去另一家醫院。醫師祭出殺手鐧，警告我：「中度憂鬱最危險，輕度不會想輕生，重度癱瘓無力，不具有能力執行。唯有中度，傷痛到會想死，又有執行力。你自己要多小心，那我們約下一週見囉。」

「我會盡量找朋友陪，下週見。」我如是稟告醫師，彷彿跟情人訂了一個約會；而這情人會深深期待我的出現，因我一旦出現，就表示我還活著。

我一定要活著，說好的，就不能變卦；葛瑞還等著我飛到舊金山，翻開我們人生新的一章。

（更深入的這段罹患憂鬱症生病、心路歷程，都收錄在我的《晚安，憂鬱》、《聽天使唱歌》二書）

第六章．人到中年，甘苦倍嚐

（舊金山：2000.4~2009）

1

「你最想住在美國哪一個城市？」這一句話，葛瑞很認真問過我兩次，決定了我們生命中兩次分水嶺的座標。

第一次，一九九三年我赴紐約旅行兩週，與葛瑞相識，情投意合，有心繼續經營這段感情。既然希冀展開另一個生命階段，葛瑞在水牛城也待了十年，悶成小籠包，就問我想住在哪一個都市？他可集中火力往那裡投遞履歷表，謀得差事，開始我們的新生活。

那時我的答案是「紐約」，這裡是我們初識、初戀的地方，當然也應是我們新家歸屬的地方；何況紐約明裡人文薈萃、暗地牛鬼蛇神，最刺激我從事新聞、又是作家的雙重獵奇新鮮感。

第二次，二〇〇〇年我感覺葛瑞在台灣工作了三年，也看到他有志難伸的那一面。台灣沒有好的就業環境與條件，與葛瑞專業的遠距教學科技吻合，薪資也不成比例。

我不想因待在台灣自身很方便的理由，把他綁住。我跟他溝通數月，說服他回到美國就業，我往後會持觀光簽證，每年都回去看望他。

做此決定，我心矛盾。讓葛瑞強留台灣，看不見明日願景。任葛瑞返回美國，我無長期居留簽證（如之前的學生簽證），往後只能短期拜訪，總有淡淡失落。

但台灣實在不夠國際化，葛瑞在台北住過三年，熱愛此地，口口聲聲說以後退休只想住在台北。離退休起碼有二十五年，他還得在事業上衝刺，也只有在美國找得到這種跑道吧。

這次，他也是跟我一樣有矛盾情緒，又問了我：「你希望住在美國哪一個城市？」

我思考片刻，答案出爐：「我們以前住過東岸紐約了，這次換西岸好了，我喜歡舊金山。」

我不知道葛瑞心目中有沒有想居住美國哪一座城市的順位？遇見我之後，他但凡做大決定時，都聽取我的意見。

葛瑞開始在舊金山空投履歷表，看哪一家會先炸出一串喜氣洋洋的鞭炮？

似乎沒等太久，一家極具分量的醫學學會跟他聯繫了，先在視訊聊，互相建立初步印象與背景確認。旋即，對方安排他從台北專程飛到舊金山與高階主管面談。

從一開始雙方接觸，到面談後回台灣靜候消息，我跟葛瑞說：「我有預感，你一定拿得到這一份工作！」

我問他「跟主管在哪裡面談？談多久？對方結語是什麼？」等等，基於一股靈感與對人情事理研判，我堅定押他勝出，儘管主管說還有其餘兩位候選人。

事隨念力轉，果真如我預料，他很快接到了錄用通知的電子信。神奇的是，從這時起，攸關我們命運，我的預感能力在重大關鍵點時都會浮現，連自己都無法解釋。

我全心相信葛瑞會拿到這份重要差事，日後只要有機會，跟人談起這段謀職經驗，他都津津樂道：「佑生那時鐵口直斷，說那工作非我莫屬。我本來預留三分餘地，不真的肯定，心想或許另兩位對手也很強勁。他從不改口，也毫不猶豫，我後來被他的信心影響，也覺得是該我的份，就真的發生了。我到現在，還是不知道他為何對我這麼有信心？」

好消息是錄用了，託幸運之神眷顧，他的新工作在職稱、待遇上都很體面；一則以喜，一則便以憂，他搬回美國勢在必行了。從紐約、台北約莫七年，我和葛瑞住在一個屋簷下，睡在一張床上；除了紐約學校放假，我會返台一或二個月，這七年中我們幾乎天天在一起。

他這趟回美就業，面對未知，我們的碰面安排變數甚大。我既希望他鴻圖大展，也期待我們不需熬多久便能見上一面；但這事牽涉到簽證，沒人說得準。

一張結婚證書就一定說得準，遺憾我們呼天不靈、叫地不應。那麼一張紙，我們渴盼得要命，不少結婚的人卻送進碎紙機。

這種半個地球以外的遠距關係，究竟能維繫多久呢？我無意想，也不敢想；那陣子就專心把情緒放在替葛瑞寬慰，他終能在大機構一展長才。私下，我有一股難以歸納的悲喜交織。

某天，突然接到一家出版社編輯來電：「許先生，我們這裡有一本很特殊的主題新書，想請你為我們寫一篇序。」

我請她把稿子先寄給我過目，書本原名《Sex for One》，不必猶抱琵琶半遮面地直譯為《自慰》，忒也大膽，我喜歡。同時，受邀寫序者還有何春蕤老師。這本書來得詭譎，據編輯說，她服務這一家出版社過去都做食譜書；這一本文字書，題目這麼搶眼，本來跟她們的廚藝彩色書系格格不入。老闆到國外旅遊如獲至寶，帶回了美國知名性學家道蒂・貝森（Betty Dodson）這本成名作，明知與過去所有出版物跳tone，執意要出版。

我讀完之後，掩卷三嘆。性學家貝蒂・道森最初是一位男友滑下去為她口交，都嚇得吱吱叫的傳統女性，她覺得怎麼可能有男人願意去舔那麼不潔之地？她認為女性器官長得醜死了，對自己身體充滿敵意。

在她進修了性學博士課程，取得學位後，她決意扯掉女性身體這些五花大綁的繩索。她是全美先鋒，第一位開設女性自慰班，親自帶領女性學員認識、取悅自己的身軀，從自己性器官裡找到美感，她的論調是「女性必須先喜歡自己的性器官，才能真正享受性生活」。否則，一切緣木求魚。

她私下也是一名功力深厚的素描畫家，教導學員寫生自己的私處，從中窺探其美。我在為這本書寫序時，除了讀完全書，也翻閱了作者簡介，忽然發現新大陸。我是哥倫布，急切叫著我的大副葛瑞：「快來啊！我可能找到一條出路喔。」

葛瑞聽我在大叫，不清楚狀況，從他的書房走出，一臉迷惘。

我跟他說明了為這本書寫序的來龍去脈，進一步解釋：「你看，作者介紹欄目提到她就讀舊金山『高等性學研究院』（The Institute for Advanced Study of Human Sexuality），他們有性學博士班呢。」

葛瑞是巧人，一聽即懂。這意味著我若申請過關，入學就讀，那我又可以拿學生簽證，到舊金山和他一塊生活，直到取得博士學位。

這本書來得實在太巧合，簡直上天刻意布局。當垃圾車每晚來了，提醒我做「少女的祈禱」，我編劇底子差，再怎樣也祈禱不出這樣窩心的ending呢。

為何出版食譜書的老闆不計一切，就是要讓這本書的中譯本，無論夾在他們書系中多麼突兀，還是無所謂，讓恬恬水一支花上市呢？

為何出版社編輯，誰不去找，偏偏想到邀我寫序呢？使我在第一時間掌握到就讀博士班的資訊。冥冥中，似乎都是因緣成熟，一線牽成。

如果學校不在舊金山，在其他州，即使在不遠的洛杉磯，我都無力獨自支付學費、生活費、房租水電，也讀不成。

如果這所頒發博士學位的學校沒有性學，我也不覺得自己會想深造，本來我就無意走學術研究路線。而性學，在國內領域依舊荒蕪，值得有人不怕禁忌、不懼被貼標籤，好好發揮性學貢獻。眼前局勢，好到不能更好了，這所學校從建校以來就位於舊金山，也提供唯一令我還有興趣研究的性學，在美國全境，只有這一所學校頒發性學博士學位。喔，典型完美的「在定數中」。

以上，兩個「為何」和兩個「如果」全拼湊起來，組合了一張好似專為我與葛瑞量身打造的人生地圖。象徵著：我們在一個屋簷下過活的緣分還沒結束，攜手的日子仍在前方等我們。

這是在惶惶日子裡抽中了一支籤王，我虔誠謙卑地，感謝滿天神佛。

當我把一份申請書、幾本出版代表著作、一冊研究方向計畫書等入學申請資訊郵遞出國後，就交給老天了，由祂發落。天公伯啊，跟在我們身邊這麼久，悲歡離合祂均看在眼中，自會心裡有數去張羅發落。

「這次換我說，我知道你一定會被錄取。」葛瑞想幫我博取安全感，投桃報李；畢竟他不靠舌頭吃飯（意思是指他並非以口才、文思維生），我苦笑那是哄人的口吻。

我這鬼靈精之前說他的新工作如探囊取物，信誓旦旦，是我強烈的第六感。他也想炮製鼓舞我的軍心，話中卻沒有一以貫之的信念。無論怎說，他願意用我的方法哄哄我，也是有心人。

一週後，我的錄取通知書如白鴿飛抵家門，命運規劃局下單子了。我自己先在樓梯口讀信，淚水盈眶。

我在心中默默呼喚：愛人！讓我們繼續偕手長征吧。共同生活了七年後，前方還是沒人，亦無一條法律能當成指標引路。那你就是我的北斗七星，我就是你的獵戶座；我們踏上自己的征途，看好了也記牢了天體星宿。我們上路吧，去找自己的歸屬，我的戀人同志，我的親密家人。

這樣看起來，真有一個上天，把我們當初相遇後的那一條路引到這裡，又將把我們眼前的這一條路引向那裡。我深信，天無絕人之路；尤其，天無絕「相愛的人」之路。

四月一日，俗稱愚人節。人們在這一天所開的玩笑、所做的愚弄，都可不負責任。那倒不如乾脆稱呼「良知放假日」吧，人們會更需要後面這個假日。

西方曾經有廣播公司在這天以新聞插播方式，宣布外星人入侵地球，引起鋪天蓋地的恐慌。最後，廣播公司道歉了事，上當者氣歸氣，有愚人節金鐘罩護身，只能徒呼負負！

小時候，對這個節日還有點好感，大家都在歌頌聰明，卻又告誡「聰明反被聰明誤」，矛盾無所適從，那索性來為愚笨一點的人慶祝一番吧。不要那麼精打細算，憨笨一點，日子也許會輕鬆許多（我為小時候居然就有這種念頭，而嘖嘖稱奇）。

我從小感覺四月一日始終是無害的，搞不好真有潛力發生幽默大事。直到二〇〇〇年四月一日，我從此斷然不喜歡愚人節，從愛到厭，涇渭分明。這一天，我送葛瑞到機場，他將遠赴舊金山上任新職，是我們暫別的日子。

居住台灣期間，他若搭機出國，為了免讓我來回奔波，要我不必到機場送行，我們總在家門口擁抱告別。我一方面也很怕到機場當送機人，在單獨回程途中，內心會像失鮮的空心菜。

這些年，我習慣跟葛瑞生活成雙，出國也都同行，突然面對這種「形式上他從台灣搬走」的離別，我的心湧上了詭異的淒涼。

這次，我堅持送他到機場。他的新生活將在太平洋彼岸展開，我一時想祝福，卻有淡淡感傷，不知如何開這個話頭。

「你會好好的吧？」葛瑞跟我搭乘機場大巴士，一向把靠窗位置留給我。他以左手握著我的右手，稍微使力抓了抓，以示詢問。

「我們 definitely 會再見面，是吧？」我好似問了個蠢問題。雖然早就計畫好了，六月我會飛舊金山，跟他先去我的博士班學校看看，秋天入學。終究未知數攤在面前，我的小小冰雪聰明，都如水晶跌碎；兒時夢魘重現：爸爸忽然走了、媽媽忽然走了！現在，葛瑞也形式上忽然走了。

「往好處想，我們都能各自充分準備下一個階段的事。我的新工作，你的新學校，我們的新家庭！」葛瑞永遠是樂天派的卜派。

那天上機場巴士前，我已未雨綢繆，約好了跟葛瑞也混熟的好友，在西門町武昌街戲院，等我從機場直奔過去。我害怕剛送葛瑞離開之後的家，會空虛到四面牆壁往內垮了，壓縮成一團鐵廢料。

那晚，我一直告訴自己：「我是大人了，我是大人了。」卻於事無補，我仍滑落幾顆淚珠濕枕巾，呆滯地想著：「在一起，這麼難！」

從葛瑞四月離開台北，到六月我去舊金山，這段間距如何度過，我完全不復記憶。也許，本質上我根本不想記住那一瓶濃縮的酸梅汁滋味哪。

分開兩個月，葛瑞面容多了一點小滄桑，新工作給他的見面禮，顯然不是禮輕情意重。我住進了葛瑞租在Market街一間二樓套房，整棟房子為舊式建築風格，距離同志商家最密集、同志人口最集中的卡斯楚街只需三分鐘步行。

豔陽高照的六月天，我在舊金山窩了整個月。沒錯，就是窩著。除了去拜會開設博士班的性學研究院，跟教務長、校長基本會晤，畢竟我的申請文件都過關了。

其餘時間，葛瑞白天上班，我哪兒都不想去。他下班後，訝異我整天在家。以我平常的性子，早就逛過多少地上、地下的貴寶地了。

「你不吃了嗎？才吃這一點耶，再多吃幾口。」這一句，成了整個六月葛瑞最常跟我說的話。我只一逕搖頭，全身像中了迷魂香，或得了軟骨症，連味覺都錯亂了。從義大利菜、越南菜、日本料理、中餐，連即使看起來甜滋滋的點心，我只消嚐兩口就鹹到無法下嚥。葛瑞吃幾口我點的菜，更為好奇：「沒有啊，一點都不鹹。你要不要再試試看？」

「我覺得好像每一道菜裡，都有一球沒有化掉的鹽巴。」據葛瑞後來描述我那整個月的狀態，對鹹的味覺完全脫序。也因吃什麼都覺得鹹，扒幾口就不吃，開始出現明顯焦慮，偶爾會控制不住地咆哮。

那一個月說是與葛瑞團聚，不如說在養病。養什麼病呢？我人好端端的，沒有任何病徵，勉強要說，只有深陷流沙緩緩下沉的驚慌。

我的心裡還懵懂無知，我的身體卻已自現前兆，事後回想那些徵兆不是空穴來風：我的人生就在前方不遠處，已經形成一團超級強颱的藍色風暴，正等著毫不知情的我逐步靠近，如紙片人被捲入暴風雨中……

二〇〇〇年夏季，我從舊金山返回台灣，一段生命中最黯淡的時刻開始計時。主宰我後半輩子的憂鬱症，伺機多時，終於展開出草行動，為我驚心動魄的十四年病史揭開了黑色布幕。

憂鬱症如滿天烏雲翻湧，十面陰霾，完全遮蔽了我夏季的天空。進入博士班就讀，全盤計畫都被吹散。

原來除了「天無絕人之路」，我漏掉了還有另一個重要諺語「人算不如天算」啊。

我為了在台灣利用語言溝通無礙、醫療系統健全、朋友支柱相挺，想好好將憂鬱症治療到穩定程度才赴美，免得萬一在異地嚴重發作，拖累葛瑞。

這一延宕到了十一月，我才前往舊金山與葛瑞重聚。當我在機場與接機的葛瑞相擁，彷若隔世；因從病發到相聚數個月，我幾度跌到死蔭幽谷，企圖了結生命而未果。他也知道幾乎失去我，擁抱起來特別扎實，像握緊手心中差點滑落的風箏線頭。

住進這間二樓套房，我有時會出現窒息感，空間實在小。套房只有一個小廚房，旁邊是一排狹長的磁磚平台，必須坐高腳椅。這平台便是餐桌，也具隔間用途，客廳就在另一邊。那裡擺一

張沙發床，白天折起可以坐，夜間攤開可以躺。還得再塞一張書桌，本來葛瑞在用，我來了就讓渡給我，他移到磁磚台，做著沒有下班時間的工作。

一個小推桌上，放著電視。剩下空間，正好放一張鵝黃色帆布料製造、符合人體工學的懸空座椅。有一天，我在清晨憂鬱症發作，還發著燒。葛瑞把我安置在那張長條座椅上，幫我全身裹一條毯子。從他上班到下班，從出門到進門，起碼有十小時，他所看到的我，連坐姿都沒變動過。我整天如冬眠，一動也不動。

幸好，有一面大窗戶，當我躺在沙發床上，眼睛可以向天空求救，想像自己在浮雲之上。我並不一直都嫌這間小套房悶，只要假想我們是兩隻公的金絲雀，窩身在這麼一個能遮風擋雨的鳥巢，也常會心生一絲暖意。

真正改變我對這間套房的感情，是聽見葛瑞首次說了當初如何租到手的過程。

一晚，我們忽然興起，搭地鐵到有許多道地台灣餐廳、糕餅和飲料店的地區。這一段路地鐵出地洞，駛在路面上。在一個轉彎處，葛瑞指著一棟看似北歐風格的建物，說：「這就是我剛搬到舊金山第一晚住的旅館，共住了一週。每天下班我就趕緊到處去找出租房子，挫折感很大。」

「為什麼感到挫折？你當時在電話中都沒跟我講。」我肯定他沒向我吐過這苦水。

「我找了好幾家房屋仲介商，按照規定，我要出示最近三年在美國的租屋紀錄，以及收入證明。我這三年都住台北，哪來這些文件？每一家對我搖頭，愛莫能助。」葛瑞雖說得輕鬆，當時到處碰壁的滋味絕不會輕鬆。

「那怎麼辦呢？」

「還好，我終於找到了現在這一家房仲公司，他們並不嚴格要求過去紀錄，只需現在的收入證明。」葛瑞描述的處境讓我鬆口氣，「房仲小姐說卡斯楚街附近還沒空房要出租，不過她說了一個『but』。」

沒想到租房子還有這麼一段故事，我睜大眼，暗示他快說下去。

「她看我急切，透露說這間套房，就是我們現在住的這間，正在整修，還未推出市場，剩下一些收尾工程。我立刻說要定了這一間，今晚我就住進去，整修收尾我自己來。」葛瑞的遭遇果然有曲折劇情，「我知道一旦等這間弄好了，推到市場出租，又沒我的份了。」

「你真的就這樣，當晚住進來了？」感覺這有點像威爾•史密斯跟他兒子合演的那部電影，到處沒地方住。

「那時舊金山一屋難求，我只要看中的房子，人家隨後一步來，都符合房客條件就租走了。每一次都如此，令人懊喪。我若不這樣中途搶，不曉得還要等多久。那一晚，我把兩個行李從旅館提過來，整個屋子空空的，我就在地板上鋪些衣服，睡到天明。」葛瑞說到高潮戲了。

我發愣了一陣，想像那時葛瑞睡在沒有家具、只有兩只大皮箱的空屋裡。也許空氣中還飄著油漆味，角落還有折合式樓梯，地板還有零星工具，而他就睡在這裡。原來，這間套房在最艱困的時刻，解了葛瑞的危。

從知曉這段「租屋始末」起，我不再對這間套房有受困感了；它是如此善待葛瑞，在他最需要住處的時候，它像一座城堡出現。

「我知道這裡空間很小，當時只想先住下來，慢慢再找大一點的地方。你白天如果外出，有留意到一房出租，就先進去看看。」葛瑞給我一個熬了過來的笑容。

剛住進這間房，還有一個強烈印象，不待葛瑞說分明，我已先發問：「怎麼整間房子很多橘色的東西？你故意選的？」

「對啊，我決定就是橘色系。」葛瑞有點洋洋得意。

我從未看過他這麼熱衷於顏色，如果色彩之間有競賽，他大概是最寬容的裁判。

這樣倒有一個好處，好幾個月內，我們假日逛街就變成了「發條橘子」。各種可以擺在家裡的東西，一發現有橘色如掘到金礦，這幾乎成了好玩的尋寶遊戲。

被「採收的橘子」很多品種，像筷子、杯盤、餐桌布、時鐘、坐墊、花瓶、貓的紀念飾品、貼在冰箱上的磁鐵飾物，連菜瓜布、刷子都是。當我們在網路上發現一張辦公旋轉椅竟然也出了罕見的橘色款，驚喜若狂，立即下單。等貨件寄來，我們在組裝時好開心，真的整體零件都是清一橘色，不曉得還有哪些瘋子像我們一樣，會選購這種色彩的辦公座椅，看起來有點怪；但坦白說，也很有個性。

從認識葛瑞以來，為紐約、台北的住家選購家具，都由我們一起出動。八成五以上，是我做的最後決定；葛瑞比較隨和，他也知道我比較刁，讓我挑選，日後怎樣我就得乖乖認帳。

這恐怕是我第一次看見他這麼主動選擇，流露著熱情，我也受到感染，為之熱切。然而，我忽然想通了，事件之所以如此特殊，自己竟是原兇。他這次會這樣主導挑色，不正因新家添購家具與用品時期，我人在台灣，他獨自從無到有購買填充空屋，擁有「豁免權」，當然非由他親自作主。

這樣描述又偏離了我的真正用意，他讓我做決定去吃什麼？買什麼家用品？不在於他覺得我專擅獨行，而是凡我所挑中，再問他意見，通常他都點頭，畢竟我們眼光大同小異。算是幸運，我們對很多事物的品味都在一定方圓內，沒有為買東西意見不合，或彼此嚴重嘔氣、爭執。

這麼說吧，葛瑞是釋放了挑選權，什麼都讓我當打勾的那位總評審。這麼多年，幾乎每一次外食，他都先問我想吃什麼？

「為什麼老是問我，你也可以決定啊？」說實在，有時被問膩了，我會把球踢回去。

「是你不吃一些東西，我什麼都吃，所以你挑就沒問題。不然，我們去吃披薩好了。」聽得出他這是故意整我。

然後，我會皺一下眉，他就嘿嘿笑了。這傢伙知道披薩是我的死穴，一點下去我就啞了。

這可有歷史了，追溯從一九九三年居住在紐約第一週起，他已通盤掌握我完全不吃起司烹調的料理，披薩即是拒絕首選。我不怪披薩，只怪自己注定無披薩口福；那些餡餅上鋪滿的起司條似乎香噴噴，我嚼起來像在吃融化的橡皮筋。起司味道也讓我退避三舍，偏偏他愛起司條，就買一大塊回去，用刀切細條，當作零食。

後來搬到進金山，我們領養的貓咪 YOYO 也會哪根筋不對，每次聞到葛瑞啖起司條就飛奔而來，跳上葛瑞坐在單人沙發兩側靠手的圓弧處，以迷離痴情的眼睛，裝萌，果真撿到了一口一口被餵起司條、火腿薄片、米布丁的大便宜。

葛瑞就會故意在我面前，噁心地發出嗯嗯好吃的聲音，還跟YOYO臉貼臉給我看，強調現在他們是結盟國，我是孤立國。我就會躲去書桌，想像我待在一個空氣防護罩裡。偶爾回頭看，嘖，還有完沒完，繼續人貓恩愛吃起司！

可憐的他，只有在我回台灣時，才有機會吃披薩。有一天，我在台北跟他通手機，正是晚餐時間：「聽聲音，你是到外頭吃飯囉。」

「是啊，天氣好，順便出來走一走。」葛瑞講話有點塞嘴。

「你好像吃得很開心，你在吃什麼啊？是附近我們常去的哪家餐廳嗎？」我無法猜測他那邊有點人聲背景是哪種餐館。

「我啊，哈哈，你猜不到。我現在一個人坐在……披薩店裡，吃披薩。」葛瑞又開始他那一套，誇大發出嘖嘖聲，頻呼好吃。

「yeah，少肉麻，我跟你通電話，似乎都聞到了可怕的起司味。」我故作求饒狀，想刺激我？好，我也回他一槍：「唉唷，你嘴巴起司味好重，我要掛了，等你回家刷了牙我們再通話。」

掛了電話，我做出一個右手一拉，右腿一抬，喊「耶」的勝利動作。擊敗你了，起司大王。

雖然這不是一場幽會，我走在離卡斯楚街鬧區比較遠的這一條安靜巷子，找到了此趟目的地的咖啡店，在門口仍躊躇一會。

我是透過舊金山社群網站中，同志項目下的交友類認識丹尼爾，其他類別有穩定交往、約會、一夜情。

交友，大部分憑運氣，尤其認識丹尼爾是最佳佐證。我們互相詢問背景，越問越驚異。他是白人，我是華人。這也許是唯一差別，剩餘都相當類似。我們都是自宅經濟體，他為網站撰寫文章並從事編輯，我則專業寫作，兩人都待在家裡工作。我們都有長期愛人，他的另一半是華人，我的另一半是歐洲裔白種拉丁人，我們共同是異國戀。舊金山連同腹地何其大，我們居然就住在附近；他的家正位於我家後面那一條巷弄，轉個彎，不到三分鐘路程。

卡斯楚街這一帶有很多這種靜巷中的咖啡店，白天上門者幾乎都獨自一人，打著電腦、看著螢幕、翻著書，桌上一堆凌亂的紙，以及一杯三塊美金可以坐整天的咖啡。

我雖是作家，以筆電寫作，卻從未養成帶筆電去咖啡店寫東西的習慣。兼之，我不喝咖啡、不喝酒、不抽菸，凡有咖啡因或提神作用飲料，包括有咖啡因的茶我一概不碰，否則影響睡眠，跟一般人想像的作家全不是那麼一回事。

丹尼爾比我年輕近十歲，未曾謀面，互傳過照片。我一走進去，認出一位戴墨鏡的傢伙應該

是他。打招呼後，我坐下來，他摘去墨鏡，本人比相片好看。

我說過這不是幽會，不過看帥哥是我天生愛好，他又有寫作者的書卷氣質，身材比葛瑞還高，哈，而且頭髮還多。我難免盯著他看，暗自賞心悅目。

我們聊了可不少，原來他跟我生活如此相似。他的另一半愛德華是生於美國的華裔醫生，葛瑞是高科技專業，均屬於高收入。而他跟我搖搖筆桿（其實是敲敲電腦，但這麼說好沒人文味），相較於伴侶，收入偏少。雖非家庭主婦，但我們天天窩在家裡，動腦筋策劃題目，逐字完成文章，其餘時光挺逍遙，過著有些脫離現實的白天。這多少有點主婦迷幻角色，我們本身並不深知，或壓根不去想。

丹尼爾看起來迷人，說話斯文，個性溫和，我也毫不遮掩享受著他的陪伴；我心裡有數，我們都不適宜愛上彼此，兩個收入不高的文字工作者成為一對，經濟壓力以及太同質性的脾氣，會搞垮我們。甚至連偷情也不適合，我們都感到讓彼此伴侶，四人互相交叉認識，反而有意思多了。

我對丹尼爾純粹是跟迷人的男生當知心朋友，一開始我沒跟葛瑞提，畢竟我和丹尼爾才初識，誰知道我們友誼能維持多久？也許幾天後就成昨日黃花了。

從那天起，丹尼爾想出一個好主意，反正午餐總要解決，他就以資深居民身分，一週幾天每到午餐時刻，我們就用電話聯繫，要不要齊赴午餐之旅？

在他引路下，我吃遍了各國菜，口味很有特色，又是平民價位。這些午餐之旅使我尚未就讀博士班的閒置日子，容易打發得多；憂鬱症患者尤其需要走出屋外，曬曬陽光。

有時，我也會到他家坐坐，發現後院有一個意外洞天。

「哇，好新奇啊。我和葛瑞常去一家中餐廳吃飯，原來就跟你們後院屁股對屁股啊。」丹尼爾家有一處容積頗大的後院，對面跟他家後院相連，居然是那一家中餐廳。我去丹尼爾家的餐廳時，往窗外就能看到穿白色廚師服的華裔男子，不是潮州就是福州人在後院吸菸，以家鄉話打屁。當丹尼爾與愛德華懶得張羅或外出晚餐時，就在後院隨便召喚哪位員工，一手交菜一手交錢。

一進丹尼爾的家，迎面陰涼，光線陰沉。他們倆對於古董魅力無法擋，四處收購的家具木質都呈現深暗，讓人迷失在光陰斷層中，分不清是來自哪些年代。連一台造型冷峻的鋼琴，也因色澤黯淡（不是一般黑色塗漆），本可為全屋帶出來明亮的聚光點，卻像黑洞陷入更深。在他們家，整個時光退回維多利亞時代，還需使用大量蠟燭，才驅得走盤據多年的黑。

沒多久，我們就向自己另一半提到彼此，葛瑞也跟丹尼爾通過電話，相談甚歡，我想：還好很節制，沒跟他擦出什麼火花，不然失去在舊金山交到的第一對也是伴侶的朋友，殊為可惜。

那晚，由愛德華邀約，請我和葛瑞上他家品酒。我是四個人當中英語能力最差，根本沒心聽他們在討伐政治人物。我寧可跟丹尼爾從小養的兩隻白色母子貓玩。媽媽胖嘟嘟，兒子身材如貓中的豹，因為基因關係，母子眼珠都是湛藍的天空色。

等我們一路步行回家，葛瑞好奇問了：「那個愛德華不是胖，而是虛胖，臉都腫了，講話邏輯也前後不協調。」

丹尼爾跟我提過原因，沒說不能對葛瑞講。這真是一個難過的故事，我試著平靜地說：「愛德華沒有對華裔家人出櫃，在醫院也從不敢讓人知道性傾向；當他發現感染愛滋病後，決意不求治療，當作沒事。老天爺對他不那麼厚待了，他的腦筋開始混亂，他怕事情曝光，仍天天去上班。」

「喔，NO！」葛瑞深嘆一口氣，擔憂這樣又能瞞多久？且對病人權益不也搖搖欲墜嗎？整個醫院沒有人發現異狀？

有太多的疑問，我無法替愛德華回答。那夜，愛德華嫌我說話太少，故意說：「是啦，你和丹尼爾都是作家啦，用寫的不用說的。」

丹尼爾當晚秀給我和葛瑞看一張框裱的黑白照，不說是愛德華年輕時，根本無法聯想。照片中，他的身材纖細結實，臉蛋清秀，比著芭蕾舞的柔軟動作。我看了幾乎淚濕，這不是老化後對青春的眷戀，而是病化後對健康的思慕啊。

那一年聖誕節，丹尼爾在一家法國餐廳訂了四人座。兩對伴侶一起慶祝節日，開了香檳。愛德華所有動作都很緩慢，好像活在另一個星球的重力裡，吃東西偶會流出嘴巴，丹尼爾立即為他擦拭。

我和葛瑞都心知肚明，這是愛德華最後一個聖誕節了。他的健康每況愈下，病毒似乎侵入他的腦子，行為異常，講話顛三倒四。愛德華延誤治療時機太久了，這是他自己選擇撒手人寰的方式，瞞到紙包不住火了，一病不可收拾，該走就走吧。

也許愛德華本人對生離死別無法感知了，看著丹尼爾，我眼眶便熱了，此時真正受苦的人是他。如果他們的際遇換成我與葛瑞，而我扮演丹尼爾的話，我想自己早已崩潰不成人形了。另一方面又很難講，當這種特殊局面到來時，我們總是會咬牙為了愛人而堅強下去，表現前所未有的剛毅。

這一刻終於到了，愛德華被送進最不敢面對的醫院，從醫生身分對調為病人，且是重症患者。我和葛瑞前往探望時，他正在睡眠。

從包圍在他身邊這些急救醫療器材，我想起了十八歲那年在加護病房看著腦溢血躺臥的媽媽，她一發作送醫就沒再醒過來，我無法親口跟她道別。我和姊姊在家屬等候室守到第四晚，醫生出來叫家屬，帶我和姊姊進入加護病房，在媽媽病床邊悄聲跟我們商量，詢問我們同意讓媽媽在氣管切一個洞繼續呼吸嗎？

「這樣，她醒過來的機率有多大？」我那時尚小，問出了這樣關鍵問題。

「很難講，應該是機率很低。」

「所以，氣管切洞基本上是對生存沒有作用？」姊姊也補充問道。

醫生搖搖頭，「我們判斷她醒來機會渺茫，如果家屬不願她做這種……那我們就會建議拔掉呼吸器，讓她自然地走。你們再商量看看。」

我和當年二十四歲的姊姊也沒做什麼商量，都有共識，這種強迫呼吸根本是對媽媽折磨。她的肉體累了，讓她好走吧。

當我們告知醫師決定後，我把頭垂得很低，淚珠簌簌成串滾下。我知道醫師就要去拔除一切輔助呼吸器，媽媽隨時正式會斷氣，告別人間了。

愛德華住院後，我的博士班放假，需返回台灣處理一些出版事宜。我跟葛瑞保持天天通話，得知愛德華已經被送回家，等待安寧臨終了。葛瑞每天一下班就去丹尼爾家，跟幾位友人輪班，待在愛德華身旁。

當愛德華斷氣時，正好輪到葛瑞的班。似乎傳來微微一聲喉間的弱音，他馬上意識到不對，起身察看，確定愛德華剛嚥下了最後一口氣。葛瑞到書房告知丹尼爾，他趕緊走進臥房，看著安息的愛德華，突然慌張得不知所措，如螞蟻忽臨土崩，嚇傻了停在原地。

聽葛瑞的說法，他搖了搖丹尼爾身子，在他回神後，退出臥房，讓丹尼爾跟愛德華片刻獨處。聽到這裡，我在電話這端陷入沉默，彷彿目睹了現場這一幕。

愛德華才三十多歲啊，恐懼性傾向被家人、上司、同事知道，這種恐同比死亡還讓他畏懼，所以他才選擇了不就醫的慢性自殺。但這真是自殺嗎？或者，到底誰才是殺了愛德華的真兇？

愛德華斷氣時第一幸運自是輪到丹尼爾照料，戀人在身旁，就算已無意識，還是安慰事兒。而我不禁想，輪到葛瑞照料，應屬第二幸運。他性子夠穩重，一切他知分寸。

那時是白天，幾位常來照料，且住附近的朋友都獲報先後到場了，整屋子默默無語。一位住在遠一點的中美洲裔朋友，進屋後走進臥房未觀察氣氛有異，一直巴拉巴拉在說搭地鐵多熱，一路出站走來又多熱。無人打斷他，直到他講歇了，才有人暗示他現場狀況。他一聽噩耗，湊近一點看愛德華，意識到這是生命的句號了，驚慌地大呼小叫，歇斯底里，大夥得合力將他鎮定下來。我可以想見，葛瑞是現場最沉著的一位。

我在電話這一方想了又想，不免想到如有一天我臨終了，大概只有在葛瑞的懷抱中，我才有安全感，對死亡不存畏懼。他保護我這麼多年，幾次把我從憂鬱症發作的死亡懸崖千鈞一髮救回來，什麼災什麼難，都擋在我身前。若我早走，當臨終那日到來，我唯有在他「無私無我」的廣域愛之懷抱，才得以安心跨過生死線，放手而去。

從愛德華病逝到舉行喪禮，不過數日，我自然來不及參加。那一年舊金山被失落、感傷氣息團團籠罩的夏季，在我停留台灣期間，如晨間濃霧淡淡散去。

當時，我只覺得愛德華如一粒星子滑落了；世事難料，我不知還有一個時代的巨大失落緊隨在後，將徹底改變世人對生命無常的感受。

九月我已回到舊金山，大清早在熟睡時，室內電話如雨夜劈下一道雷，驚天動地響起。我模糊感覺天色尚早，心頭湧上一股詭異的不祥預兆，接起了電話。丹尼爾焦急地說：「快一點，趕快打開電視，你絕不會相信的事發生了。」

他說完就掛斷了電話，葛瑞也醒了，我立即抓起遙控器打開電視，轉到新聞台。一幕不可思議的戰慄畫面立現眼前，兩棟紐約雙子星世貿大樓都正冒出濃濃黑煙，高樓層被熱火炙焰吞噬。我從沒見過葛瑞如此驚惶，頻呼：「Oh, what happened?」新聞台螢幕上打著好幾條號外跑馬燈，不斷重播紐約客意外拍到飛機迎撞上高樓的爆炸鏡頭，也報導了一架墜毀在國防部，五角大廈垮

了一角，世界似乎到了末日。

葛瑞要我趕緊著好衣服，準備應變：「新聞說還有一架飛機正飛在美國上空，不知去向，任何一座城市都可能受到攻擊。」

在我記憶中，葛瑞從未表現過怕死；我雖然也震撼啞然無語，終究對他如臨大敵感到奇異，難道他擔心下一架飛機撞落到卡斯楚街嗎？或者，他只因為我而擔憂吧。

這是我們曾經居住過三年多的紐約，新聞畫面開始以長鏡頭抓取高樓上不堪烈火高溫，接二連三往下跳的人，有的頭下腳上，有的身子傾斜四十五度角，看到心都碎了。我還記得居住紐約期間，跟葛瑞坐在兩棟高樓中庭吃三明治，而今那個現場已成人間煉獄。

我們哀戚看著電視，一幕幕戲劇性的變化使人驚愕；更駭異的畫面登場了，最先被飛機撞成一團火球的北塔，在高溫持續燃燒下，支撐鋼骨都已融化，再也負荷不了起火點以上更高樓層的累計重量，便像看見一頭蛇髮美杜莎即化為灰石，一棟巨高聳立的摩天大廈從上到下整個瓦解、粉碎、崩壞。

立時現場只見一片灰飛湮滅，捲起了漫天遮日的沙塵暴，如惡靈追殺著地面逃竄的路人。半小時後，南塔也以同樣分崩離析的毀滅之姿，在世人淚眼婆娑中，消失於地表上，成為高達數層樓的廢墟。

目睹我們曾摯愛的紐約，兩座獨一無二地標就此人間蒸發，我和葛瑞都悲悵說不出話。

「九一一事件」本身是巨大災難，卻又像一支響徹天庭的安魂曲，肅殺地告誡了世人：及早珍惜你所愛的，不要拖等。吉凶何時要來？Hey, you never know.

在世貿大樓一層層崩坍成粉末的新聞螢幕前，我和葛瑞交換著眼神，體會到的似乎正是這一句告誡。

在我尚未前來舊金山跟葛瑞會合，住台北養病那幾個月，KIKI 動不動尖喵亂叫，淒厲叫聲筆直穿破耳膜。我在憂鬱症之火熊熊狂燒中，耐性已經乾涸，每天被她逼得鬼見愁。有時，她一聲疊過一聲叫，聽到我幾乎氣瘋，趕忙叫姊姊將 KIKI 帶去她家裡寄養一陣。我很擔心，病灶火勢一起，我會神智不清把她從十四樓丟下去。

這種失心瘋並非完全不可能，我必須緊急讓 KIKI 離開火燄山，去尋庇護。我們彼此暫時安全了，卻也失去她的作伴，更形孤寂。

後來，我的狀況改善，把她抱回家，鳳還巢。她古里古怪起來，不愛給人抱，不愛與人親近，獨來獨往，保持疏離。我與 KIKI 那份神奇的第一隻貓的聯繫，遺憾就此斷了。

可能她自覺被遺棄那麼久，不得不養成孤僻保護自己。孤僻一旦形成一層護身表皮，自然也剝不下來。我在她眼神中，望不到曾跟我契合的閃光。

來到舊金山後，前些個月我忙著適應，根本沒察覺身邊少些什麼？其實，那時一條無形的緣分繩索已將我綑住，只待我慢慢尋過去，看看誰在繩索那一端？

這天，我和丹尼爾結束午餐之旅，回程時他問我有沒有興趣去附近動物收容所看看？原來，我們的午餐之旅如漣漪越來越大圈，終於擴及了始終在等我的繩索彼端。

我們一走進收容所，櫃檯旁就有一個小籠子，裡面一隻約莫二、三週的小貓，叫聲稚嫩，呼爹喊娘的，惹我愛憐。我的腦子方才爆出一團火樹銀花，對啊，我怎麼沒想過在舊金山也認養一隻流浪貓呢？

詢問一番，我不是舊金山居民，無法認養，敗興而歸。葛瑞下班我跟他提起，要領養只有他能出馬搞定。我們隔天上午，趕在葛瑞上班前就到收容所，咦，不見昨日那隻小貓蹤影。我隱覺不妙，果然被人捷足先登，管理員說一般人愛養小貓，牠們個性還沒養成，也不怕生人，適合從頭培養感情。

我被晨光照亮的臉立即垮了，撲了一場空，什麼躲貓貓都沒有。正待轉身離去，收容所人員說推開門進去，裡面還有很多貓等著被領養。真幸運，及時碰到跳加官的來報喜。

我和葛瑞走入一間大房子，裡面都以鐵絲網隔成一間間，一間一貓，還相當寬敞。走了一圈，大約二十隻貓在唱〈春花望露〉，什麼花色、年齡都有。每一個籠門上也都有一張白色卡片，是平常來秀秀這些棄養貓咪的義工所寫，主要關於這隻貓的個性，當然都是褒揚讚賞。義工們心很軟，無不希望每一隻貓都趕快被看對眼的主人領回去當寶貝。

我繞第二圈時，看見一隻灰色虎斑貓，憶起從紐約回台北第一年時，葛瑞答應買一隻貓給我當生日禮物。那時我在寵物店看見美國短毛貓，也是灰色底毛布上美麗粗條紋。當年沒買，改領養了 KIKI，事後我也慶幸以領養代替購買，給了 KIKI 幸福。

眼前這隻怯生生走過來的灰色虎斑貓，聞著我伸進鐵絲孔裡的手指，我就想起當年對美國短毛貓的迷愛。

「我要他。」我果決告訴葛瑞。

一方面是這隻貓乖巧溫柔，花斑的紋身真美麗，像虎又像豹。

另一方面其餘每一隻似乎都在叫：「抱走我，我會是全天下最乖巧的小孩。」

我知道自己濫情，站在貓籠房裡太久，等於凌遲。我也害怕看到別隻貓，會為牠們繼續落單在此感到心痛。

葛瑞通知了收容所人員，一位中年女性開了籠門，抱起了那隻貓，帶我們一起走入一間小房，中文叫這種房為「熟悉室」。這裡是讓領養者與貓咪彼此熟悉，或該說試探互相投緣與否的場地。

中年女性一將貓咪放下，就關門離開，剩下我們與那隻忽然躲進桌子下的虎斑貓。他大概一時對陌生人畏縮，我記得虎斑貓籠門上那張卡片，密密麻麻寫著不同義工筆跡的意見，對一條最有印象：「他今年一歲，非常的害羞；但如果給他機會，他會像一朵花綻放。」

這段詞語幾乎是一首情詩，現在虎斑貓確實很害羞躲匿；等熟絡後會如展花顏，我企盼看到開花的樣子。

葛瑞矮下身將虎斑貓從桌下抱出，交到我懷中。他全身軟似棉花，一點也沒掙扎，像個乖貝比以怯生、想試探的眼睛望著我。他的黑鼻子真是可愛跟鈕釦一樣，四隻肉蹄也是黑咖啡色，我驚喜地說：「啊，你是非洲來的小貓嗎？」

完成領養手續，我們決定為他取名為YOYO。葛瑞有一套理論，為貓取名最好取單字重複，如KIKI、YOYO，簡單好記，念起來也鏗鏘有力，對貓咪小腦袋瓜不造成負擔。他最搞不懂主人把貓咪叫成連人類都記不牢的名字，或發音全不同的一串單字。

從美國動物管理保護局領養回家的YOYO，果真如卡片所言，乖巧到叫人打從心底愛。他雖是公貓，個性跟身子一樣都很柔軟，骨頭簡直是陶土捏塑，這裡捏，那裡掐便成形了。

這麼乖的貓咪為何有人忍心棄養？聽管理局員工解釋，很多主人因搬到不准養貓狗的公寓而割愛。從YOYO身上，我們發現一個徵兆。他在廚房很快樂，我在做菜時，他會用身子來摩蹭我的腿，使勁撒嬌，才不管什麼公的母的，在我們家裡不准有性別，或性傾向歧視。儘管如此，我老覺得YOYO是一隻gay貓。

不過，場地換在客廳，我們從沙發起身，原本安靜不動的YOYO就會一溜煙不見。我和葛瑞討論應是前任主人留下的心結。女主人八成很疼他，YOYO在廚房裡性情綻放；若沙發一有人影起身，他立即跳閃，可能受過男主人施虐，造成心頭陰影揮之不去。

新家長對過去有受虐紀錄的小孩、小動物最不忍，一定加倍償還。YOYO是我的小王子，我最常跟他玩摩鼻子的遊戲，聽說這是貓咪打招呼的方式，還好，貓兒不是發展以摩屁股說嗨。

擔心YOYO在家無聊，我們買小魚缸養鬥魚，擺在電視架下，配合YOYO高度，站在地毯便可看見鬥魚，兩相互動。

我觀察鬥魚在水中一游動，確會引起YOYO注意力，跑過去以爪子觸摸玻璃魚缸，似乎想撈魚，或單純打招呼。鬥魚閃走，YOYO就會伸伸懶腰，好像在說：「臭魚兒，想跟你玩還不買帳。算了，懶得理你了。」

第一次養鬥魚，我和葛瑞沒經驗，買了沒有加蓋的魚缸。某天，我發現鬥魚不見了，懷疑是YOYO把魚撈起來飽食一頓；又料他的手腳不可能如人類伶俐，怎麼撈呢？

這樁懸案過了好些時日，有天掃地，我從角落掃出一片紅葉，奇怪屋子裡怎麼會有葉子？彎腰去撿，有點像乾而硬的薄片，且有細細平行紋路。我驚呼，這不就是離奇失蹤的鬥魚嗎？只剩長尾巴部分，已成了一片化石乾屍。

「YOYO，過來！」我叫不動他，把他抱過來「認屍」：「魚真的是你吃的，你看，還懂得把尾巴吐出來，只吃肉。我的媽。」

他當初以為加菜，享用了一頓生魚片。鬥魚雖不跟人互動，卻也是我的寵物啊。

葛瑞回家後，我跟他說YOYO早就把魚活吃了。

「鬥魚經常彈跳出水缸，我們不是撿過，趕緊從地板抓起放進水中嗎？只是那次鬥魚又跳出來，我們沒發現，正好給YOYO散步中經過，忽然發現天上掉下一塊肉，不吃白不吃。」葛瑞冷靜地分析案情，為YOYO洗刷冤情。

我一想到 YOYO 活吃他的朋友鬥魚，還把刺刺魚尾巴完整吐出，就起雞皮疙瘩。

我知曉這是貓與魚間的食物鏈，還是瞪了 YOYO 一眼。唉，鬥魚有自殺性格，而 YOYO 只是盡了貓吃魚的義務，我只好當作沒發現這樁兇殺案。

這件事我很快忘了，YOYO 其實個性溫馴，是一隻很容易取悅的貓。當貓開心時，喉嚨都會發出呼嚕呼嚕聲，表示內心喜悅。每天早晨，我和葛瑞還在睡覺，他就跳上床頭，把頭鑽進百葉窗的縫中，想看窗外天光，弄得嘎嘎響。

即使 YOYO 沒撥弄百葉窗，只在床頭繞，咕嚕如雷鳴，也吵得醒一隻豬，可想像聲音多響亮。

在我回台灣期間，葛瑞常通話跟我抱怨，說 YOYO 分不清哪天是週末、放假日，照樣如上班日準時走過他的床頭，呼嚕作響，害他想趁放假睡晚一點都不行，好幾次氣得把 YOYO 噓走。

我和葛瑞如出遠門，都託丹尼爾到家裡照顧一下 YOYO，視他為 YOYO 的乾爹。直到因愛德華過世，丹尼爾為了遠離傷心地，搬回匹茲堡老家，YOYO 才跟乾爹分離。

我和丹尼爾的好交情多半源自養貓，有貓族一家親的感覺。他養了兩隻全白母子貓，媽媽叫「Olga」，兒子叫「Gustoff」。

搬離舊金山不到一年，母子貓相繼過世了，分別是十四、十五歲。丹尼爾跟 Gustoff 最親，兩個好到如兄弟。我也覺得那隻公貓很有個性，以貓的標準是型男。陽剛下巴弧度，身材壯而不肥，丹尼爾家有後院，每到下午 Gustoff 就像浪子般，一條白影飛越籬笆，不知去哪裡泡妞了。

在短時間內，丹尼爾連續失去相處十幾年以上的愛人與愛貓。最後往生的是 Gustoff，代表他整個二十年代的歲月一併遠颺。

唉，我真不忍心，他怎麼熬過來？

我很難想像有天 YOYO 走了，我會怎樣心痛。在我來舊金山就讀博士這幾年，正好是憂鬱症爆發前期，也在此時領養了 YOYO。可以說，是他每一天每一夜陪伴著我，度過憂鬱症的折磨。特別在葛瑞白天上班，我沒課時，都是 YOYO 常在我左右，是我的小跟班、貓兒子、摯友。

到後來，我們一共養了四隻貓，對每一隻個性不同的貓，我都有不一樣的感情湧生。然而，我必須承認，以窩心和感應而言，YOYO 占領了我的偏愛。

當我凝視著他的眼瞳，好像看見我們靈魂深處有交集，若他是我前世的知己，我可一點也不意外。這些類似痴人說夢的話，我不會自討沒趣跟葛瑞說。

他曾經咬得字正腔圓、一再反覆教會我一個很難念的英文字：「exaggerate」（誇張），教到我唸得發音標準為止。這表示他會常跟我講到這個字，讓我記牢一點。他有時確可以遠觀欣賞我的感性抒情，有時就覺得到了「伊－格－蕊－糾－瑞－特」的地步。

我是厚道人，不然我也該教會他一個中文詞「冥頑不化」，表示我會常如此形容他，請他刻在心板上，不時對照。每天，請他像小學生背課本那樣一百遍：「我－是－冥－頑－不－化」。

6

舊金山，是一座內在靈魂層次豐富的都市，我對她有三個形容詞，自認貼切：「瀟灑、寫意、自由」。她在反戰時代誕生了嬉皮潮，以及熱血的和平份子。在嬉皮風最鼎盛時期，攝影界流傳一張震撼的黑白照片，一位嬉皮把一株花插在槍管內，就是在召喚和平之魂。

除了嬉皮風潮，五〇年代的舊金山還盛行一股史稱「敲打」（beat）的文學與社會運動，鼓吹「波西米亞人」（Bohemian）蔚起成風。

「敲打」運動起源自舊金山北灘，一群心靈如風箏飛盪的人，打扮奇模怪樣如掛珠珠項鍊、穿薄如蟬翼棉衣裳、腳踩涼鞋。啊，對了，就很像喜劇《門當父不對2：親家路窄》（Meet the Fockers）中扮演男主角父母的芭芭拉・史翠珊、達斯汀・霍夫曼那種生活調調。他們全家崇尚自由風，可在餐桌上談兒子小時割禮的包皮、性愛要暢通的達觀思想，把嚴肅的男主角岳父（勞勃・狄尼諾主演）搞得吹鬍子瞪眼睛。

這股「敲打」運動表現在文學的特色，把詩的句子當成樂器原理，以吟哦的聲音來詮釋詩意。引領風騷的人物之一是詩人艾倫・金斯柏格（Alan Ginsberg），出版詩集《咆哮》（*Howl*）因內容過火，警方竟逮捕了出版商「城市之光」，他因出國而逃過牢獄之災。後因來自各地文學界、文化界、學術界到法庭聲援，使法官裁定《咆哮》並非傷風敗德讀物，也為很多禁書翻案。

二〇一三年，這一段文學革命史被搬上銀幕《愛殺達令》（Killing your Daring），由《哈利波特》演員丹尼爾・雷德克里夫飾演年輕時期的詩人艾倫。他也是一名同性戀者，在片中與戀人彼得・奧洛夫斯基有熱火床戲。

這一座城市擁有熱愛和平的悠久歷史，六十年後今日，仍可在嬉皮天堂的 Haight-Ashbury 街道上，看見沿途行人道植樹區插著鮮花、張貼什麼先知啦，先行者啦的照片，像一座座和平戰士的小神龕。

我愛這座都市的花，它們呼應著反戰的光燦歷史。她的市花未必人人皆知，乃大麗花，又稱大里花，只要想到「大家閨秀」就是她予人的觀感，大方、大瓣、大氣。

我們住家位於環繞卡斯楚街而成的同志商圈，不乏熱戀情人、共度紀念日的伴侶，五步就有一攤路邊花販，二十步就有一間花店。

我最喜歡在離我家最近的紅綠燈等待通行，有很多時間可慢慢欣賞角落那一家花販的小亭。我有時路過，驚豔這名拉丁裔帥花販撐開著褲襠，欲從亭內跨出來。此時，天堂花那塊鳥喙狀常會鉤住他的短褲，讓他一條腿懸住半空中。他不敢用力扯，不然可損及了一株貴重天堂鳥。附近的資深 gay 住戶，一旦經過，看到好戲上演，都很有默契圍在花亭。全體行注目禮，顧盼著小帥哥花販短褲被鉤住，腿毛懸在半空中給賞識；然後每個人如捧心的西施，身子飄浮回到家，黯然回味方才銷魂那一景。

我跟這位花販有點熟了，家裡水瓶裡總會有愉悅的花。買到後來，他會像菜市場偷送常客兩把蔥那樣，一束玫瑰會多插一株給我。

這家小販生意好，跟他褲子穿小一號可能有關。還有，他對男、對女都笑，讓兩邊都覺得有希望。

舊金山很浪漫，每逢特殊節日，販賣鮮花的小攤就會多擺出新花樣。

例如，情人節前十天左右，花販照舊賣花，也會增新貨色，飄著很多高高的錫質氣球，有的呈扁圓，也有的是心形，還有米老鼠雙耳頭型。上面寫著「情人節快樂」祝福語，在可目視範圍內，路人看了就算沒買，也嗅到了情人節的香氛。

我每天行經賣花處，看這些閃亮亮氣球都會駐足，瞧上一陣。趁花販為人包裹花束之際，裝得很自然抓下一粒，瞄到價格。唉唷喂，原來花販把它當成恐龍蛋化石在賣啊。

那段時日行走卡斯楚街，我情不自禁會望著氣球，心口快速跳，閃過一念：葛瑞這次情人節該不會送我一粒這種氣球吧。我緊接又想：應該不會，這種氣球送我這老頑童會不會嫌幼稚了點？而且，光這樣一粒氣球又貴到叫人想去赤足走火炭，看哪一種比較疼？

人家這些氣球自有用途，是給二十啷鐺少年熱戀時贈禮的驚奇玩意。他們還有著俏皮童心享受這類羅曼蒂克。當送者沿路拎著氣球，讓路人投以「愛情唐吉軻德」的嘉許又難以置信的眼神，多麼風光。

所以答案是：不會啦！不會！別想了！

我判斷葛瑞跟我都已是老伴了，他一定也跟我一樣認為「這是小朋友愛得濃情蜜意時，中了蠱才會想去買的東西」。

雖然日日打從門前過，我已不抱希望；路過時看見氣球比昨日少一、兩支，嘴角牽起一絲笑，替那些在熱戀中的情人歡欣。

我的內心深處還很童心，晃過一個想法：管它幾歲呢，開心就好。如果我活到了八十歲，也不反對有人送我孩子氣的繽紛氣球。

這是我的祕密，心底活著一個年紀小、天真的小孩；每逢我跟葛瑞口角不快，嘔氣時只要他開口叫我一聲寶寶，我的氣都消一半了。

這樣子稱呼「寶寶」，把我內在那個沒長大的彼得潘喚醒；童真一蒸放，像孩子玩家家酒，可以當下吵架，轉身一下又合好。什麼爭執的拗啊嘔啊，也都不算什麼了。

那年情人節到了，我深信他會買花送我，納悶可能還會有一點別的嗎？我聽到葛瑞下班，正以鑰匙開門。我起身迎接，除了一把毫不意外的花；他果真買了一粒那種錫薄紙般的氣球，輕飄飄地如探出頭的小頑童，躲在他身後，隨著開心進了房。

我一時高興，嘴巴張開，成為一個O型定格，只差沒驚叫出聲；兩人都快十年老伴了，竟然我還有這種幸運，獲得一粒專屬熱戀中人的禮物。

葛瑞當天是如何開竅呢？他莫非有他心通，窺見了我那小小的童心願望。

那粒氣球，天天頂在天花板上，看起來如一團白雲，不時會移動一下位置，真個雲兒飄來飄去。它，陪伴了我好久。

7

決定念性學博士，成為一名性學家，是我此生最重大且正確的選擇之一。我的人生座右銘是「有何不可」（why not）？如果任何敏感事情，禁不起「有何不可」這四字的檢驗，即使再大的挑戰，甚至禁忌，我都抱以興致勃勃去面對，去接觸，去完成。

大家都在走的路，我不去，認定了就是要走人跡罕見的路。當一件事多我不多、少我不少，心中便意興闌珊。但一件事若少了我，就明顯缺少了一份參與者的開發與貢獻之可能，那我就一心一意去做。

我的性學博士學校，是一所組合非常罕見的教育機構。校長原為一名神父，一九七六年被派到舊金山研究男同志性行為（可能是教會要蒐集資料矯治gay吧）；他越接近人類，尤其男同志情慾，越覺得文明對待性這件事的虛偽與矯情。

他放棄神職，大張旗鼓創立了「人類性學高等研究院」（IASHS），志同道合的合夥人還是金賽當年最親近的同事之一。

聽校長說，早年民風保守，情治單位曾派遣軍事人員，荷槍實彈闖進學校大事搜索。校長毫無懼色，最後他們沒搜到什麼，整批離去。

那是什麼年代，人類對性，可以保守到以為是當今的恐怖份子？那時真不可思議吧；但也恐怕未必，放眼今天當下，難道社會沒有存在當年這種恐性症的個人與團體嗎？

性學家，在一般人眼中也許不是什麼了不起志業，我們的校長卻示範著：這個志業，是捍衛人類真理與知識真相的最後防線之一。

我可以戰死在這個沙場；但絕不繳械，更不撤退！

從開始念性學博士到現在，我看透了很多人面對裸體與 sex 時，習慣性地矯情做作、裡外不一。情色，私下讓人們享盡感官之娛，是解放壓力、鬆懈身心最好通風口，表面上卻把色情罵得狗血淋頭。

食色性也，人類想要享受「色」的肌膚之慾，和想要享受「食」的口腹之慾並無二致，兩者間沒有哪個高級？哪個低級？都不過是肉體的正常渴望。

人們歌頌不盡美食，對「美食家」豎起大拇指；卻極力撇清，唾棄美色，對「美色家」千夫所指，這把戲人類裝模作樣演了幾千年。

當葛瑞媽媽一聽我在讀性學，兩粒眼珠子瞪得老大，似乎在說那是什麼東東啊，怎麼會有人願意花錢去唸這個玩意？

在她那一對白人老太太的眼中，我這個東方人去唸這勞什子的性學，大概就跟我帶她去中國城飲茶，而盡喜歡點鳳爪、豬肚、牛百葉一樣，令她大惑不解。

我可一點也不怪罪她，在我進入這所性學研究院之前，說實在，我也不曉得到底要讀什麼，以及會讀出什麼成果？

學校的課堂「照三頓操」，幸好同學們是來自全球各地的醫師、文化研究者、婚姻與性別專家，也包括性工作者，均非省油的燈。我不改「寡人有疾」，最愛膩在圖書館中。這座圖書館內收藏豐富，盡是琳瑯滿目的性愛典籍，包括嚴肅理論、文獻經典，及赤裸裸做愛圖片、A片與紀錄片。

畢業那天，當學期只有幾名學生取得博士學位，典禮簡單，充滿祝福。我邀請葛瑞下午到學校參加我的領畢業證書儀式，全體師生都知道我和葛瑞是一對同性伴侶。乾弟弟王大綱也到現場，充當攝影師。

當我從校長手中拿到證書後，我發表感言，提到最感謝的人是葛瑞；一路攻讀博士以來，他對我的課業提供了最大的協力，無怨無悔。說到此處，我忍不住哽咽，眼眶也濕了。許多他勞累下了班，還要應我要求，點燈陪我再戰的畫面一一浮現。

身為一位剛罹患憂鬱症的患者，真不敢想像我能走到這一步！尤其我還是同一期入校的學生中，最早畢業的一位。我能夠克服諸多艱困，燃起熱力，積極進取，摘下博士桂冠，葛瑞實不知在旁付出多少？恩典難計。

「你剛才在典禮上為何那麼激動？」返家途上，葛瑞問道。

我對他笑笑，沒說什麼。他似乎不知道，為我所做的一切，遠遠超過一位伴侶該做、能做的。

「你有沒有想到要扮成什麼？」葛瑞跟我站在一家道具服飾店，看著滿屋子幾乎都像垃圾桶撿出來的東西，詢問我對萬聖節變身有何高見？

我嚼嚼嘴，拿不定主意，我才不要真的扮成醜陋的鬼怪，本人天生質地適宜走親民可愛風。忽然眼前一亮，牆壁上掛著一對紅色羽毛黏合的天使翅膀，在我腦裡閃出火花：「嗯，有翅膀的，好耶。」我並不是要打扮成衛生棉。但應該從來沒有人裝扮成衛生棉在萬聖節遊行，也許這是不錯點子。

喔，講講而已啦，一條超大型衛生棉走在街上？倒真有點恐怖。我想到「有翅膀」，其實打算化妝成一隻鸚鵡。把頭髮染紅，套上在店內看到的一只塑膠製鸚鵡喙，機靈古怪，堪稱創意。

真是事有蹊蹺，搬來舊金山第二年的萬聖節，無神論者葛瑞就像台語講的「去吼雷撣丟」（被雷打到），或「去吼鬼親丟」（被鬼親到），居然前一週提議：「今年萬聖節我們來打扮點什麼吧？」

本以為他開玩笑，卻是當真，假日我們到嬉皮聖地一趟，採購化裝道具與用品。他過去對這類宗教性節日興趣缺缺，無意慶祝，更別提主動參與了。可能前一年，我們覺得舊金山的萬聖節遊行比紐約有趣，且集會地點就在我們居住的卡斯楚街上，等於當晚走下樓梯，就可以跟妖魔鬼怪打成一片，激起了第二年的玩興。

誰知道他打什麼鬼心眼？也許，他只是「陪公子讀書」，想讓我的孩子氣「聖靈充滿」，獲得滿足。總之這不是他的作風，除此之外，我猜不出任何理由解釋他這次的破例。

「那你想好要扮什麼了嗎？」我的造型已定，好奇他的變身計畫。

「不知道，好像比我想像中還困難。」他沒有主張地東瞧西看。

我很想建議他扮成衛生棉好了，如果我來扮，終究個頭小，扮起來人家還以為我是OK繃；他個子瘦長，扮成衛生棉會比我像多了。我不敢跟他這樣提議，免得他一掃興不陪我玩了。

我在挑選鸚鵡喙的套子時，發現有一粒兔子鼻頭與兩粒門牙的套子，以鬆緊帶綁在後腦杓即可。「扮成兔子怎樣？」我拿起兔門牙套子，往他鼻子比一比，噗嗤笑了，想起了人們常說兔子很好色。

我建議他穿一身白衣白褲，變成白兔；頭髮染成綠色，跟我的紅髮「紅配綠，狗臭屁」。再買一條綠羽毛的披肩，跟綠髮相映成趣。

當晚，我們手忙腳亂染頭髮，為了要洗得掉，塗用廣告顏料（還好當天沒有突然下雨，不然我真的不必化裝就變得嚇死人了）。還有，為了彰顯鸚鵡的嫵媚，我破天荒地戴起了假睫毛。這真難倒我跟葛瑞了，兩個男生既沒自己戴過，也沒幫別人戴過，連看人家女生怎麼戴都不曾，就很傻眼了。怎麼一黏就掉漆？試過幾次，我都快長針眼了。勉強黏住，我在鏡子裡看，怎麼不是美目盼兮，而是美目髒兮兮，都拜我塗睫毛膏技術所賜。

我跟葛瑞終於染成了紅髮、綠髮，渾似山精木怪。之後，他小心翼翼穿上一身白，不能碰上綠顏料，玷汙了小白兔。然後他幫我雙臂套進那一對大紅翅膀，我們分別套上了鳥喙、兔牙，變身成功。

大姑娘大花轎頭一遭，多少會緊張。我們走下樓梯，在通道上已看到路上人影幢幢，第一次粉墨登場遊行萬聖節，置身鬼域，與鬼狂歡，小生怕怕。開門後，整條Market街連接卡斯楚這一段，萬頭攢動。為了怕被人群衝散，葛瑞拉著我在前引路，我們挨得緊緊的，像一對連體嬰。「當兔子愛上鸚鵡，你能拿牠奈何呢？」不過，放眼大家形形色色扮相，我真慶幸沒打扮成衛生棉，不然我此刻一定羞到鑽進人孔蓋。

我和葛瑞造型雖非驚為天人，比其他穿日本和服、中國清朝服、纏繃帶的、戴柯林頓夫婦頭套的、腦門劈一把菜刀的、戴牛魔王頭盔的，顯得不落俗套，有新鮮看頭。

沿路，跟我們合拍的路人甲乙丙丁不少，我們也主動跟兩個化裝紳士合照。一位化裝為斑馬，穿著一身像游泳圈塑膠質料製成的斑馬紋路裝，吹脹得鼓鼓的；加上他本人大塊頭，臉部也精心塗了斑馬黑白條紋，跟我們一樣買了斑馬嘴套子，真是一家親啊。鸚鵡、兔子、斑馬，我們也可合演一部舊金山版《馬達加斯加》卡通了。

另一位非動物也，是把全身塗銀色的猛男，穿著一塊小布片的銀色丁字褲，整個好像掉進造幣廠十元硬幣熔漿中爬出來的「有錢人」。他的胯下丁字褲鼓脹飽撐，似乎裝滿了銀兩。雖然他財不露白，不少女人、男同志在一旁等著看他不小心，亮出幾塊硬幣。

這晚，童心未泯滿得溢了出來，不必慌慌張張急著轉小火，或掀鍋蓋，滾滾水泡冒出來就冒吧。萬聖節，化裝節，變身節，本就應該美得冒泡。

我跟葛瑞擠在人群中，隨著現場巨大音響箱傳出的歡樂旋律起舞。他站在我背後，抱著我的腰，我們就這樣搖啊擺的，泛舟在光陰河裡。周遭的人群也是恰恰曼波，群魔狂舞。

「二〇〇〇年，你十一月才搬到舊金山跟我住。那年十月我媽媽來住了一個月，碰上萬聖節遊行，我帶她出來看熱鬧。」葛瑞提到他媽了，我預感有笑梗會出現，馬上專注聽。

「那晚氣溫很暖，她吃驚看見一位全裸的東方男孩迎面而來，僅以銀色小紙片貼住兩粒奶頭，一片剪成葉子的銀紙片遮住下體。全裸身體扛著一對銀色翅膀，穿著銀色皮靴，扮作小天使。」葛瑞第一次跟我提這個故事，我很捧場地追問：「然後呢？」

「我媽一臉驚慌，叫我去跟那小男孩說穿多一點衣服，不然露這麼多，可能會被強暴呢。」葛瑞模仿他媽媽的口氣，「我就跟她說『Mother, this is the whole point.』（老媽啊，那就是他想要的效果），我才不要去跟他講。」

哈哈，我被逗笑了：「那你媽 OK 嗎？」

「哪會 OK？她震驚直嚷著：『我不信我的兒子會對我講這種話。』」葛瑞在吐他母親的槽。

「喔，我不知道你媽這麼 drama queen。」

「沒錯，她算；但她都會假裝很 cool 的樣子。」

「譬如……？」

「卡斯楚街轉角那兒，不是有一間卡片專賣店叫『Wild Card』嗎？有一天她看到招牌，以拉丁文解讀，以為『Wild』是大自然風景照，很高興走進去，想買幾張寄給烏拉圭親友。越看越不對勁，除了幽默感卡片，怎麼都是男體。她嚇了一跳，不想顯得是沒見過市面的老太婆，裝得很自然地踱步離開。我下班後，她跟我抱怨『我今天幹了一樁很窘的事』！」

哈哈，他媽媽強作貴婦，我記得在紐約時見過這神情。我也去過那張卡片店，它座落男同志聖域，主客群是男同志，賣一堆橫七豎八的男體卡片很自然，卻可能真會嚇跑一位誤闖的端莊老貴婦。

「人家招牌那個『Wild』是指狂野，不是形容野外那種自然界。」我說，卻也明白不能怪他媽媽，商家招牌很多解讀都模稜兩可，就想顧客通吃。

「隔一天，我帶她去超市買東西，發現她怎麼後來拎著袋子半遮臉。我就問她怎麼回事？她悄悄說，怕被別人認出來她昨天去逛那種鬼地方。」葛瑞猛洩自己老媽的氣，「那麼緊張幹嘛，她又不是伊麗莎白・泰勒。」

真巧，說曹操，曹操到。才在說貴婦呢，一貌似女星賈桂琳・貝西的高雅氣質女性，從我前面走過，伸手將我的鳥喙套子，從罩在鼻子的位置往下拉到嘴巴，然後說：「That's it.」。她看看調整到正確部位，滿意地走了。

瞎，我戴了一夜，原來都戴錯地方。鳥喙，當然是要罩在嘴巴上，我罩在鼻子上，豈不是變成犀牛的角？

真糗，鸚鵡一張嘴已經夠吵了，我這一隻居然還有兩張嘴。也真安慰，有人這麼細心注意我的裝扮。

我回過頭去，問葛瑞：「你沒發現我戴錯了嗎？怎麼都沒跟我講？」

「喔，我以為你故意戴在鼻子，露出嘴巴，想跟我講話。」葛瑞絲毫不介意我把鳥喙套子戴在哪裡，套在頭頂當獨角獸他也OK。

在他眼裡，我有很多不太跟人一樣的行為，都被解讀「不是他對了，或他錯了」，而是「他喜歡、或他想要這樣，就讓他這樣」。

我那時多瞧他幾眼，心中就確定了：他熱切提議扮裝參加萬聖節，真的是為了陪我玩。送玩具，並不希罕，有錢就行；送玩具，還能陪著玩玩具，才是真心。我微笑了，不過被鳥喙套住，沒有人知道。但這種事，與他人無關，只需我懂，且領受了就好。

9

在我與葛瑞開展關係第一年，我的憂鬱症已試探性地伸出觸角。早期親密間，我的脾氣偶爾很拗，葛瑞跟我講到什麼不愉快的事，我先是忍，有時忍一會就過去了。有時忍不過，全身登時起紅疹，發癢難受，如遭針刺小草人。體內死火山變休眠火山，蠢蠢欲動，伺機噴岩漿，成為活火山。

最早一次跟憂鬱症連上關係的發作，是剛住紐約時跟葛瑞抬槓，講得辯不下去了，氣急攻心，轉身拉開把手就要離家而去。葛瑞在走廊拉住我（大概知道我也沒地方去），將我使力拉回家後。我奮力抵抗，仍被拉進家門，頹然坐在地板上放聲哀嚎：「something wrong，一定哪裡出問題了，我病了，我的身體就是不對勁了，好痛苦，難過極了。」

我像小孩坐在地上，雙腳猛蹬，朝著客廳那一塊現代彩繪的厚重地毯亂踢，真想把它踢到阿拉斯加。

我無法靜下來，不停以手臂環抱身體，手往身上拍打，宛如我著火了，火正燒著我的體脂肪。隱隱然，我感到哪個內臟很疼，卻摸不出究竟。那次，我又哭又鬧，感到自己身體狀況很不尋常，意識到我病了，真的病了。

那次我反應空前劇烈，以為是「生理上」警訊，該送廠大維修。日後，證實得了憂鬱症，回憶起這一段身體著火，其實真正痛的不是身軀，而是腦子。嚴格說，那次已是憂鬱症的雛形。

在舊金山拿到博士學位後，我不再能長期居留，持觀光簽證，每次最多留半年。原本計畫，我回台北半年又可返回美國與葛瑞重聚，不過，我在台停留時間卻越拖越長，從半年到一年不等。

為了方便通話，葛瑞趁來台度假時，在台北家裡裝了一支網路電話，不以越洋長途電話費計算，只需付網路基本費。開始養病的那幾年，我的憂鬱症說來就來，像凌空出現的佛地魔，也像從天花板爬下來的貞子，一直在攪局。

這一支電話是我的救星，靠著跟葛瑞通上話，懸吊的心在他穩定的聲波裡，如鐘擺歸於中央，幫我度過一次又一次驚濤駭浪。

只要聽到他電話中的聲音，我就感到安心、溫暖。有一次葛瑞忽然問：「那一年我先搬到舊金山，你是不是感覺我拋棄你？從此棄你而去？所以你的不安全感影響到憂鬱症發作？」

我突然被問傻了，說實在我並沒有清楚意識被拋棄了；但我不敢確定潛意識裡是否也有同感？爸媽早逝，我並未自艾自憐是孤兒；然而潛意識裡，我感受到他們撥給我的時間太少，少到我還來不及好好認識爸爸。他撒手人寰，撒掉原本握著我的手。我的手落空了，在茫茫風中亂抓，從沒有抓住點什麼。

我沒回答葛瑞的問題，他繼續說：「我怎麼會要拋棄你呢？我們是家人，一家人是永遠的，我不會半途離開。」

我在台北有時病情輕，有時病情重。重，又區分摔落無底洞的重、陷入流沙想自盡的重。「摔落無底洞」，我只是在下墜，被重力加速度拉扯得身心俱疲。「陷入流沙想自盡」，我已被折磨了無生趣，想以死解脫，組合了一個比較不駭異的說詞：「永遠放鬆地長睡下去。」

發作時，我連講話的力氣，或判斷該講什麼的能力都闕如；只能對著電話哭喊叫痛，如小狗受虐待地哀嚎。頂多我會說：「I am so painful.」（我是如此痛苦不堪啊），葛瑞也只能以「我希望幫你分攤」的語氣應答：「I know.」（我充分理解）。

有一回，我哭得很慘，天地之大，只剩下痛痛痛。葛瑞哽咽著說：

我希望你趕快好起來，不再受這種折磨。你是好人，你心腸好，你值得擁有快樂一點的人生。

有時，我覺得這樣拿著話筒一直哭，也沒在跟葛瑞對話，他聽半天只有我的哭嚎，不如我掛掉電話，自個慢慢哭，饒了他的耳朵吧。

我就說：「我要掛了。」

他馬上問：「掛電話之後，那你要幹嘛？」

我腦袋空空：「不知道。」

他建議道：「那就不急著掛啊，我陪陪你。」

有的時候，我哀嚎太累，趴著枕頭、手握無線電話機睡著了；不知睡多久，迷糊醒來，發現話筒還在手裡，就哈囉一下。沒想到那邊也傳來葛瑞的一聲「哈囉」，真驚訝他還在線上，一直聽著我睡了的濃濃呼息聲。

另有一次，我的狀況也極糟糕，好友阿哲特地來家裡陪伴。葛瑞正好打電話過來，我跟他說阿哲在這裡，我沒事，他不用擔心。我作勢欲掛電話，葛瑞阻止說：「沒關係，你打開話筒的擴音器，不必理我。我聽得到你們的動靜，這樣就可以。」

我早忘了這段發生的事，發作時的記憶力像拼圖一樣零碎。這是後來阿哲告訴我事件由來，他說當時他發現葛瑞這樣做，心中充滿感動，因為很多人不是「久病成良醫」，而是「久病成怨偶」。一個人不堪伴侶長期病來磨，耐力吃不消而撤退，不在少數。

還好，有阿哲在場幫我記得；不然，我腦中的記憶區就遺憾錯失了這段溫暖一輩子的故事。

我們在舊金山經由朋友認識一位白種人，吃過幾次飯，小有交情。他獨鍾東方人，男友一下日本人，一下越南人，如果不update，會搞迷糊他現任男友是哪國人？他常在家裡開派對，九成賓客都是東方面孔，壽司、泡菜、牛肉丸、三杯雞、叉燒、北京烤鴨、沙爹、榴槤，什麼亞洲男孩菜色都有。

我和葛瑞聯袂出席過兩次，那人邀請第三次時，我在台灣，葛瑞單獨赴約。他家陽台很大，可眺望卡斯楚街一帶街景。那位白種人看他在陽台落單，陪他聊天。對方語帶暗示，聊到葛瑞真了不起，能跟一個罹患重度憂鬱症的男友交往這麼久。要是他，早就放棄了。「not for me!」

葛瑞在數年後，跟我聊天才順便提起這件事。他說：「難怪他從沒定下來過，他要找刺激，不是找感情。我覺得他這樣跟我暗示，有點失禮。」

我真不敢置信，有人白目到這種程度，豈止是「失禮」可輕易帶過，該被史瑞克那隻騾子狠狠踹屁股。

人說「哀樂中年」，意指到了中年歲數，對人生很多事情，如離情別緒特別有感觸。這句話用在我身上，如斯貼切。

我四十歲進入中年的第一年，跟隨葛瑞到了舊金山。在這座城市前後住了十年，與我的前中年期緊密重疊。哀樂，這個哀，不是抽象的，是具體的一種疾病：憂鬱症。我從一被醫師診斷出「中度憂鬱症」，之後的五年大崩大跌好幾次，造就了獨特的「舊金山人生段落」，使得我在舊金山這一章生命史裡，寫得很多頁均沾滿了灰色筆跡。

舊金山是一座溫馨的中型城市，又是同志人口密集的基地，以及自由主義風行的聖域。我從這裡汲取了許多養分，也像海綿吸收了各種色水。它斷斷續續地繽紛過，我實不願我的舊金山經驗這麼灰暗沉重；但從搬來後那幾年內，也正是我與憂鬱症肉搏戰最慘烈時期，我無法草草翻過這幾頁生命史，假裝它們不存在。

我的症頭會受天候影響，貓咪則會受我影響。在張國榮自殺那陣子，我人在國內，有天我苦到活受真難捱，不禁整個人趴在地哀嚎。平常不會來舔我的 KIKI 自動走過來，舔一舔我趴在地上的手背，意思好像在說：「把拔，你別難過，我陪著你，我幫你舔掉傷痛。」

二〇〇三年，張國榮去世隔一年。他在四月一日跳樓身亡，我特別對這個月份記憶深刻。那年四月，我的憂鬱症發作不可收拾，常跟葛瑞通話卻什麼話也不想說，只是如孩子哭喊，如動物

哀嚎，說這次好嚴重，快要守不住了。

我開始在屋子裡找可以上吊的地方。當年一月生日時，朋友送來一個高知名度品牌的蛋糕；包裝別緻，以一條白色童軍繩，捆住整盒蛋糕，顯得用心。

我手裡拿著這段白色童軍繩，心中苦澀，發出一個悽慘的笑。這原該是生日快樂的繩子，居然很諷刺，正被我拿來當結束生命的工具？

往天花板東尋西看，我才發現那句「懸梁自盡」只適用於古代，現代房舍根本一根梁也沒有。最終，我總算找到一個位置。拉開鑲鏡子的櫃門，門緣上方剛好有個縫隙，可以鉤住童軍繩。我那次狀況非常糟，失守底線，心想既然吃藥始終死不成，那就上吊走吧。我把堅固塑膠矮椅拿進衣櫃內，站上椅子，將白色童軍繩打了死結，一切就緒，就等著將脖子套進去。

我雙手抓著繩子下方，頭顱已套入，腳稍一踩滑，差點整個身體懸空。我本能地以雙手撐住，腳趕快再踏回椅子，一陣大驚。

這個舉動證實了一件事，我總以為脖子套進繩子，雙手放掉；如感覺不對勁，千鈞一髮間，還是來得及後悔。錯了！我剛才幸運雙手撐住繩子，如果手已放開，只把脖子掛上去，一掛就斃命。頸骨很脆薄，哪堪負荷身體龐大的重量，鐵定是想後悔都來不及，頸骨咔嚓，一命歸西。

我跟葛瑞嚎啼，提到自己一直著了魔似的想上吊。他知道這次非同小可，趕緊申辦請假手續，準備從舊金山飛回台灣，陪我一起撐過這場超級強颱。

我撐著，像拉線木偶人癱瘓。心中期盼，葛瑞回來有他守著，我就拖得過去。

沒想到最後一通電話變卦了，葛瑞在彼端焦急又為難地解釋，就在他要訂機票前，接到烏拉圭親友急訊，說他七十多歲高齡的媽媽跌跤，摔裂了骨盆。

他痛苦萬端，說沒辦法來看我了；媽媽只有他這個孤子，年紀大變數也大，他勢必選擇回南美洲，沒法飛來台灣了。

我那顆本來開始在解凍的心，又被放回冷凍庫了。葛瑞面臨兩個抉擇，一邊是愛人，一邊是媽媽。一個是心裡病了，自己要尋死；一個是肉體病了，命運未卜。

我知道他的兩難，也深悉他選擇回去看媽媽的傷勢是對的；這場風暴，我還是得自己闖。

從出發到機場前、搭機起飛前、轉機空檔，他不斷以電話掌握我的狀況。我回答他時，氣如游絲。我很想裝病情減輕了，那痛苦與絕望太深，我很抱歉做不到粉飾太平讓他安心。

在阿根廷轉機的那一通電話，我第一次聽見他以哽咽的口氣說：「寶寶，你一定要好好照顧自己。你現在這樣，我媽媽又那樣，都很危急。老人家體能弱是料不準的，萬一她怎樣，連你這時也走了，那我就突然變成孤單一個人了，我怕我會承受不住。」

他說著，哭泣起來。他的家庭只剩他與媽媽，我的家庭只剩我與姊姊，人丁都很單薄。假如他媽傷勢重回天乏術，而我從痛苦中拔不出來，失控也撒手人寰……那麼，他一下失去兩個生命中最摯愛、也是僅有的家人，真會令他崩潰！

這是我認識葛瑞以來，他最六神無主的時刻，兩邊都是生死邊緣的未知數。我明白他的力量只能照顧一端，我是另一端，無論如何都要使他安心。

「你會沒事嗎？你這樣OK嗎？我會一直跟你通電話，你要讓我都找得到你。拜託你要保重，寶寶，你要好好的。」葛瑞每一句話都像在呼喚我的魂，不能輕飄飄飛跑啊，我們還有好長的日子哪！

我那時想到電影畫面，有人心臟停止跳動了，只要往心口用力插一管強心劑，就起死回生了。我不能使葛瑞變成兩頭燒的蠟燭，想像也往自己胸口狠戳入一針，鼓足一點中氣，盡量將話說得正常：「我承諾，我不會有事，你去照顧媽媽吧。我應該沒事。」

葛瑞在醫院見到媽媽摔得不輕，骨盆裂傷。葛瑞祖父生前捐獻這座醫院，以後只要是「Harriman」家族生病，醫院終生提供免費治療。儘管母親傷勢不輕，葛瑞在身側守著，清楚院方運用最好的醫療團隊與設備，他安心一半了。

他只要抽空就打電話陪我，反覆叮嚀：「不管怎麼樣，你都要記得我愛你，我們還有好長好長的日子。」

之前，我發作像被捲入驚濤駭浪，抓不到東西，一直吸進水渦裡。當葛瑞媽媽出狀況，他必須趕回去照顧，我明瞭自己不能讓他心力交瘁，兼顧兩端，我一定得從漩渦抽身而退。這個強烈念頭，變成了一根浮木，從大海冒出水面，讓我抓住。

我就從幾乎滅頂的那個浪頭，拚命游，總算游到海灘，逃過一場大劫。

11

我所有憂鬱症嚴重發作都在台灣；在舊金山，只發生了一次。如果我回到台北獨居，就像一灘滯留水，沒有去路與流向。也不企圖掘個渠道通通水，就任它停滯。

我獨自生活，在家寫作，若不想安排跟朋友見面吃飯、喝茶，或打不起精神去看電影，或連電話都懶得打，那我徹頭徹尾會進入可怕的自閉狀態。

週一至週五，姊姊下班會從辦公室繞來料理晚餐，陪我一起吃。我跟她長年不太互動，從小各種事物觀、價值觀迥異，養成了有心事我也不跟她講的沉痾。

整天沒跟人說上一句話，頂多跟貓；如我情況嚴重了，會連心愛的貓都不想理會。

有時，我的夜真難熬，懶得跟自己對話了。這些病毒很狡猾，知道怎樣藏匿最保險，藏在神經系統深處，附在骨頭關節的骨髓裡，鑽進骨質，毒進了很深的心田底層。當毒素一觸探到底，總無例外我會感到生已無歡，痛徹心扉，人世絕望，想結束生命。我就像受傷的小動物一樣，滾在床上哀嚎。又不敢哀太大聲，怕吵人安眠。我只好跟釣上岸的魚一樣拚命喘息，等待斷氣解脫。

但我知道，到了明早，我還會活著。只是今晚，我注定要孤獨無依，在地獄爬行一遭。這是我每一夜的晚課，我終生的修行。

只要我飛到美國，跟葛瑞一起生活，很難會發病。原因很簡單，我有葛瑞天天相伴，如果當天出現狀況，他下班回家就能察出有異。就算我身心癱瘓，如一隻麻醉昏倒的馬，他死拉活拖也會載我去餐廳吃飯。

這是他的絕招：「你腦子整天都充滿屋子裡不動的景象，一定要打破，改變接收的訊息，如外界傳輸的訊號不改變，你的腦子會一直沉淪下去。」

起先我都懶得動，身體沉重（其實，這是腦神經給予身體神經錯誤訊息，暗示它陷於流沙中，只會越來越下沉，而身體神經還真的傻傻地相信）。好幾次實驗結果，葛瑞說得對極了！外出，改變腦子接收的外界訊號，是最直接對憂鬱症一擊！

剛被拖到餐廳，我仍無精打采，連菜單都懶得看；葛瑞太了解我的口味，負責點餐。

緩緩地，我什麼都不在意的自閉五官，收到了一些訊號，如走動中的服務生、隔壁桌有人哈哈大笑、運動比賽正在轉播、看到了一批舊客人走了，另一批新客人又坐下來。

用餐到一半，我才比較能開口說話；根據葛瑞的理論，就是要用紛紛變化中的場景，移轉我的大腦僵化。讓眼睛受到新畫面刺激，鼻子聞到氣味分神，耳朵聽見此起彼落的聲音，使腦子無法繼續沉澱在整天的如如不動裡。

有葛瑞把關，我的發作都不可能延續；他隨時盯緊我的情緒變動，見招拆招，使我一直跌不到發作底線；因稍一蠢動，他就抓住我的衣領，拉我起來了。

但，大水也會沖倒龍王廟。距他媽媽上次出意外狀況就醫，數年後，又碰上了他媽媽的身體危機，脊椎骨受創必須開刀，似乎挺嚴重。他又必須趕回烏拉圭一趟，出發前很慎重地問我：「我回去兩週，你確定一個人生活沒問題？」

那時我常去附近健身房上瑜伽課，身心處在應有水平線，很有信心地說：「沒問題，才兩週沒問題，你儘管去啦。」

他半信半疑，不過我當時的狀態的確還不錯，他放心啟程返回烏拉圭。

我們每天保持電話聯繫，確定我人言人語的，他方才心安。

家中只有YOYO陪著我，作息如常。葛瑞行前說回去兩週，媽媽脊椎問題比想像中糟，院方甚至懷疑她以後還能否行走？

本來預料自己絕對，絕對，絕對不會出事，怎麼也想不到，最後還是意外出現一個天大的暴投。

那日，我在網路閱讀國內電子報，一條標題觸目驚心：「作家李性蓁燒炭自殺」，我整個心凍住了。我跟性蓁不算頂熟，一起參加過兩次大辣出版社記者會，第二次我們倆坐同桌，她淡淡跟我說：「其實，我也有憂鬱症耶。」

之前聽過黃春明的作家兒子，作家袁哲生因疑似憂鬱症上吊離世；不過都未曾謀面，感觸會有，衝擊不大。而我畢竟與性蓁有兩面之緣，不可能如木人石心無感。當天跟葛瑞通話提到此事，他安慰我：「有時就是會發生這種事，令人無奈。」

我漫不經心應著：「喔，是啊。」

掛斷電話，我的狀態還正常；維持似乎不久，我的「感同身受」幽靈就爬出土了，情緒崩潰，在屋子裡哀嚎，發怒。據葛瑞後來形容，家裡就像戰場，所有原來立著的東西都倒了，到處是能

撕的紙張、衛生紙碎片，零亂不堪。

我剛從台灣飛到舊金山，領有兩個月藥量，找出所有史蒂諾斯（Stilnox）安眠藥。一排錫箔片有十粒，我隱約記得憑藉下意識動作，從十排錫箔片中一粒一粒撥出藥丸。整整七十粒，宛如白雪堆滿了手掌心，毫無猶豫全部吞下肚。

事後追想，那時的我腦意識都亂了分不清到底是想自殺，或因李性蓁事件發酵，自動刺激出我「憐他進而自憐」的骨牌情緒？

從這裡起，我的記憶力全部喪失，都是靠後來葛瑞口述，才兜得攏後續發展。葛瑞再次打電話給我時，聽我語氣就判斷我吞藥了。他立即聯絡辦公室的同事，也是我們私下好友的一位香港人賽門，請他下班後報警，帶警察撞開我家的門。

警察撞開門之後，屋裡空無一人，不知道我去哪了？賽門跟警察研判如果我還走得出家門，表示我沒有立即危險，大家等一會便離開了。

我完全不記得這段時間去了哪兒？我的猜測是，史蒂諾斯有一種特性會讓腦子一半記憶區休息，一半活動區保持有能力對身體發號施令。我大概那段時期湊巧到屋外亂逛，與賽門和警察錯身而過。

葛瑞從賽門那裡得知狀況，判斷我吞藥量應不至太多，不然早就睡得迷昏過去了。我可能就在他們通話完畢不久，人兮歸來，一路走進臥房（也沒發覺大門被撞開）倒頭大睡，葛瑞當晚打來多少電話，我全充耳不聞了。

假如，葛瑞知道我那天吞了七十粒史蒂諾斯，恐怕求也會求賽門半夜爬起，緊急衝到我家，請救護車來救人。

他既不知我的狀況瀕臨危急，也就不好意思請賽門第二天上班前先繞一圈，來我家探視；只請他下班後專程到我們家再探究竟。也就是說，我吞下了大量安眠藥超過二十四小時之後，都被身體吸收光了，賽門才踏進我家。

他從進門前，一路跟葛瑞通手機，報告眼前局面。葛瑞要他先往臥房張看，賽門回報床上蓋被攏起，是有人躺著。當葛瑞請求賽門走近一步時，他嚇死了：「我不敢耶。」他很怕將會看見棉被下，躺著一具斷氣臉色發青的屍體。

想必葛瑞也是三魂六魄飛走一半，他同樣擔心我這次救援太遲，又因我有睡眠呼吸中斷症，也許真的就睡「死」了。葛瑞終究穩住了，安撫神經已經七上八下的賽門說：「你先別緊張，來跟我做，深呼一口氣，慢慢吐出來。再做一次，呼吸，吐氣。好一點沒？」

遠在烏拉圭的葛瑞緊張到心臟都快跳出來了，仍得打起精神，鼓勵賽門壯膽，如履薄冰往前慢慢推進。賽門那時真怕去揭曉棉被下躺著是活人或死人的謎底。但他也知道，至此田地，答案非由他揭開不可。

我真感覺對不起賽門，在那種景況下，我也會嚇破膽，很怕看見一具還瞪著眼的屍體，難為他了。總之，他不曉得是用怎樣快瞄的方式，確定我還活著，葛瑞要他立即叫救護車。

救護人員抵達時，不知道我到底服藥量多少，看全屋家具東倒西歪，更不曉得我的頭有沒有

撞到什麼？雖然賽門告知了葛瑞公司簽署醫療保險的醫院就在我家十分鐘車程，救護人員不敢冒險，擔心我會到院前死亡，趕緊送我到半途五分鐘車程的一家教學中心附設醫院。

我也不曉得是怎麼個死樣子被抬入加護病房，葛瑞跟負責急救的大夫通到電話，掌握我的最新狀況。

原本葛瑞媽媽病況比預想中嚴重，他會比預期的兩週停留更久一點。這下為了我，他火速訂了機票趕回舊金山。他媽媽對我的行徑，氣到……我都不敢去設想的地步。

在加護病房，醫生對我做了所有緊急處理，隔一天轉送我到葛瑞公司醫療投保的醫院。可能因為沒病房，我在急診室被綑綁在床上，偶爾清醒之際，身子完全不能動，就大聲淒厲吶喊，無人理會。

後來住進了病房，我的眼鏡留在家裡，因高度近視，看一切都模糊。藥性緩慢消散，我逐漸有了知覺，彷若被關在一間不知名的牢房。照顧我的看護是一名拉丁裔大嬸，不知她在對我嘰嘰咕咕講什麼，我都胡亂應著。在模糊意識中，覺得她是握著一大串鑰匙、穿著靴子的牢房女警衛。

儘管意識還未完全清醒，局部覺察力涓滴回來。我期盼著葛瑞趕緊來醫院把我領走，卻又自覺是一個做錯事的小孩，擔心他出現時，會不會氣急敗壞訓我一頓？怒批我輕率玩火，不可原諒。

我的腦筋迷離，沒有時間感，不知在病房待了多久。就在一個上午，我看見一個影子走進病房，直近到眼前，我才看出是葛瑞。

他沒有氣急敗壞，沒給我臉色看，也沒嘆息或發出不耐的嘖嘖；反而很冷靜地，他彎身在我額頭上輕吻一下。然後他站著，我坐在病床上，我的頭像軟垂的人偶，擱在他胸口，給他這樣抱著良久。

我似乎聞到他身上衣服有機艙氣味，一定是才把行李放回家，風塵僕僕火速趕到醫院。他把我的眼鏡帶來了，我終於看清了四周，羞澀見他臉上沒怒氣、沒怨言，連眉毛都沒深結。以我對他的熟悉，那絕不是裝的，也不是實際上想留一手回家算總帳。他只是流露旅途疲倦。我像一隻闖禍的小動物，怯生生只敢以兩粒眼珠張望，連呼吸都壓低到比微風還細。

我以為他會罵我、責備、數落我，或發一頓牢騷，說你怎麼這麼不識大體，我媽媽生病，真的需要有人看護，但你呢？憂鬱症發作？一定要選在這種我分不開的時刻嗎？這不是故意找碴？幾乎任何人扮演葛瑞的角色，都會禁不住對我抱怨一番，嘴裡碎碎念吧。

沒料到，他什麼也沒多說，只走過來在我額頭親吻一下，拍拍我的背，好像在說「平安無事就好！」連一個重話的字也沒說出口。這個「沒說出口」情況，一直到今日還沒被打破。他從不會在我們嘔氣時，把這筆老帳拿出來算。

這一次我邀天之福，留住一條命。國內一家報紙製作過半版史蒂諾斯新聞，它被濫用為迷姦藥，是一個惡名昭彰的藥；不過，對失眠者與精神急躁需要立時安鎮心神，就得有勞這暱稱「小史」的史蒂諾斯出馬。

報導中，提到有人服用四十粒便一命嗚呼，有人吞二十幾粒腎臟壞了。它不是糖果、輕微鎮定劑；若以用量而言，它盤桓在治療與致死之間。

另外，我很早就被診斷出罹患睡眠呼吸中斷症，加上七十粒史蒂諾斯兵臨城下，更讓整個鼻息肉軟垂，呼吸道變窄。我並不是完全沒有死亡機會，機率還相當高。

事後覺得很幸運，那次沒有翹辮子，不然我就少活十年。

憂鬱症發作真的很糟糕，像小龍女跌落絕情谷，連她功夫這麼高，多年都找不到出路。我在發作到最嚴重時，就會想不如歸去，腦子不聽使喚，一直被死亡魅聲召喚。

我每次選擇吞藥這種柔性自殺，表示心底我並不真想死。多次亂吞大量、混合的藥，也不保證每次都活得回來。我可能在某一次壞條件一切湊齊，「不小心」把自己弄死了。

回首憂鬱症最慘的那十年，屢番大幅起落，企圖輕生多次，幸好都沒成功；否則，我跟葛瑞就沒有摯愛二十年，更談不上往後三十年、四十年了。

葛瑞為我拋老母，臨時趕回舊金山，從此我都不敢接他媽媽電話，心中那股內疚太強了。她當年託我照顧葛瑞，且看這幾年，我發病如此，都是他在照顧我，不曉得他媽媽會不會替他後悔，怎麼找到這個「賠錢貨」？還要倒貼！

幸好，葛瑞從來沒有表現一絲一毫這種心態。既是家人，都是互相照顧，他認為沒有誰欠誰。

她摔斷骨盆，當時情況不樂觀，連下床進洗手間都不成，必須忍受穿著成人尿布，像照料幼兒那般處理排泄問題。經過數月復健，奇蹟發生了，她居然可撐著枴杖支架走動，連醫師都表示不可思議。

我有一位心腸好的伴侶，也有一位了不起的丈母娘。我一直欽佩她這麼無私，把兒子放出去追求自己的人生，而不是綁在身邊當安慰。

我很慶幸，今生有緣認識這一對母子。

近幾年我的病情穩定許多，加上虔誠信佛，篤信自殺不是解決之道；躲過這一世，往後仍須以多次輪迴自殺的果報抵償。我轉而想辦法活著，努力控制神經閥，不讓死神侵門踏戶。有愛神疼寵，我是不會再向死神低頭了。

「千里姻緣一線牽」，有時這一條線像貓咪追著的線團滾得好遠好遠。例如，我和葛瑞出生成長的地方，剛好是一根針斜斜穿透地球儀，約莫在北半球、南半球兩個針孔上。以這兩個點一切開，即如西瓜剖成兩半。

我和葛瑞在美國紐約結識，都非在地人，而是來自兩個小國家。他是烏拉圭人，我是台灣人。烏拉圭，有「南美洲的瑞士」之美譽，台灣有「福爾摩沙」之美名，我們的結合誰都不吃虧，算是門當戶對。

當小國的國民，比較能互相體會彼此心境。像台灣難得獲國際能見度，只要有一點風吹草動引起國際注意，我們都引以為傲。

我在美國住了多年，也數次到歐洲旅遊，遇見很多國家的人，有時便會看見一些所謂大國的人那副傲慢嘴臉。

二〇〇四年底，我陪葛瑞回烏拉圭探望他媽媽，十日行程使我愛上這個小國。她名不虛傳，首都綠蔭蔽天，生活步調悠閒，人民從容，一股歐洲風情、文明奧義迴盪在大街小巷。

葛瑞媽媽的表姊陪她來接機，人很健談，個子又瘦高，是我在烏拉圭認識的第一位國民，給我熱情鮮活的初體驗。不知怎地，我一直想笑，表姊跟葛瑞媽媽在一起，神韻好像琥碧・戈珀主演的那一對《紫色姊妹花》，只是皮膚得從黑色漂成白色。

這裡是葛瑞的祖國，我很樂意來此體驗形塑他人格的風土民情。就算只是形式，我也要喝到葛瑞從小到大喝過的水，吹過同樣的風，看過同樣的天空，走過同樣的街道。

葛瑞媽媽的家鄰近最熱鬧的白沙灘，步行十分鐘。我們抵達季節是北半球的冬天，恰好是這裡南半球的夏天。每天沙灘上人群玩潮弄浪，無垠之處海天相連，帆船幾片，相映白雲。午後，沿著海灘走，享受細沙被風吹起，刮在臉上的磨轉。我眼中看到盡是裸著上半身的年輕俊男，這倒非我是 gay 的偏見，連他阿姨都承認，烏拉圭小男生帥，小女生只算還 OK。

我們花兩天陪他媽到海灘度假勝地，當地有一間大賭場，我記得賭場在促銷活動，很多人聚集。其中，我眼尖看到一位穿涼鞋、著背心的青年，簡直美如天使，我悄悄挨近站在他背後，瞧他的頭髮、皮膚、五官輪廓，和頸後的細毛，如羅馬青年雕像完美無瑕，看傻了。

我當時發覺，烏拉圭青年個個俊俏，身材又養眼；老天基本上算公平，烏拉圭男孩轉男人，一到中年，頭髮漸禿，肚子漸大，紛紛走樣。所以，我一直以此警告葛瑞。

葛瑞說他是在海灘長大的，我親自來現場走一遭，發現了一個奧妙：他的個性裡，給我一種說不出的感覺，現在我知曉了，原來跟這裡白淨的沙、溫暖的海水，以及跟海灘隔一條馬路的連綿繁榮街景，息息相關。誠實、善意、包容，皆來自於此。

這趟返國旅行中，還夾著一趟小旅行。我們去訪問他媽媽的童年玩伴優莉塔，她擁有一座大牧場。

我們開了七小時車程，抵達牧場時，得知下午這裡雷霆大作，附近電線桿都垮了，整座牧場停電。白天還好，我萬沒預想到這場停電，到了夜晚會變成我的《博物館驚魂夜》。

葛瑞帶我參觀牧場，開展了我人生好幾個第一次。當我親手從母牛的乳頭擠出奶時，好像在射水槍，駭翻了。

葛瑞挑了一隻乖巧的馬當我的座騎，果然，不必花什麼功夫那匹馬就上路了。我還是很遜，不敢像葛瑞騎馬奔跑。我怕牠跑起來，自己不懂得屁股如何提高、放下配合，會顛簸弄痛臀部。

我們走進一座木屋時，誤觸了一顆蜂巢。葛瑞大叫一聲衝到外面，我從未聽過他如此驚慌過，被他嚇呆了；加上不知到底發生什麼變故，整個人站在原地不敢動。

他在外面叫我緩慢走出來，等我搞清楚怎麼一回事，可有點悶。

「你怎麼可以自顧自地跑走了？如果我在裡面被叮著滿頭包呢？」還好，我只有胸口被叮出一粒紅腫。

「我看到你沒動，待在原地沒動作是對的，我一下也來不及反應。」葛瑞先幫我檢查還有無叮傷，帶我到一旁蓄積清水處，以手杓水沖涼我的紅腫處。

事實上我也真的怪不得他，當一個人意識到誤觸蜂窩，直覺定然就是盡速跑開，這是自保反應，而不是自私心理。

「我十七歲以前，每年暑假都來這裡度假，優莉塔和她先生只有女兒，一直把我當作他們的兒子。我在這裡非常自在，像自己的家，牧場裡所有可以做的事，我都做過了。」葛瑞聊著往事，流露緬懷。

「真像演電影，一般人不會有你的經驗。」我想像著他如果沒離開烏拉圭到美國就讀、發展，我也就碰不見他。而他，也許成了牧場的小主子，嘴咬著麥稈。

「是很像演電影，外頭常有人偷溜進牧場盜取羊隻當食物，工人們巡邏都要背著長槍。」葛瑞越說越神奇。

「那你宰過羊嗎？」

「當然，在烏拉圭的羊隻比人口還多。牧場工人宰羊時，我都在現場。」葛瑞說得好自然。

「你真幹過不少稀奇事，還有什麼會嚇我一跳得嗎？」我不太信他還能擠出什麼。

「我念大學時，還去學過開單螺旋槳飛機（CESSNA 152），它就像一輛車長著翅膀。」葛瑞一派輕鬆，如要他去應徵「到北極清數白熊數目的工作」應也可以勝任。

我看過報紙真的登過「清數北極熊」這份工作在徵才，年薪還多達四十萬美元呢。

「第一天上課，駕駛教練可能有整菜鳥的傳統，故意把飛機開得轉來轉去，打算給學生下馬威。我知道這些伎倆，沒流露驚嚇。」葛瑞頓了頓口氣，後頭還有好戲，「駕駛後來把飛機交給我，說『換你開開看』。我也故意飛得顛來倒去，這次換他嚇到了，趕緊接手。」

這傢伙遇見我之前的人生過得還滿精彩嘛，我沒再往下問，決定留點驚奇慢慢挖掘。這一番對話使我知悉葛瑞更深入了，他可說一半在海灘，一半在牧場長大，廣袤的海浪與牧地影響了他的性格，一種溫和的強悍。

牧場有一座泳池，長相怪異。它不像一般在地面上挖個深凹的底部，砌成長方形狀，放水後變成泳池。

這個泳池反倒有點像一座碉堡，四面是墊高的土牆，必須先爬好幾段階梯，站上去才看見是泳池。

泳池是空的，看樣子沒放水很久了。整座牧場只剩下優莉塔夫婦，和一群工人。女兒嫁給另一位地主，家裡沒小孩，泳池沒人戲水，就讓它乾涸。

我跟葛瑞走下去，在泳池底部發現一隻被曬暈了的小穿山甲。牠大概是爬上土堆不小心跌落，無法找到出路。

「不知牠在這裡，被強烈日光曬了多久？可憐的小傢伙。」我看牠一副奄奄慘狀，很心疼。

我們趕緊把牠解救到陰涼的樹下草地，幫牠身體潑點水，做點按摩；隔了一會，見牠緩緩能爬行了，一步步離開。

「牠多不幸跌落此處，又有多幸運遇見我們。平常這裡不會有人跡，若非今天我們出現，牠要脫困真的很難。」葛瑞和我目送小穿山甲步伐蹣跚走開。我默默祝福牠康復，身為牠的「奇蹟」，真欣慰。

優莉塔的牧場有棟大宅院，過去是他們家族居住的地方。近年，他們在大宅旁邊蓋了一間現代化的平房，裡面裝冷氣，隔間使作息更便利，住起來也比較舒服。

大宅院從此空著，我跟葛瑞白天去逛時，發現真的好大。二層樓內好幾間房，後院還有中庭，廚房裡什麼古怪的早期爐灶、廚具都還存在。

大宅裡家具十分古典，很有年代了；牆上掛著幾幅至少一世紀前的油畫人物，我看了一下趕緊轉頭，疑心畫中人的眼瞳似乎朝下，跟我對望。我覺得妮可・基嫚主演的《神鬼第六感》（The Others）不用搭景了，當初拍攝時，就可直接殺到這一棟現成陰森森的古宅。

優莉塔夫婦認為他們住的那棟平房，雖有兩間客房，彼此緊鄰，為了讓葛瑞媽媽更自在，要我和葛瑞晚上去大宅睡。

我一想到要在這棟大宅過夜，頭皮就發麻。葛瑞不了解我幹嘛怕成這樣子，一直跟我說這裡多好多棒。他小時候來牧場玩，一住就是個把月，這間大宅裡有他愉快的回憶。

喔，見鬼！你的愉快回憶，可不要半夜換成了我的心臟病。

夜晚終於降臨，在平房用過晚餐，老人家都早睡，我和葛瑞很早便得進大宅去。雷雨造成停電，夜間整座牧場沒有一絲光的這種黑，不是台灣的停電經驗可相比。

洗澡時，我拿了好幾個燭台，燭火如豆，穿不透四下的濃厚陰影團。我一邊洗戰鬥澡，一邊大嚷著，要葛瑞就待在浴室外不遠的大廳那兒，非讓我感覺他在附近不可。

這一刻，我恨死了當上作家這件事，幹嘛要給我如此豐富的想像力。

洗完澡，我們在大宅臥房裡實在沒消遣，只好早點睡。我感覺渴死了，要命的是大宅裡空蕩蕩，食物與水都在平房。偏偏平房到了夜晚，會以警報系統鎖住，如要進去就得吵醒優莉塔。

葛瑞要我忍一忍，我心中又怕，嘴巴又渴，兩種生理的威脅都無法解救。我的憂鬱症立即發了，全身如烈火在焚。

更糟的來了，葛瑞說我們睡覺時，為了安全，不能讓燭火燒一整夜，必須吹熄。一輩子從沒這種處在絕對黑暗的體驗，像失明了，一陣陣再也看不見的恐慌襲來，又不能叫（怕吵到平房裡的三個老人家），又不能做別的事轉移心神（看電視、上網、吃東西），我活生生咬著牙接受痛死人的烙刑。

葛瑞一直用手輕拍我的胸口，企圖轉移我對黑暗與口渴的注意力。我也開始轉念，想成這整件事是在考驗我對葛瑞的安全感，只要信賴他，痛楚就會緩和。不知撐多久，那甚有節拍的拍胸動作，推我一把進入了夢鄉。

隔天，葛瑞和他媽媽依依不捨告別了優莉塔與牧場，我如釋重負，大呼解脫。我膽子小，唯一可告慰的：至少我有足夠的膽子承認。

回到葛瑞媽媽的家，我注意到客廳木櫃上擺著西方人喜歡展示的餐盤，稀奇的不是盤子本

身，而是盤子中鑲著家族姓氏的金字標誌。他媽媽家櫃中的一組盤子上，燙金「EDB」，是他曾曾祖父的姓氏。他是一位富商，在巴黎擁有豪宅，當二次世界大戰爆發，納粹占領了這棟豪宅，改為法庭，可見豪宅面積有多大。

葛瑞的父系一半法國、一半英國血統，母系為西班牙血統，光憑這三個國家就可以打一場世界盃足球賽了。

客廳擺飾很清爽，推回多年以前並非這樣，到處放滿了他爸爸與妹妹的照片。葛瑞父親只享了陽壽四十九。不到三個月，十七歲妹妹騎單車意外出事身亡。接連痛失兩位至親，他媽媽崩潰了，患了憂鬱症，走不出陰霾。

有一天，他把家裡擺滿爸爸和妹妹相框都收在紙箱，一張不剩。他對媽媽說：「妳一天到晚看到的都是他們的相片，怎麼可能放得掉過去，妳要繼續往前走，就剩我們兩人，都要生活下去。」

他後來數度跟我說起此事，當年這樣數落了媽媽，而今話鋒一轉，砲口對準我：「你跟我媽也一樣，老活在過去陰影裡。你說小時候讀書成績好，獎狀一大堆；你爸媽沒為此肯定你、嘉獎你，使你沒有安全感，懷疑自己做得還不夠好。你父母都走那麼久了，你也是大人了，幹嘛不甩掉這些回憶，往前面看，向前走去？我要是像你跟我媽這樣活著，我也會得憂鬱症了。」

我每次聽到這席話就會臭著一張臉，理智上我認同；情緒上我覺得他沒尊重我處理感情的方式。儘管，照他說的建議做只有好處。他一說到這些，我都悶不吭聲，心中老大不舒服：「我是作家，如都照你說的這樣理智，我還有什麼情感去寫作啊？」

這種狀況往往冷戰一天後，他隔日會放軟聲調，緩和氣氛：「我昨天那樣說，你懂嗎？你不能一直活在過去，過去就是過去了。不然，你怎麼快樂？」

小時候，我夢想有一輛金龜車，車體要塗成金龜子那種綠油油帶金光的顏色。我幻想，兩邊車門可以往上掀起來，化成翅膀飛走了，我永遠開得比人家快。

我的童年不像一般男生愛玩汽車玩具，在我看來，滑動那玩意，假裝它會噗噗跑，實在很幼稚。聽姊姊說，我愛塗鴉，畫一些古代美女。我對人生最早有記憶是幼稚園大班，可見亂畫女裝是更早於此齡，我已全不記得。那時才小不點的我，哪知道古裝衣服長什麼樣？說不定，我是古代美女投胎轉世。三歲前，我或尚保有前世記憶。

長大後，我從沒想學開車。年輕時聽周邊所有朋友說駕駛班教練都很凶，會把學生罵哭。那時，我想一定會把他罵回去，罵得比他還凶。給錢討罵？乾脆算了。

真正主因是我在台北土生土長，後在紐約、舊金山居住多年，這三座城市交通便利，不會開車也不打緊。

我們在舊金山遷居的第三個家是一棟社區型公寓，一樓為停車庫。二〇〇四年，我剛從台灣返回舊金山不久，葛瑞問了一個我從未去想的問題：「我打算買一輛二手車，你有特別喜歡哪一類車嗎？」

我對車並不熱衷，也沒留意品牌與車款，一時難以回答。花點工夫想想，我遂想到就算再怎麼不懂車子，看好萊塢電影一定很難不去留意敞篷車。只要場景在加州拍攝，白花花日光下，主角耍帥，就少不了開敞篷車和戴墨鏡。

「那就選敞篷車好了。」我答得好乾脆，好像是說走吧，咱們去買法拉利跑車。

葛瑞早已找好二手車商資料，劍及履及，第二天下班帶我去看車。當第一家車商帶我們到他所謂的敞篷車前面時，我嚇到下巴差點掉下來。這是一部漆成金龜子色的敞篷車，喔，老天在開什麼玩笑？

這顏色噴在金龜車挺好，就像一隻會飛的金龜子，正如我童年所盼。但噴在敞篷車？簡直是一塊發綠霉的乳酪哪！車商還很得意，預留一手絕活似的，喜孜孜把後車箱打開，裡面空間赫然被一台大喇叭的音箱塞得不留縫隙。可以預測播放音樂時，整輛車都會隨貝斯低音彈跳。我跟葛瑞面面相覷，在車商眼中難道我們兩個中年男人看起來是饒舌迷或暴走族嗎？

我們幾乎是逃難地快閃，他哭笑不得：「這應該是我見過全世界最可怕的敞篷車。」

回想那車商的表情，原以為我們會一見如獲至寶，我們卻感覺如見了活寶。敞篷車出廠時絕不可能是這種大頭蒼蠅的綠眼顏色，前車主九成是酒醉才要汽車廠漆成這樣吧？

第二家車商在我們手機聯絡後，已把一輛棗紅色敞篷車停靠車廠路邊，我一看就跟它天配良緣。我們若跟某些東西有緣，心中總或多或少知道，一眼相映。

我從未覺得這是人家用過的二手車，好像馬也在挑主人一樣，我想它一出廠後，就在等候我跟葛瑞，騎士配寶駒，成其佳話。

買了敞篷車後，我這個汽車盲從葛瑞那兒學到不少相關知識。

「開敞篷車在西岸稀鬆平常，因加州整年日光照拂，打開敞篷車頂，在郊野公路可享受日光與空氣。敞篷車為什麼在東岸不太流行，甚至行不通，原因是下雪，大雪積在車頂的重量超乎想像。」

我選敞篷車的初衷，純粹基於浪漫。它，或許不夠實用；又有何關係呢？我與葛瑞兩個男同志生活簡易，不必考慮載乘小孩、運送大批家用，開車純粹為了開心。雖是這麼說，我們依舊考慮了不買雙人座跑車，這樣才有機會載朋友一起出遊。

我在西岸這邊，看過敞篷車有黑色、銀色、棗紅色（那輛金龜綠是外星人，不算在內），最滿意仍是我選的後者。我們的敞篷車嚴格講，應屬於略深一點的蜜棗紅。有時，不管開到哪裡，看見有同一車廠、同一車款的同色敞篷車，我和葛瑞就會興奮地說：「啊，看啊！她的姊妹呢。」

情況許可的話，葛瑞會緩和車速，讓我們的敞篷車跟她停靠路邊的姊妹淘錯肩說聲嗨。

我們在舊金山市從不「開天窗」，當地下午風勢從海面吹向陸地，將海上冷空氣帶入城市，除此也怕都是空氣沙粒多。

有一晚夜涼如冰，我和葛瑞走到卡斯楚街吃晚飯，在最熱鬧的十字路口，看到一輛黑色敞篷車。車頂全開，車上幾個一見就知是gay的傢伙，將音樂開得無比大聲。他們只穿白背心，露出結實胸肌，擺明了愛秀胴體兼秀愛車。

沒開過敞篷車的路人不會注意到，但我跟葛瑞都瞧出端倪，這麼冷的天，大家開一體成型的車子還嫌冷，他們怎麼竟把車頂打開，讓冷空氣全面入侵呢？嘿，原來他們把暖氣開到最強，噴在身體上，靠這樣逞強來爭取豔羨。

我花了一些小唇舌，跟葛瑞解釋台語「愛水莫驚流鼻水」，就是這幾個沙漠妖姬所幹的事。

之前住舊金山，不是徒步就是搭地鐵，無法跑馬溜溜到塞外，只能在關內繞繞。舊金山市中心並不大，我常在那一帶各家大型書店裡消磨時光，我搬來的前兩年生活，就是游牧在每一家書店與另一家書店的距離之間。

葛瑞上班地點鄰近漁人碼頭，他那間主管辦公室有一面大玻璃窗，望出去正是號稱本市地上商標的電車之終點站。它只有一條鐵軌，轉頭時必須將它先開到一個圓盤上；然後好幾個大漢合力推，繞過半個圓，將「來程的車尾」變成「回程的車頭」。

有時，我會跟葛瑞約好，下班去吃碼頭最鮮美的鄧金斯螃蟹（Dungeness Crab），這蟹跟人臉一樣大，在台灣又叫黃金蟹，配著挖空麵包盛滿的蜆肉濃湯，讚嘆此食只應天上有，何似在人間。若我來早了，坐在他辦公室悠閒地俯看許多觀光客聚集圍繞電車，爭著合照。

市區幾個大小觀光點，第一年就逛完了。假日，我們會到住家附近的幾處小市集挖一些稀寶。

如第一次吃到印度人特製的玫瑰冰淇淋，葛瑞愛得要命，給我嚐一口，我卻如舔到萬金油。他也試了咖哩冰淇淋，我想若有大蒜冰淇淋，他也會去嚐。

我們也買了秘魯店裡一個民族崇尚的死神木雕、嚐遍這裡到處流行的生機食物，差點我還誤吃到一個混著大麻烘焙、公然在公園叫賣的馬芬蛋糕。

自從買車之後，我們的生活才出現陸塊移動的變化。過去只能蝸居，怎麼跑似乎都離不了殼多遠；一旦有車代步，我們倆凡事好商量，吆喝一下跳上車愛到哪就到哪。

一旦有車，我才漸漸知道以往錯過了什麼？

有時，我們開到鄰近連接大片田野的市鎮，到了山間車輛稀少的公路上，難得敞開車頂。一瞬間，頭髮亂飛如戟，滿耳風聲呼嘯，全身布滿了電流磁場，我扯著喉跟葛瑞說：「感覺好像上面有一架飛碟，正在跟蹤，要把我們連人帶車都綁架了」。

我的話被急切的風吹得片片斷斷，他定然聽不清楚我在嘀啾什麼。索性，我按下CD播放器，將張惠妹那一首〈站在高岡上〉音量轉大。我知道前奏是很有韻律感的拍子，最能熱血，如被一陽指戳中，精神大振後，真氣飽滿放聲跟著阿妹高唱：「連綿的青山百里長，巍巍聳起像屏障呀喂；青青的山嶺穿雲霄啊，白雲片片天蒼蒼呀喂……」

「我站在高岡上向下望，是誰在對你聲聲唱……」一邊唱，我一邊朝葛瑞伸出手勢，像兩人在情歌對唱。他給我一個「啥米碗糕」的神情，害我唱得差點嗆到。

那趟，是我們開敞篷車最忘我的一次；彷彿我們不是駕駛車子，而是騎著西域特產的汗血寶馬，在大漠上高唱牧歌，達達的馬蹄一路揚長而去。

14

優雅的葡萄酒色敞篷車，宛如歌劇女伶；後來為我而犧牲，扮演了很多次「發財巴士」的村姑角色。逢到週末，一大半機會以上，葛瑞會開車載我到舊金山兩小時車程之內的三家賭場，玩吃角子老虎（slots，台灣又稱拉霸）打發時光。

加州禁賭，州內的印第安人保留區自有律法，不受聯邦與州管轄。為了迅速繁榮經濟，開辦賭場乃最快一途。

初次見識賭城吃角子老虎機是一九九四年，我陪葛瑞出差，自紐約飛到了拉斯維加斯，從下飛機一踏入這一座紙醉金迷之都，我便欣喜雀躍。

我始終不確定，為何整座城市那些閃亮璀璨的招牌、建築、燈飾，映著夜空發出光暈的現象，讓我如此心晃神迷。我最後猜想到最可能原因，是我怕死寂、愛熱鬧的地殼底下那份真本性使然。繽紛之物，一向給我人生不打烊的安全感。內心深處，我懼怕店面都關門、關燈的荒涼與寂寥，長夜漫漫。

小時，窮公務員爸爸為了開發財源，常邀牌友來家打麻將，每一局抽成當場地費。當這樣的夜到來，家裡挑燈夜戰，我興奮到睡不著，好愛那種一屋子有人的生氣蓬勃氣氛。

爸爸不會像驅貓一樣把我驅走，允許我拿一張凳子，乖巧坐在他旁邊看牌。很快，我看懂了什麼叫胡牌，一看爸爸聽牌了，可比要考試還緊張。爸爸過世多年以後，我有天忽然脫口而出「唉啊，要死啦」，領悟到自己原是天下第一號大笨豬，大拍腦袋十數下。

打麻將，除了靠運氣，也是一場頭腦爾虞我詐的算計。爸爸每次開始聽牌了，我那張小臉蛋可能變嚴肅，或脹紅，或眼神閃爍，成了其它三家屢試不爽的情報來源。

該死的我啊！死小孩一個！難怪我印象中，爸爸似乎都得靠自摸胡牌，很少哪一家放炮讓他胡了。唉，老爸，我想你都升天那麼久了，不會還跟我計較這些雞毛蒜皮吧？

居住紐約那三年，每逢農曆春節，我們一群東方圈內姊妹淘有一場年度大聚會，都到其中一位被大家喚做「大啊」香港人開的中餐館，擺桌打麻將。港台大車拚，有時人多可開台三桌。除我們這些東方兄姊弟妹，還有各自的伴侶，包括白人，全混在一起打牌。

我很羨慕幾位也是東西合璧的朋友在打牌時，他們的白人男友喜歡坐在旁邊，一起看牌想對策，手忙腳亂嘻嘻哈哈。每台底都是小錢，摸八圈也沒啥真輸贏，好玩而已。葛瑞從沒下場陪我坐在身旁一次，他就是覺得對所有賭博沒興致，連春節這種應景牌局都不肯買帳。

「你陪我一下，又會怎樣？」我第一年不禁跟他抱怨。

「我對那種遊戲完全沒興趣啊。」葛瑞照他慣例，直言以對。

「別人的男友也是西方人，他們也未必有興趣，可還不是留下來陪著嗎？」我老大不爽。

「但我是我，我不是別人。你不能說別人怎樣，我就得怎樣！」葛瑞的馬其諾防線守得密不通風。

我們為此吵了架，不歡而散，他自己先回家，我留下來氣苦地力拚其他華人貴婦，以及他們的白人壯丁。以後，第二年、第三年我學乖了，自個摸摸鼻子搭地鐵去搓幾圈。

那一年我首度與賭城相見歡，校方為葛瑞訂的飯店離最熱鬧精華地段較遠。傍晚，我們才進駐飯店，在房間休息一陣，搭電梯到底層賭場區。面對這麼多機器叮噹作響，如天河樂音的彈奏，我喜不自勝，大概跟進入麥當勞速食店，面對遊樂區躍躍欲試的孩童差不多。

葛瑞和我肩並肩作戰，選了緊鄰的兩台「777」水果盤遊戲機。那時賭城吃角子老虎還得用硬幣去餵。這是第一次菜鳥的起飛，我很快抓到賞金規則，白、藍、紅三種顏色的數字「7」，會在平行的三個格子轉來轉去，如同時出現在一條線上，就構成打賞條件，端看是相同與不同花色的組合，而有不等分量的硬幣獎金鏘鏘掉下來。萬一中獎額高一點，硬幣大量掉出來，宛如槽罐車在吼噴調好的水泥漿。

我們玩得開心極了，當年我企盼葛瑞待在身邊，跟我一塊對抗三家打麻將，為的就是這種兩人朝著同一目標，分攤體能，合騎協力車的共榮滋味。

他中了什麼組合，我替他開心；我中了什麼組合，他為我歡喜。兩人好比並肩坐在游泳池畔，以腳踢水嬉戲，看誰踢得水花高？

「是我們運氣太好，或賭城是一座天堂？怎麼中獎率這樣高？」我來不及把硬幣撿到類似可樂杯的筒子裡呢。

「我也不知道，等一下我們到精華區那幾家試試手氣。」我們開車殺到滿街霓虹光彩、色暈迷離的賭城大道，試了幾家大型賭場的機器。

「唉啊，好爛喔，這裡的機器都便祕了，屎也拉不出幾粒。」我氣到口不擇言。

「看來真是這樣了，我們住的那一家飯店離市中心遠，只好抬高中獎率吸引賭客，並不是我們運氣佳。」葛瑞扮演愛因斯坦，宣布某一科學理論失敗。

搬到舊金山後，我們和賭城的緣分益發如膠似漆。他工作的那家學會每年都在不同大城市舉辦全國會議，只要我剛好檔期在舊金山，我就「愛哭愛跟路」追隨他趴趴走。

歷年間，我們所到之處，包括奧蘭多一次、芝加哥二次、紐奧良二次、拉斯維加斯二次。從舊金山開車往南到賭城也算便利，公差與私人遊玩次數加一加，我們竟到過賭城七次，跟這座華麗的墮落之都狠狠七度纏綿。

本來，我只是單純喜歡偌大賭場裡總是一堆人、音樂整晚不歇、機器恆常噹噹作響的元素，聊以安慰我自小罹患的「恐懼孤單症」。

在爆發憂鬱症後，這種單純喜歡漸漸變成一種耽溺，我顯然對賭有若干成分的上癮。原因倒跟一般賭癮很不同，我在乎的不是輸贏，而是吃角子老虎機器面板上花花綠綠的組合，霸占了我的心神。這使我沒思緒去理會憂鬱症，即使我那天鬱鬱寡歡，只要我一盯上機器面板，自動開始進行腦意識轉移的工程。

另一源由，憂鬱症常伴隨焦慮，耐心會枯竭，「芽」起來時氣息短促，心神難寧。若放任焦慮無量下跌，出事風險遽增，到瀕臨焦慮炸掉之際，會去走隨便哪一條鋼索。

而憂鬱症使人對生命感受奄奄一息，無歡無樂，腦子分泌的血清素不足，無法傳導快樂的訊息。以往，重鬱者需要電擊，如斷了的電線，需以擊出火花恢復通路。

我不需要電擊，卻亟需具有正向回饋的刺激，一樣能像打火石擦出火花。但因憂鬱症患者易焦慮，通常沒耐心等待長期的「怎麼收穫怎麼栽」，每個人遂在多次發病經驗中，找到自己適合的一帖短期特效藥、強心針。

而我，一玩起吃角子老虎機，就萬般皆放下。過程中，我兩眼直盯著面板的轉軸，看它會跳出什麼組合？或看有螢幕新一代的機型會停格在哪些圖案？如果全盤都是「Wild」（百變符號，可充當此一遊戲中任何一種圖案）與單一圖案，等於所有連線通通過關。

此刻，機器發出鈴一聲尖響，表示「大魚咬到餌」，接著奏起持續半分鐘的凱旋樂。螢幕上也登時起了變化，出現慶祝畫面，如噴出大量金幣、整個大格子成為立體浮出、瞬間換色、圖案變身等。你原本顯示還有多少本金的左下角數字，會整串跳躍到中央，全部數字放大，以超快馬表的轉跳，分數一直加總上去。

這種「一按下去，立即獲得什麼」的方式，會大量降低我的焦慮，減卻「沒有出路，沒有希望」的恐慌。

雖然這是癮，幸而不像賭癮那樣勾纏；後者是無止境一直投注，想把前面輸的錢贏回來，越賭越輸，越輸越多，提款卡戶頭沒錢了，去跟賭場簽本票再續賭，跌入無底洞，那才是真正恐怖的賭癮。

我把去玩拉霸當成是一種娛樂，有贏有輸，每個月有預設一筆娛樂金，不會追加。葛瑞是把他擰乾了，也擠不出一滴賭性的人，他經常週末這樣開車來回賭場四小時，只為了讓我娛樂一陣。說來很難相信，他從沒抱怨過。

他剛開始站在我背後看一下，明白這樣會給我壓力，無法放鬆，就說去附近走走。他大半會回到駕駛座睡一下，偶爾真的太閒，也會玩幾下吃角子老虎，一次還居然在機器前累到睡著了。

「我稍微有點醒，旁邊坐著一位年長女士，好心問我『先生，你確定你不需要喝一杯咖啡嗎』？」葛瑞說起那次經歷，我笑了，連他自己笑了。

「她不知道你是無聊，而且累到打瞌睡，還以為你是賭蟲，賭到幾天幾夜沒睡了，仍硬撐在這裡賭。」我嘴巴輕鬆說，內心其實有著愧疚。

對葛瑞來說，來回都他在開車，我累了還可以放下前座小睡，他則安靜地開著車。我們往往週末下午啟程，到賭場後耗幾個小時，我都選每次一毛美金，但可連很多條線的機器玩，不需多少錢，能讓我玩滿久。回程時，都是超過十二點的深夜了。

「我可以睡嗎？」未問前我都已知道答案，多此一問，是為自己心安。

「你睡啊。」他沒有要求過我陪他聊天，隨意我去做想做的事。

開長程途中，白天我會客串 DJ 放音樂，跟他聊點事，甚至討論我的寫作，或讀我這趟從台灣帶來的書。他都不提公事，其他隨興聊。若是黑夜中行駛，我無法讀書，很喜歡把前座放躺平，我一路上看著夜空的星星。

我所有會放在車上閱讀的書都跟宇宙有關，葛瑞就會笑笑：「這次新買的？你真是對宇宙很感興趣喔。」

「是啊，宇宙的神祕太吸引人了。以我們現在已知的時間、空間概念，實在很難想像宇宙是多大？」一談到宇宙，我的精神都很高亢。

「這是事實，我們在看宇宙，就跟定居在我們舊金山家裡的一隻螞蟻，在想地球有多大，是一樣的道理。牠一輩子活在我們家，充其量整棟樓好了，以這種空間經驗，光是想全部舊金山市有多遼闊，就已經不可能了，何況是推測地球？」葛瑞比喻得很傳神。

「你猜，宇宙裡有多少顆像太陽這樣的恆星？」我出題目。

「你不如叫我猜樂透數目，還可能中獎呢。」葛瑞輕輕一撥，把問題彈回給我。

「你聽好，像太陽這樣的恆星，在銀河系有千萬億個，OK？在宇宙中，像銀河系這樣的星系也有千萬億個。So，在整個宇宙中像太陽這樣的恆星數量，就是把『千萬億』乘以『千萬億』，哇，都不知該稱這是什麼單位了。」我說得有點頭暈，佛教說的「恆河沙數」、「三千大千世界」不正是這麼龐大無邊無際嗎？

「所以，你算算，歷史這麼長，你選在這一輩子、選在這顆地球，跟我遇上的機率是多少？」愛因斯坦葛瑞先生好像隨手寫一張便條紙，要我這小助理去用算數計算一下。

「這應該有一個詞，叫做『不可能算得出來』（impossible to account）的機率。」我得意洋洋想出這個亂用的詞。

「哼，你這個機靈鬼。」

葛瑞使用的這句英文為「you are smart ass」，意思就是機靈鬼或聰明傢伙。從認識以來，只要辯不過我，他就會賞給我這句話，堵住我的口。

我常搞不懂，明明是聰明的腦袋，為何英文原文直譯會是「聰明的屁股」呢？

而我居然用這「聰明的屁股」，想通了有關剛才葛瑞提及樂透彩券所衍生出來的一番道理。

這番對話完畢，我又躺回在前座上，看著蒼穹中的星光點點，腦海飄出一個念頭。

別說星球數量了，光是中到樂透的機率也微乎其微；幾億彩金從天而降，剛好砸中我的機率有多低啊。

但從另一個角度看，我其實已是樂透得主了，很多人也都是。怎麼說？好，就以十億彩金為例，如果這筆天文數字的金額給我，交換條件是生命中最親密的葛瑞從此消失不見，我換是不換？

如果我最後選擇不換，放棄這筆鉅額的彩金，只要葛瑞仍在我身邊；也就是說，我擁有了一個生命中最親密的人，他的身價高過彩金，那不等於我已經簽中十億元樂透了嗎？

我偏過頭，看著專心駕駛的葛瑞，一如往常；他開車時總是小心翼翼，好似世上沒旁的事，可以打斷他把我們倆安全送回家。

嗯，沒錯，我就是樂透得主！

第七章．林間小屋，調息歲月

（維吉尼亞州：2009~2012.7）

1

機場，是人生分手的渡口，離情別緒江水滔滔，心口如舟，載不動那許多承受。我們居住舊金山十年，這座國際機場我不知進出幾次了，閉上眼也了然它的動線圖。回台時，葛瑞送機與我在此總不捨忍離；返美時，由於我待在台灣的時間拉得越來越久，以致葛瑞數度來這座國際機場接機時，我每感「依稀熟悉，彷彿陌生」的奇異混合，悲喜交集。

我們舉家要搬離舊金山了，感謝舊金山陪我拿到博士學位，陪我度過生病後百般折磨。謝謝你，SF，在我生命中陪伴我打過最艱辛的一仗。

一家三口進入機場，我只當我們是尋常旅人，不知有一場父母最大惡夢的「小孩走失記」，會在隨即到來的時刻上演了。YOYO差點人間蒸發，他與我們結緣十年，若餘緣就此硬生生扯離，人間阡陌無處覓，那我一定會跌入一個醒不過來的惡夢。

葛瑞謀到了一家全球機構的差事，我們從加州搬往維吉尼亞州一座大學城——夏洛斯特威爾

（Charlottesville），兩地橫跨了美國大陸。這一趟遷居路途遙遠，費日多時，搬家卡車只能載家具、拖行敞篷車。我們一家成員兩個大人一隻貓咪，都需搭飛機了。

YOYO 是有見過世面的貓，居住舊金山期間，葛瑞多次出差，他住過好幾次貓旅館，以及一次貓咪照料者的家（後者是巫婆，害 YOYO 從此爆瘦）。我們還開敞篷車帶 YOYO 去兜風，我坐前座雙手把 YOYO 攬牢牢，滿足他好奇，張望窗外流動中的風景。他一點也不驚恐，沉穩悠哉。途中，我看到一位貌似印度阿三的計程車司機，注意到了我與懷中 YOYO 的小頭顱，一逕開懷地笑。這位阿三哥八成是新移民，住慣舊金山的人都了解，「沒什麼事好大驚小怪」。

儘管生活層面，YOYO 一直是酷貓，連朋友帶小狗來訪，YOYO 被那頭小雜毛追著窮吠，毫不所動，一副「蠢狗，你繼續對火車吠吧」。但機場是人如潮水之地，連人通關都緊張兮兮，我不敢寄望憑 YOYO 這已經「向天借膽」的小貓能應付綽綽有餘。心中隱隱有所牽掛，卻不明就理，只有跟慈悲綠度母菩薩祈求庇佑了。

搭機當天，我和葛瑞如臨大敵，帶著獸醫給的安眠藥，以防上機後 YOYO 在提袋裡蠢動，餵他一粒睡入夢鄉。

進入舊金山機場出境大廳後，完成證件檢查，我們家二人一貓來到了機場安檢通關，規定 YOYO 必須抓出手提袋受檢。貓咪本就膽小，YOYO 哪見過這麼大仗式，一群人圍在周遭虎視眈眈。他一被拉出手提袋，飽受驚嚇，奮力掙脫葛瑞的懷抱，跳到地面，一路逃竄而去。

葛瑞一手張羅隨身行李，僅靠另一手根本抓不牢受驚的 YOYO；更糟的是，YOYO 戴的頸環是塑膠扣，而不是橡皮帶那種針穿洞，往下蹬跳的力道將卡榫扯開，YOYO就這樣「斷開繩索」、「斷開鐵鍊」，一溜煙往前飛奔，不知去向。

葛瑞當時已脫掉鞋子，準備受檢，在眾目睽睽下，都見證他的貓逃跑了；他哪顧只穿著襪子，不理會安檢怎麼想了，隨後追趕過去。現場一位負責安檢的黑人大嬸恐怕也是愛貓人士，見狀從後方跟上來幫忙，兩人追到行李輸送帶前方的大廳，向前瞭望，光線黯淡，不見貓咪蹤跡。

慘了，這下找不到貓，安檢單位勢必要求「人登機，貓留下」；而YOYO的頸環已掉，環上鑲掛一面鑄刻聯絡電話的心狀項圈，等於白搭。YOYO個性溫讓，不具野貓強悍，若真淪落在偌大機場當流浪貓，難保不是死路一條。

葛瑞當然知道此時一髮千鈞，偏偏貓咪不比狗兒，逢到這種狀況狗會主動來找主人，貓咪卻只會嚇得不敢吭聲，往更深處躲藏。

急死人哪！眾裡尋貓千百度，葛瑞幾乎放棄。總不成要安檢大嬸法外施恩，讓他去輸送行李帶外圍瞧瞧吧。

葛瑞深怕YOYO走失對我是重大打擊，更加心慌意亂。幾乎就在萬念俱灰之際，他從報社派報工人堆放的一疊當日早報旁邊，看見一陀灰色陰影。他不確定那是YOYO，走過去端詳。

原來確是YOYO，他受了驚嚇，一路狂奔，躲在疊得高高的報紙旁邊，縮捲著身子老僧入定不敢動。虧了老天冥冥下指導棋，YOYO真聰明啊，沒有穿越行李輸送帶，往外面空曠停機坪竄逃，不然就真的「莎唷娜拉，送君珠淚滴」了！

這一幕驚險萬狀的「失貓記」，從 YOYO 逃離，到被葛瑞抱著找回來，重新通過安檢，人貓終於過關，我整個人完全在狀況外。

我本來跟隨葛瑞排同一列，他抓著裝 YOYO 手提袋站在我後方；當我前面的人通關了，輪到我站排首時，另一列的安檢人員揮手喚我到那邊無人的安檢掃描機，我跟葛瑞就這樣被拆散。饒是大羅神仙，碰上安檢通關也會手忙腳亂。我一下拿出筆電、iPad 和手機、一下脫鞋、一下拔卸鋼環皮帶、一下脫外套，趕鴨子上架，忙不迭地過關了。然後走進一個如時光機器的大圓桶，舉起雙手投降，全身恐怕連骨刺都被瞧得一清二楚。放行後，又得氣咻咻地把電腦和 iPad 收回背包，手機塞進褲袋，穿上外套與鞋子，套好皮帶，全程比衝刺百米還緊繃。

所有上述 YOYO 逃脫、一度可能被放棄，最後尋獲的這些驚險，都是事後葛瑞說給我聽，聽得我驚心動魄，直發冷。他承認有兩種矛盾，一來他抱怨我當時渾然不知道這樁意外，二來又慶幸我始終被矇在鼓裡。

葛瑞說他不敢想像，倘若我真在現場目睹 YOYO 逃離，焦慮心切下，可能不顧後果，會轉頭闖回安檢關口去追貓。安檢嚴謹如臨大敵，豈容我發瘋亂闖？當場一定引發騷動，最慘下場，我極可能被國土安全局逮捕收押。

無論我目睹、或沒目睹事情發生，總之好險。萬一 YOYO 在機場沒被尋獲，從此失蹤，我必然會在往後每一次回美國見到葛瑞時，都淚眼婆娑，憾恨終生。有一道痛苦的荊棘，將永遠橫陳在我們之間。幸好，老天沒有如此懲罰我們。

驚慌，是貓咪的天性。倉皇逃脫，不是YOYO之錯。甚至整件事，YOYO還是善盡了他小小腦袋裡可以理解的部分，以靜制動。我一直認為YOYO是我們家四隻貓中的愛因斯坦，沒看走眼。

我盤算我們家哪一隻是天才兒童？KIKI這位大小姐我拿她沒輒，她走冷豔路線，才不會買我這個老爸的帳，別奢望她會翻觔斗、搖呼拉圈。她唯一最樂此不疲的本領是坐在地上，對著冰箱唱情歌，她知道貓罐頭放在裡邊。

我有點酸滋味，KIKI愛冰箱比愛她兩個爸爸還深。斑斑也不必期待了，他是吊兒郎當混世大魔王，個頭小，很會飛來跳去，搶食物一流，其他倒沒瞧出什麼天分。

看起來還是YOYO爭氣，他的輕功絕頂，身手矯健。最早是葛瑞發現，當他往空中拋起小皮球時，YOYO可以跳得極高，且都攔擊到球；有時還會空中轉身，以爪子一拍，擊回小球給葛瑞，不輸給貝克漢。

YOYO從小就有運動細胞，即使到了出版此書的二〇一四年，他已邁入十四歲，照舊跳得像一根彈簧。

搬到維州後，真快啊，又到了半年該離境，我回到台北後，超想念YOYO與小胖妹費蒂，天天跟葛瑞打越洋電話，詢探貓咪近況。最高興，聽見YOYO當了小英雄。

YOYO最會撒嬌，愛用身子摩蹭人。剛開始他以頭部一直頂我們，都搞不懂他在幹嘛？後來弄明白，只要碗裡乾糧空了，他肚子餓，就會近身來以頭部頂撞，提醒我們補充食物。

葛瑞在電話中說，有一天他被 YOYO 的頭頂來頂去，比平常喊餓時還堅持。他正在二樓打電腦，心想就算飢餓哪急著一時？但看 YOYO 執意得很，他雖發牢騷，仍起身下樓準備餵貓。下了樓梯，赫然發現一樓地毯大片全濕了；原來浴室馬桶儲水箱的水管接頭鬆了，水不斷滲漏，淹濕了地毯。

他立即動手修裡，及時把後患減到最低程度。若水繼續漫開來，地毯下地板泡水時間長，恐怕得整個翻修，那會是不可想像的大災難。

葛瑞才恍然大悟，YOYO 出乎尋常的摩頭舉動，是一種機靈示警。當 YOYO 看見水從浴室淹到外頭，他的寶貝貓砂盆在裡面，如諾亞方舟漂浮，趕緊跑到二樓跟老爸警告。

聽了 YOYO 的英勇事蹟，我真感驕傲。他平日是一隻個性溫和的公貓，卻很有性格。我常看他安靜無聲，蹲在沙發靠背的最上方，映著落地穿透百葉窗的餘暉倒影，彷彿一尊埃及人面獅身像，真有些靈氣呢。

飛機從舊金山起飛，轉機兩趟，抵達了維州我們的新家，YOYO 好乖，根本無須安眠藥出馬。

維吉尼亞州，在南北內戰爭時第一個宣布脫離聯邦；知名的李將軍出身於此，領軍南方美利堅邦聯，與林肯帶領的聯邦軍隊長期作戰。

維州與首都華盛頓只相隔一條河，內戰時期，地處戰略要地。境內發生多次大規模戰爭，我們等於搬進了一個歷史上血流遍地的大戰場。儘管，維吉尼亞州是最多美國總統的故鄉，似乎沒使我心裡好過一點。

葛瑞任職的新機構安排我們住進了旅館，特別挑了大型房，含客廳、廚房、臥室俱全，「有家的味道」。我們必須住上幾天，等待大卡車將家具、汽車，橫越美國南部內陸運送過來。

入駐旅館第一夜，吃完晚餐，葛瑞問我想不想先睹為快，看看新房子？那時是三月天，天氣仍陰冷，他開著租車載我到十分鐘車程的社區，停泊在我們新住家旁邊停車場。

新家是一棟邊間房，因季節與天候關係，屋後一片樹林只見高大樹幹與光禿樹枝錯落交疊，黑森森，冷唧唧，連月光都照不亮林間盤據的一潭墨。新家屋內當然沒有光，增添詭異，我們只能在黑暗中瞧個奇蒙子。

我知道要搬來這種鄉下地方，預期與親見之間，總有一段無法言喻的錯愕距離。從舊金山國際都市搬到這一座冷清大學城，我心理仍未準備好。這種鬼地方是所謂典型的美國人住家，不開車到不了任何地方。就算想去什麼地方，也只有mall、超市，加上電影院。

我不敢流露失望神色，葛瑞已為我們的新居做了最盡力的盤算。在這社區有幾棟空房，他最後挑選這一間，距離社區游泳池、健身房很近，又不座落於主要幹道怕太吵，凡事幫我設想好了。

我站在樹林前，極目眺望盡是黑，想像林中烏漆抹黑不曉得有什麼山精樹怪，或阿飄阿飛。

我的背脊一陣冷，輕聲鼓勵：「忍一忍，等樹林長出葉子就有活力，不再嚇人了。」

葛瑞拍拍我的肩，問我覺得如何？我顧左右而言他：「不錯啊，以後 YOYO 有草坪可以吃草了。」

過去很幸運，我們住在紐約時，一九九五年舊金山發生大地震，災情慘重。當我們搬到舊金山，二〇〇一年恐怖份子挾持飛機撞毀兩棟世貿大樓，全市驚怖。我們都剛好錯開了，如那兩個大事件發生時，我們住在當地，一定逃不掉在心靈烙下扭曲陰影。

電影中只要演到舉世大災殃，更嚴重的像世界末日，十之八九，不是紐約毀了，就是舊金山滅了。自由女神頭像漂流在冰河底下，舊金山大橋融化在太陽表面噴濺火焰引起的致命高溫中。

現在我們搬到這種「苟不理」的地方，全球性災難電影應追不到這裡來。話也難講，另有一種電影是孤立小鎮的瘟疫型擴散，如座落偏僻地帶的實驗室病毒外洩（《惡靈古堡》系列電影）；全城殭屍復活如餓虎撲羊，見人通吃（《陰屍路》系列影集）。

或許，這座夏洛斯特威爾市也適宜發生這種「陰森林」劇情的城市。我第一次住在這樣孤立的社區，被樹林包圍一半的家，戶戶雖相連，列列卻相隔甚遠，枝開葉散。

社區每一戶都是二層樓獨棟，葛瑞希望把二樓大臥房讓給我，有一面五米大窗戶，白天光線充足。窗前擺一張書桌寫作，盯電腦久了，可隨時抬眼，享受視野寬闊中的藍天綠丘翠林。

我敬謝不敏，畢竟像我這種夜貓子，經常半夜寫作，要我深夜獨自面對黑幽幽的樹林，門都沒有。

春天新葉長出後，嫩黃釉綠青色悅意，二樓看出去，目覽人間美景。我自承膽小如鼠吧，當夜晚黑幕低垂，我在白天念力加持的無怖精神頓失影蹤。

我為此請教過我的仁波切上師，他說膽小並非過去世業報，只是單純小時候聽鬼故事太多。一針見血，我讀小六時在教室開放書架上，找到一本類似司馬爺爺寫的鄉野傳奇，常繪聲繪影講給同學聽，嚇得男女生都吱吱叫。這可來了現世報，我的想像力發達之腦袋呼魔喚鬼嚇自己，功夫一把罩。

後來跟隨上師修密，早也不畏懼了。以往的怕鬼，也演變為一種敏銳心理的小癲狂，偶然回憶笑一笑。

在這獨門獨戶屋子裡，我選到了一個最適切收看的頻道「Truth TV」。某晚，我和葛瑞坐著收看電視播出一樁殘忍滅門血案。我疑神疑鬼，起身把背後餐廳的吊燈打開，如點燃光明燈；又衝上二樓，拿一條印著泰迪熊圖案的小毯子披身。

「害怕就不要看啊。」葛瑞看我跑來跑去，如無頭蒼蠅。

「我沒怕啦，覺得有點冷。」

一個印度移民家庭被發現陳屍三人，父母與女兒遭槍枝射擊。警方調查沒發覺小富家境有任何仇人，唯一躲過一劫的兒子在外地大學讀書，初步排除涉案。

直到警方蒐證縮小範圍，察覺異狀，兒子不僅對父母與妹妹慘死表現太過鎮定，也追蹤到他添購了一些高消費用品。從清查他的帳戶，逐步鎖定了這位冷靜的兒子就是兇嫌。

事出有因，他對自己印度裔的出身，總抬不起頭，充滿民族自卑。他到外地讀大學，結交一位白人同學，兩人編織著未來大展宏圖的願景。唯一被他視為障礙的是印度裔背景，使他芒刺在背，憤恨可能因此打不進上流上會。

他醞釀了一學期，心生一計，與白人同學偷偷返家，半夜裡將父母與妹妹擊斃。他將父親名下的錢，轉入自己戶頭。冷血至極的他，卻愚蠢留下許多足以循線逮到他的線索。

搬來維州後，我意外發現這個電視頻道，每週養成收視習慣。我對各種手段駭異、泯滅人性的犯罪真實案例，屏氣凝神思辨，比賽會不會先一步猜出兇手是誰？

對憂鬱症病人，也許很多家人會勸阻不要看這麼灰色的節目，應多收看一些金光閃閃的健康節目。葛瑞沒把我當小孩，他以為我既然想看就意味著「有得到抽絲剝繭的快樂回饋」。他無需去滋生心頭的憂慮，然後自以為是地囤積在我的樂趣上。如果下班不累，有空他也會陪我看。

觀看印裔冷血兒子犯案那一集，我跟葛瑞坐在沙發聚精會神。旁白一邊介紹，鏡頭出現了印度移民家庭那一間獨棟房舍的照片，兩旁沒有鄰居，只有鬼氣霧罩的樹林。

我看了那棟三層樓屋子一眼，忽然臉朝向葛瑞，露出不敢設想的表情，我說：

「It is so creep（這真太詭異了），你可以想像嗎？如果這棟房子後來出租或出售，已有別人家居住。當他們像我們這樣正在看電視，忽然看到這屋子外觀怎麼很眼熟，然後尖叫『咦，這間凶宅不就是我們現在住的』，可不當場嚇昏了嗎？」

葛瑞回我一個詭異表情，嘿然而笑：「觀眾裡 only you 會有這樣聯想吧？你的腦袋跟人不同，我就完全沒往這裡想。寶寶，你知道你想的東西常是多麼與眾不同嗎？」

「我或許與別人不同，但我才不是怪人喔，這叫想像力豐富；假如我的想像力不夠敏銳，比人家慢半拍，那我憑什麼寫小說，或寫作任何東西，且不落後於人家已經想過的？」這點職業把持，我一定要守住底線。

每當葛瑞不知或褒、或迷惑、或驚奇，說我腦袋裝很多怪東西時，我都還給他以上這一席話，簡潔有力。這麼一來，葛瑞不會多說什麼了，他就出現一種把「我家有個貝多芬」改成「我家有個作家」那種神情。

葛瑞當然了解「舉一反三」是我吃飯的本事，只是他對我想像力太跳躍，經常自己嚇自己，有些微詞。

他很不能理解我為何怕鬼？怕得要命！當我們辯這些，他就會搖身變為科學課的高中老師，問我：「你聽過人被鬼傷害嗎？只有人被人傷害。這世上如有鬼，它們一點都不可怕；真正可怕的是人，夜路裡走在你旁邊的人，你永遠不知他可能對你做什麼壞事。你要怕的是人，不是鬼！」

葛瑞是天字第一號無神論者，他還算尊重佛教裡慈悲為懷的佛菩薩們，尤其是我供奉的綠度母菩薩，但對鬼魂之說嗤之以鼻。

「你才是怪人，一般人再膽大，也不像你半點都沒在怕。」我覺得他膽子大的那塊心靈領域，是我從沒想踏進去的禁地。

在這一方面，葛瑞的豐功偉業「罄竹難書」，以下是驚人代表作。一九八七年，他為一所大學兩座相離甚遠的校園，執行電視教學同步傳送，校方配給他一間宿舍。屋子前主人是一位老太太，立下遺囑要將房子贈送給學校。她獨居，與人無往來，死在客廳地板，多日後才被發現。

校方所謂派人清理，也只是撿走大體，虛應故事。其他腐壞的遺骸碎肉體液，只有讓葛瑞自行清理。他戴著口罩清洗很久，鼻孔裡屍臭如蚊子在他鼻毛間迷了路，老飛不走。校方問葛瑞，要不要把老太太斷氣後躺久造成的變色地板換掉？他覺得工程浩大，回答不必了。葛瑞在那間房住了一個打工的暑假，地板上深沉印漬隱隱可見。這小子，連鬼王都要對他退避三舍。

在我認識葛瑞好幾年後，他才第一次提這件事。我駭異幾乎靈魂出竅，不知枕邊人在跟我合演《吸血鬼就在隔壁》或《我的男友是吸血鬼》？

我沒他那一粒大膽子，卻盡做他認為奇怪的事。例如，我去巴黎旅行，花兩天在逛墓園，因巴黎有四座墓園，我喜愛搜尋名人墓，找到蕭邦、莫里哀、王爾德，以及Door合唱團主唱吉姆・摩里森。

在倫敦，我也花了一天在專葬名人的西敏寺，清點歷代英國君主墓塚，牛頓和莎士比亞也在寺內入土為安，我等同於在死人棺槨間流連。

在紐奧良，葛瑞白天開會，我去參加墓園之旅。晚上，他得空，我們一起參加吸血鬼之旅。對我的怕鬼心態，葛瑞的反應有時讓我憤怒，有時好笑，有時寬慰。他第一次從舊金山飛抵夏洛斯特威爾市，跟新機構面試，數日後即獲通知錄取。第二次他專程搭飛機回小城，此行目的在物色新家。他只有一天時間，當然找仲介最快。

葛瑞告訴我物色新家的過程：「她一開始帶我去看一座社區，設施挺不錯，而且安寧得很，絕不會有人車吵雜。」葛瑞當時一聽，感覺不錯，隨後經女仲介補述，那感覺全毀了：「這座社區靠近一座公墓，你別擔心有人會吵到你。」

葛瑞說他才雀躍的心，忽地凌空摔落，他為確認再問一次：「妳說社區附近有一座公墓？」仲介還很得意：「是啊，大家都愛這種永遠不怕被後來新蓋社區吵到的住家啊。」

葛瑞說他投降了，難道要跟她講：「女士，對不起，我老公很怕鬼，公墓絕不列入考慮。」說完，他當面想聽我的答案：「如果我訂了那座寧靜社區的房子，你會恨我一輩子吧？」

我瞪著他，好驚險，他選擇了站在歷史正確的一邊：「沒錯，我會恨你一輩子。但還好，你很機靈！」

3

我在新家認識的第一個鄰居，是一歲母貓「珍寶」（Jewels），住在我家對面。我出門去停車場社區信箱收信，或放 YOYO 出門在前庭草坪吃草，常看見這隻豐腴三色貓跳上她家屋內窗戶底座，從窗簾縫中鑽出頭，端坐在那兒，與我遙遙相望。有時，我揮手跟她打招呼，她睥睨沒給我好眼色：「你以為你是誰啊？鄰居？是個啥？」

她的主人叫DiDi，獨居的非洲裔中年婦女，每天下午準時開門吸幾根菸，放行珍寶在門口附近啃草。白天，我在家寫作有機會與DiDi說聲嗨，閒聊上幾句。不消幾天，我留意到DiDi對珍寶小妹採取軍事化管理；她吸完菸關上門前，雙唇一抿，發出清厲口哨，珍寶就搖著她的小肥屁股，「懂吱懂吱」回家報到，不敢多逗留。

我們對YOYO採自由家教，他有固定的放風時間，自在又瀟灑，任他愛逗留多久，我都陪他。珍寶跳上窗戶底座坐著看外頭，不時望著YOYO的動靜。午後陽光挪移，正好照在DiDi家那面牆，珍寶的眼珠折射陽光，神聖皎潔。她臉上有一種不屑神色，八成在想我與YOYO感情甚篤：「這兩頭公的，幹嘛那麼親暱？」

我日後證實了，珍寶確實有親密恐慌心理症候群。

珍寶對外人皆具敵意與防備，我從她的肢體語言判斷，DiDi恐怕從沒抱過她。珍寶只是她作伴的動物，應該連寵物都稱不上。

某天，我與DiDi站在兩家之間的水泥通道上，聊得較久。我曾聽葛瑞粗略提及，她的生活困境，沒想到竟這麼糟。她表情認命地說，自身罹癌末期，房租要漲，她已住不起這個社區，找到租金便宜的房子，準備搬遷。她話題一轉，說也養不起珍寶了，可能送去動物收容所。

這對人媽貓女際遇坎坷，我聞之心碎。我們雖幫不了DiDi，不過珍寶的去處操在我和葛瑞手中：要給她一個溫暖的家，或任憑她在動物收容所裡命運未卜？

葛瑞下班後，我跟他溝通此事。住舊金山時，他每年出差一週，都要張羅有無朋友照顧

YOYO，或送去哪一家動物旅館？有幾次我親耳聽他抱怨，不再養第二隻貓了，YOYO之後也不會收養貓了。

他這麼說時，我心頭為之一沉，沒去反駁。他難免在怨頭上，我不必執意跟他爭辯。

我把珍寶將淪落動物收容所何其可憐，講得悽悽慘慘，就怕葛瑞被自己說不再養貓那席話「將軍」，無路可退。

他聽了沒馬上答應，讓我頭皮發麻。心想：我跟你十餘年了，沒見你真心狠過，不會就在這節骨眼，你要讓我大開眼界吧？

抓蛇抓三吋，在他沉思決定時，我趕緊誘導他別往「不行」的方向走，盡數釋放正向暗示：「我們可以改名叫她嘟嘟，她是胖小妞，叫起來很貼切又可愛。不然，直接叫她Fatty，發音也很響亮。」我一直在分他的神。

葛瑞坐在沙發，看我站著比手畫腳，有點像在笑。我熟悉他這一號表情，通常意味：「你真的很喜歡是吧？看你好話說盡的樣子。」

看到他這一抹似笑非笑，好兆頭，我有些心安了。果然，他嘴裡擠出一個「alright」。

我忍不住流露喜悅：「那我們現在就去跟DiDi講？她大概也快搬走了。」

直到現在，我都還記得如何歡天喜地去敲DiDi的門，當面告訴她：「我跟葛瑞講了珍寶的事，如果妳同意，我們很樂意收養她。」

DiDi喜出望外，她必然寧願有好人家領養珍寶，也遠勝過送到動物收容所。說做就做，她立即呼喚珍寶，小胖妹又顛著肥屁股踱過來，大眼睛往上瞧。我想像要是她這時能像人開口說話，絕對像好萊塢電影中叛逆少女的語調：「老媽，幹啥啊？」

DiDi 把珍寶抱起，交到我手上。看珍寶時，覺得她胖是一回事；抱在懷裡，感覺她胖又是另一回事。沉甸甸地，也許她過於緊張，身子繃拱，更像一粒大石頭。

我先將珍寶抱回家，DiDi 隨後把她的用具全部拎來。除了飼料盤、半包乾糧、玩具，赫然還有一個 1.5 × 1 × 1 公尺的鐵籠子。我一時嚇呆了，這……表示珍寶常被關在籠子裡囉？我如同見到滿清十大酷刑的刑具，一陣戰慄，愛好自由的貓被關在籠子裡是何滋味，我連想都不敢想。

前思後想，我整個明白了。之前，葛瑞跟 DiDi 在草坪聊天時，我陪伴 YOYO 吃草，聽過她提到子女偶來探望。現在，兩邊線索一接合，真相大白。

照這樣算起來，我記得有兩次，DiDi 居住外地的兒子、女兒帶全家，分別來探望母親。珍寶跳上窗戶的那間房子，本來隨她出入，就給了兒子或女兒一家子住宿。我隱約記得 DiDi 跟葛瑞說，女兒與媳婦都不喜歡貓。

原來如此，那麼在他們探訪期間，珍寶只有一條路可走：關進這一只大鐵籠裡，免得惹亂兩位女人家的作息。

珍寶莫名其妙被關進籠子裡，一連數日失了自由，驟至的壓力定然龐大。我猜，她受困方寸之地，無事可做，只有拚命吃乾糧來減壓，造成了她這一身胖嘟嘟體態，也難怪她很不友善。「陌生人出現」之於她，是跟「被關入鐵籠」一樣的等義詞。

猜臆珍寶可能遭受魔鬼訓練，養成女大兵的彪悍個性，對她乍到我們家諸多歇斯底里表現，我便能很諒解了。

個性強悍的珍寶進駐，全家如臨大敵。葛瑞一向是老好人，對我也言聽計從；但他這次始終不鬆口風，沒說到底要不要收留珍寶？

我開始在他面前一直喚珍寶「Fatty」，在葛瑞面前強烈傳達「她已是我們家庭的一份子」。Fatty 發音雖是肥胖，在我心目中已轉譯為中文「費蒂」，把早期兩大女豔星費貞陵、貝蒂各取一字，真心認定她是一個美人胚子。

葛瑞似乎不為所動，仍以「That cat」稱呼費蒂，聽起來好疏離。葛瑞對她的神經質敵意，以及屢番對近身的 YOYO 張牙舞爪都頗不以為然。

我明白葛瑞尚未跟著我叫她費蒂前，是什麼含意？表示她還是被列入「留家察看」；假如壞脾氣不改，他撂過一次話，「我不見得想留她」。

我拚命想替費蒂做好公關，偏偏這隻恰北北母貓如我之前所講，她的黑人媽媽把她當女大兵訓練，沒有愛的教育，只有鐵的紀律，她不輕易流露溫柔。

更不幸，YOYO 是溫吞公貓，在她面前變成馴良的老芋仔士官長，常被她追著跑，例如費蒂老埋伏在樓梯口堵他。有幾次，我發現 YOYO 經過費蒂身邊，喉頭會發出怪聲，落荒快閃。

YOYO 就像「吹口哨壯膽」，經過她身旁，喉頭發聲，提醒她：「死女生，別惹我，我只是過路而已。」

我在一旁看了真擔憂，笨費蒂，搞不清狀況，只當自己是女大王，可不要馬上淪為收容所的女囚犯啊！

連續兩個禮拜，葛瑞上班後的整個白天，我都焦急萬分求姑姑告奶奶，把費蒂抱到跟前，柔性勸說：「我的大小姐，妳別這麼笨，搞清楚狀況一點。拜託，拜託，爹地回家後妳就是假裝，也要給我裝成乖巧女兒。把拔可沒把握能幫妳拖延多久，都要看妳自己表現了。」

另外，我也開始訓練YOYO反擊費蒂，把他抱起來，朝費蒂猛追，幫他拚回一點氣勢。

葛瑞下班後，我便常為費蒂美言，說她白天做了什麼好事（我編故事編得很辛苦），非想辦法讓葛瑞心軟。

有一天，我在二樓寫報社專欄，聽到葛瑞下班進門的聲音，並未下樓去迎接招呼。隔一陣子，我聽見客廳傳來碰碰的聲音，好奇步下樓梯，看見葛瑞正拿著雷射筆，以紅點四處照射，逗得費蒂追來逐去。那碰碰怪聲，來自於她追趕紅色小光點，忽被騙上樓梯，又快奔竄越而下時踩踏地毯的響聲。小妮子胖歸胖，追起東西居然似身形靈活的洪金寶，我見了笑不可支。

我這一笑，是加倍地笑。看小胖妹費蒂被耍得團團轉，藉機減肥，動作可愛固然好笑；其實我更開心的是，看葛瑞與她玩得很開心，我就知道費蒂終於領到一張我們家的正式居留證了。

當費蒂「移監」到我家時，黑人媽媽把她慣吃的貓乾糧一同轉交。但費蒂自動不再吃她的舊食，只吃我家餵YOYO的這種乾糧。我為一探究竟，抓起兩邊乾糧比較，葛瑞買的這種品牌五顏六色，混合各種魚肉口味。黑人媽媽那個品牌只有純咖啡色，顯然味道沒啥變化。費蒂，也不全然是胸大無腦的美女。

費蒂現在的每一頓，都嚐到了黑人媽媽從不餵她的昂貴魚肉罐頭，三不五時還有貓咪愛吃的特製零嘴，福利多多。YOYO擁有的，費蒂一律比照辦理。我相信，費蒂感受到了這些變化。

她心裡絕對會這麼想：妹子我豐腴福泰，如楊玉環再世。這一家陽盛陰衰，妖嬈嫵媚就靠我獨撐大局了。

這一家海鮮餐館的中式自助餐，是小鎮蒙主賜福的新證據。才成立一年，始終高朋滿座，也成了我和葛瑞想不出覓食好點子時，充當永遠的備胎。

「嘿嘿，我去拿第三趟的螃蟹了。」葛瑞並非貪小便宜，只挑單價高食物；而是他到哪一種形式的「All You Can Eat」中式自助餐，一例以大蟹開胃。中式炒洋蔥、大青蔥、勾點芡，留存蟹肉美味、蟹殼鹹味的烹飪法，讓他甘願獻身為吃蟹奴。

看他吃得手滑嘴膩，笑逐顏開，我也感染了好心情。他連吃完第三盤蟹，我只吃了一盤。他手中抓著一根肥大的鉗子，問我「You want?」我天真無語地看著他。喔，老伴真好，一起久了，都知道沒搖頭反對的事，便代表默許。我瞧他手法嫻熟先把蟹鉗擊破，露出四分之三蟹肉遞過，我不費吹灰之力捏出鉗肉啖食。

另一種清蒸長腳蟹，葛瑞也很會取肉。他會在蟹腳正確的寸位，使力一扳，折裂了又不全斷開蟹腳殼，技巧地從裂口中，抽出一條完整的蟹肉。

他人蟹大戰三回合，起身又去巡禮，這次端回一大盤肥蝦小丘，雙手如剪刀齊飛剝起殼來，一尾鮮美的下弦月蝦肉就被他抓著尾巴高高舉起，問我：「You want？」

葛瑞橫豎愛吃蝦，他的邏輯「我一個人手沾油了，總好過兩個人的手都油油膩膩」。他把前五隻蝦剝好了，一一載著牠們飛越半個餐桌，放在我的盤子上，我微笑地心領。

這是我們之間一份奇怪的《馬關條約》：「我說不」，一定意味就是不；「我沒說不」，極可能表示默默點頭！

我基於某種怪心理，「受惠，會使我不知所措想逃避」，葛瑞多年來已摸熟我腸子的通路。我其實沒那麼渴望剝殼吃蝦，最適合我的是蝦仁爆蛋那種，一尾尾去殼紅蝦夾了往嘴裡送，多省事。葛瑞明白我怕兩手油膩，寧可放棄剝殼，也不願換來一尾肥美的蒸蝦。

這情況越來越嚴重。剛認識他時，我剝蝦、吃蝦都沒問題；時間一久，兩手黏答答油滋滋，餐巾紙也擦拭不掉，非進去洗手間用乳液猛搓手，洗乾淨才回座繼續用餐，不然渾身疙瘩，坐不安寧。

我雖有此怪癖，卻不主動要求葛瑞幫我剝蝦，我深知他會願意；但要我提出這個請求，覺得太丟臉，乾脆一句話不吭。

反而，葛瑞一直還記得我年紀輕時愛吃蝦。

「我吃得整隻手油膩膩的，看著蝦殼、蟹殼堆那麼高，嘖，真美味。」葛瑞把抓拿熱炒食物留下滿手沾汁抹油，視為戰役成果。

我想過，自己這樣真糟，彷彿吃蟹蝦都被侍候。但親密關係是天下最不能以公平原則對待的關係，完全奠基於雙方意願。重點是MATCH or NO MATCH？

MATCH的那一對，肯定是一個喜歡照顧人，另一個喜歡被照顧，龍虎配。NO MATCH那一對，就會斤斤計較這一回你做什麼，下一回我做什麼？一直算計公平。公平與否，不在外人看，而是伴侶間體會的歡喜與甘願。

「你先去洗洗手吧。還有很多不同食物，需要拿叉子。」

他依我建議去洗手了，我驚覺葛瑞與我吃東西的習慣，不知從何時起，發生了乾坤大挪移。想大快朵頤中國菜，就不要怕手髒，抓雞腿就咬、剝蝦子就吃、拿餡皮包北京烤鴨就啃、扒紅蟳油飯就嚼。這些招式葛瑞全學會了，他用慣筷子，以手代箸，又更靈活。

而我，功力隨著食慾大退化，凡會把手弄油膩的，都敬謝不敏，能以筷子優雅挾菜，我才多吃一點。

我和他的飲食習慣，彷彿在某段時空中發生交錯。他變得像華人，我變得像西方人，糟！也不是，我不愛吃披薩。嗚嗚，我變得四不像了。

不止於剝蝦，這麼多年來，葛瑞善長俐落削水果。任何要削皮的水果，一經過他妙手，蘋果、西瓜、香瓜、哈密瓜、梨子、芭樂等，都切丁成盤。品質好到如插上一支小紙傘，就可端去賣給餐廳客人了。

年輕時，姊姊飯後切水果；遇見葛瑞後，他接手切水果。我一直感謝，像我這樣的歪嘴雞，始終有幸能吃到好米。有幾次，我削出的水果被葛瑞看了發笑；他以水果刀完整削皮，我以削皮刀削掉半粒蘋果。以後，他就認了削水果是他在家的天職之一。

這就是我們互定的《不對等條約》，不公平的都發生在他那端，他甘願吸收。歷來，吃中餐我點菜，吃西餐他點菜。像到最跩的義大利、法國餐廳，菜單上義大利文、法文寫得斗大，底下小小一行英文，鬼才看得見。葛瑞母語為西班牙文，多少可從拉丁字根猜出義大利、法國菜單的主菜。

為安全起見，到新餐廳，他一定點了兩盤我都可能愛吃的口味（以海鮮居多）；畢竟我們從沒在這裡用過餐，不確定口感。如果上菜了，我吃其中一道順口就繼續吃；若吃不對口感，他就會把自己那一盤跟我交換。

5

有一年，我剛從台灣旅途勞頓，轉兩趟飛機回到維吉尼亞州，等第一晚補足時差睡眠，第二天葛瑞就載我來前文提到的這家被我們戲稱「大蟹腳」中式自助餐廳報到。Somehow，這裡成了我們約會的地點。

這次狀況小有更動，我們沒有一把外套掛在椅背後，立即去食物區取菜。我看葛瑞有話跟我講的樣子，反正那些食物也飛不走、游不掉。我專心坐著，等著他開口。

這氣氛有點嚴肅，究竟什麼阻止了大蟹在對你聲聲喚？瞧你神色，絕非日常事。難道要離婚嗎？我們連一張真正有法律保障的結婚證書都沒有啊。要實質分手嗎？這趟我回台北甚久，就是因美國簽證到期，我拖延不敢去AIT簽，怕碰上釘子，一拖就是一年三個月。是否我不在這裡太久了？你的心田被別的花種飄落土裡開出了花苞？花季到了即將盛開？

葛瑞跟我都喝著服務生送來的飲料，在他沒開口前，我這顆作家腦袋就不知已轉過多少念頭？拼湊過多少台詞了？

「我打算想再多買一份保險。」葛瑞脫口而出第一句話，完全是繃出一匹大黑馬，馬鳴嘶嘶，嚇得我正襟危坐。多買保險？那意味著你怎樣了嗎？

「我算一算，如果我現在有怎樣的話，你可以從我的保險和公司支付，以及我目前投資存款中，獲得一筆款項。我想那筆數目可能不夠你用一輩子，所以我打算再加入一份高額保險，你就有兩倍額度當生活費。」葛瑞是精算師，他說什麼就是什麼，不必懷疑失誤。

我卻一臉不解：「你為何突然跟我講這個？你有健康問題嗎？還是，你有什麼沒告訴我？」我的臉色漸轉憂色。

葛瑞此時當著我的憂慮，卻還笑得出來：「寶寶，我就知道你聽了會問這些問題，我太了解你了。你總是想很多，想到的也不過濾，全都拿來擔憂。」

「不然，你為什麼選在這時跟我講這個？」我還是悸波蕩漾。

「我剛做了這個決定，不這時跟你講，那要什麼時候講呢？」葛瑞食指一捏，把桌面上一滴水抹乾，好似也想抹乾我的納悶。

「可是……就以你說的，原來的款項已經夠我照顧自己後半生了，你沒必要多投保啊。」忽然，我被這事關身後錢的敏感話題籠罩得不自在。

「我要把以後物價波動、幣值改變等因素都計算在內。」葛瑞如在跟我講無字天書，「而且，我不是要你夠用而已，我希望你就算獨自一人也能生活得好。」

我無話以對，想起了對《紅樓夢》的一段解讀：「這自然是釵探（薛寶釵、探春）兩個人聰明細緻的地方，坦坦然接受別人的好意，也是一種不多見的美德。」

我不以東方人角度，認為講身後事觸霉頭；也接受了西方人坦然談保險、遺產的作風。好幾年前，我們從水牛城搬往紐約途中，葛瑞特地繞到他的保險公司，在我面前將他第一份壽險的受益人改動，從他媽媽一人，更改分配為二：媽媽與我。

輪到我說話了：「寶寶，我感到很歉疚，這些年來我生病了，一直有氣無力，只能賺少量的錢。家庭重擔都壓在你身上，你幾乎是一人賺雙薪，才會那麼勞累。你每月還累積投資我們倆的退休後生活費，我卻幫不了什麼忙。」說完，一嘆。

這些年，我每想到自己坐困憂鬱症愁城，也因每一年必須抽出將近半年到美國，與葛瑞維繫遠距離的婚姻家庭生活；局勢不利於我，根本無法再踏入每天進辦公室的職場，常為攢錢不足而自責。

「別這麼說，我們是一家人，凡事互相。以前我們住台北時，你賺得比我多，房租雖說好均分，我知道後來都由你完全獨立負擔。你支助我買電腦送我媽，兩年每月有一筆屬於我固定的付出，都是你幫我cover。在更早的紐約，我們也經常分攤。」

他暫停一會，喝幾口雪碧，仿若還有一段話不吐不快：「而且，寶寶，你和姊姊從小來自貧窮人家，從大學以後，一直到念碩士、博士的學費，都是你自己掏腰包付。我在美國，你必須搭機來回次數頻繁，幾十趟的長程機票錢都是你自費，沒要求過我和姊姊伸援手。這些費用總計在一起，你要慶幸自己在年輕能衝刺工作存下夠多錢，以及後來賺得雖少，仍能累積支付博士班學費。你要為自己驕傲啊，這不是人人辦得到。如果不是你自己能負擔這些，就算以我的薪資，也未必能讓我們生活像現在這般從容寬鬆。」

他又喝一口雪碧，聽得出長篇大論要結尾了。

「現在你只是生病了，一些無法克服的原因使你不能全天候上班，你光以寫作，賺錢不如當年跟你一樣資深同事領高薪，這是正常的，別介意。」

第一次聽葛瑞正視我生病以來，收入節節下降的窘困、自尊心的受創；甚且替我找到解釋的出口，令我釋懷。

大恩不必言謝，我在他面前流露謙遜，凜然，無語，知情，他懂得，那就是我表達最大的感激。

6

如果說，我們搬來夏洛斯特威爾是發配邊疆，實在太誇張，這種說法只是我一時心情低落的投射。夏洛斯特威爾人口四萬，非沒沒無聞之都，在文化、學術界名氣十分響亮。這座城是大學城，名氣甚高的維吉尼亞大學座落於此，在公立大學中排名全美第二，僅次加州大學柏克萊分校。

一八一九年，維吉尼亞大學由美國第三任總統傑弗遜（Thomas Jefferson）創立，在他寫給畫家查爾斯・皮爾（Charles Willson Peale）信中提及：「新的學校應建立在盡可能自由和寬鬆的環境下。」

這段話，具體描摹了維吉尼亞大學鮮明的自由派校風。後來兩任美國總統麥迪遜、門羅也擔任過董事會成員。在美國歷史上，這所大學以其首創建築、天文和哲學等學術領域而著稱。

整座校園別具特色，從校園選址、建築風格，到學科設置，無不浸透著傑弗遜的心血。歷經前後三任總統加持，迄今校園內，連空氣中都瀰漫著政治家與大將氣度，以及濃郁的人文氣息。

據悉，維吉尼亞大學企管研究所（MBA）畢業生，年薪從九萬美金起跳。然而，這對我不

構成什麼吸引，我較有興趣的是驚悚小說大師愛倫坡曾在此短暫就讀，當年這座校園、這個城市有給了他寫作靈感嗎？

第一個禮拜，我覺得搬到了外星球。不管我跟葛瑞在社區、去超市、上餐館、逛mall、加汽油，觀察四周後，有一句話必冒出口：「我是唯一的東方人。」

我這份發配到邊疆的陰霾心情，終因一隻松鼠出現在我家草坪上撿拾東西吃，而露出了曙光。時約黃昏，我坐在客廳沙發休憩，從兩片落地型玻璃窗往外看，一隻松鼠正蹲在草坪。牠的腮幫子與小眼珠圓鼓鼓，耳朵跟雷達一樣轉來轉去。牠的小爪子如功夫高超的女裁縫師之手，一旦送入口咬不對勁的小石或雜物，牠的手指迅似閃靈，任意一拋。

松鼠快咬，沒啃兩下掏嘴抓物，往後一甩。我看了心裡有數，牠一定暗中開罵：「這戶新搬來的，啊是怎樣？一家人都便祕結石嗎？怎麼草坪裡連一粒軟鳥屎都找不到，全是硬石礪、水泥碎片。想謀殺松鼠嗎？這裡還有王法嗎？」

松鼠忒也大膽，牠瞧得見我人在玻璃落地窗戶後面，跟牠大眼瞪小眼，根本不鳥我。

「死松鼠，你應該怕我的啊，我是惡人，會把你抓來剝皮，烤肉，製作標本，尾巴蓬鬆還可拿來刷灰塵！」我故意表情裝凶一點，湊近玻璃窗下方，讓牠知道自己面對的是誰？

「咦，對啊，我是誰？」我忽而自問起來，噗嗤笑出，「我在幹嘛啊？威脅一隻雜毛畜生？真是！」

衝著這鼠輩有膽，我從廚櫃罐子裡抓了幾粒開口笑果子，這次不透視窗戶，改為打開大門，出去跟牠面對面。牠居然沒閃，保持警戒看著我。

「嘿，鼠兄弟，我生肖屬鼠，也算是你表親吧。希望你沒到七老八十，還啃得動這種好吃的開口笑果子。」我矮著身伸手向前，牠做出撤退的後傾動作，彼此像卡通人物僵住。

「你若夠朋友，吃一粒再走；吃不完呢，包回去給老婆小松鼠吃都可。」我跟 FBI 談判專家一般戒慎，一面心裡又想：「乾脆幾粒都丟過去，牠跑掉就是孬種；留下來，我就當牠的靠山，以後年節加菜全包在我身上。」

我盡量輕輕扔過去幾粒開口笑，猴塞雷，這隻松鼠兄弟沒竄逃，手指還即時撿起果子，像超市什麼都喜歡試吃的那種歐吉桑。我福至心靈，喊牠一聲：「喂，uncle Joe.」

我憑什麼認定牠是公松鼠，以及牠歲數中年，叫牠喬伊大叔？管他呢，橫豎松鼠也看不出人類的年紀，扯平。

牠咬開一粒，吞下硬殼裡的豆子；頓時牠察覺有異，如太空飛鼠跳上圍籬，一蹬就不見了。原來是聽見葛瑞下班開車回來，在旁邊停車場的引擎聲。

「你在幹嘛？」葛瑞看我這幾天都氣息奄奄，難得自己走到外頭來。

我講了餵松鼠的事，他點點頭：「牠們最喜歡吃應該還是乾玉米。有一家寵物店在附近，一定有賣，要不要去看看？」

這家寵物店很專業，情有獨鍾，只販賣鳥類跟松鼠的食材與各種相關用品，與泛稱寵物的貓狗無關。

我們買了兩大包松鼠大餐，乾玉米和五穀雜糧，以及一根繞成螺旋狀的鐵條。看末端窄、前端寬的長條形，就知道這是要塞一條乾玉米進去，掛在籬笆給松鼠慢慢去啃。

我也忙著看一大堆跟鳥有關的器材，包括各類餵鳥器、吊餵食器的插地鐵架、鳥飼料、鳥屋，心想我真變成鄉野鄙人了，乾脆做做鳥人也不錯。我家後方樹林既是松鼠築窩，也是群鳥棲息的好風水；我跟葛瑞說想餵松鼠，也想餵鳥，因我想做方圓一百公尺的大善人。不好意思，葛瑞付錢，卻由我出面受動，當好人好事代表。

當天太晚，沒插鐵架掛餵鳥器，只塞了一根乾玉米在螺旋鐵條中，掛上籬笆。我還從工具箱拿出細鐵絲，在開端口綁個十字形，不准哪隻松鼠偷吃步，整根啣走占為己有。

在靠圍籬的水泥地上，葛瑞灑了一大把松鼠最愛的混合雜糧，儼然一頓盛宴，就當是給松鼠提早過聖誕吧。半夜，我們倆忙著當聖誕公公。

隔天，我躲在掛百葉窗的玻璃後，望見一群松鼠大隊駕到。站在圍籬最上方，正專心一志啃乾玉米的是喬伊大叔嗎？天知道！每一隻松鼠其實長得都差不多。我決定就把那隻當成喬大叔，畢竟牠跟昨天那隻都有點肚子圓鼓鼓。敢情他是攜家帶眷來了，端坐圍籬上在輪流啃的也許是喬大嫂，底下幾隻撿拾地面穀粒可能是喬家兄弟姊妹和子女吧。

地面幾隻松鼠追逐起來。吼，有貪吃鬼要捍衛地盤，或兄弟鬩牆。

費蒂個頭矮，只能站在落地玻璃窗下方，平行注視外頭的松鼠軍團入侵。她大姑娘嘴皮子情不自禁掀動，體內抓鼠輩的天性正在蠢動。有一次我們打開大門，費蒂一馬當先朝在草坪撿拾的松鼠飛竄過去，幾乎給她抓到一隻。若被她利爪一刮，恐成了松鼠開膛手。

也怪不得費蒂，這是她的天性，加上後天被 DiDi 訓練出滿腔敵意。換成 YOYO 便不是這樣了，他總是慢條斯理，如果貓需要戴大禮帽，他就會在出門前照鏡子，把帽子戴到無懈可擊才走出去。他偶爾也追過松鼠，但意思意思而已，在主人面前假裝有在衝業績。

後來我跟葛瑞養成習慣，開門前都先用腳擋住貓，開了一點縫確定松鼠不在場，或把在場的噓走，才放兩隻貓出來吹涼風，啃青草。

我和葛瑞很擔心，萬一不小心真給費蒂抓到一隻松鼠、鳥，血濺五步，鑄成遺憾，畫面太怵目，不符合我家的博愛精神。

他笑說：「如果她真的把鳥抓在爪子裡，大概一時也不知該拿那隻鳥如何是好？」

我跟葛瑞感到不可思議，我們家的男人都溫柔，連公貓也很溫馴。像這裡的 YOYO、台北的斑斑，都願意給人抱，也會自動來撒嬌。

但台北的 KIKI，與這裡的費蒂都盛氣凌人，不愛搭理，若抱她們則拚命想掙脫。

我跟葛瑞有個一致決論，我們這個家庭的女人（他媽媽和我姊姊）與母貓都很 tough，男人與公貓都很 sweet。

一根懸吊餵松鼠器、兩根懸吊餵鳥器的鐵架也插起來了，後者掛著不同長度、抓桿方式不一樣的穀粒容器，適應不同體積的鳥兒站立啄食。松鼠倒掛金鉤的剝食姿勢，跟《臥虎藏龍》裡的飛簷走壁一樣。

也許在松鼠社群裡，已經流言滿天飛了：我跟你們講喔，新搬來的那戶人家，住兩個笨蛋男人。他們庭院總有「All you can eat」自助餐，吃完了，還會自動端出下一餐，怎麼有這麼傻的人。哈哈哈！大家去瞧瞧吧，尤其長得一副華人那位最搞怪了，都躲在家裡偷看我們吃玉米，還拍照，唉唷，真變態！

鳥類以麻雀及其表親、鴿子來得最多，鮮豔的北美紅雀也常造訪，有天，我發現一隻安靜秀氣的斑鳩，正啄食地面穀粒，趕緊拿相機躲在窗後，按下快門。照片中的斑鳩，竟像一幅畫。仔細看，斑鳩的臉很秀氣，毛色雖平凡，自有一股素雅氣質。娟秀的頭部，像瓜子臉。

也許從小就很清楚，我是一個長相平凡的人，對這隻一點也不喧嘩，自在悠閒的斑鳩，才起了共鳴。

在平凡中，要不卑不亢自我欣賞，實在不易。不是太看輕自己，就是太憤世嫉俗。我一直在學習怎樣欣賞自己的平凡。看多了美豔的鳥，我祝福牠們的好福氣，長得美麗；但更愛憐斑鳩的平淡，牠的優美必須是知己，才懂得賞識。

斑鳩不是鑽石，是一塊玉，很多人也都是玉，不搶眼，慢慢發出光暈與溫暖。像玉鐲戴久了，會與主人的體溫一樣有溫度。而不管你戴多久，永遠溫暖不了鑽石。也許，正是我這斑鳩的性格吸引了葛瑞。

北美藍鵲也是不時來報到，牠們有著水晶藍的長尾巴羽毛，每一次飛翔都點燃一次驚豔。

我注意到北美紅雀公鳥豔光四射，母鳥色澤暗沉多了。在大自然中，雄鳥要以「我最美」的姿態出現，吸引雌鳥，使雄鳥的基因可以播種下去。雌鳥剛好相反，羽毛越無色彩越好，免得懷孕後，目標太明顯，大腹便便要躲天敵很辛苦。

我常在二樓書房的窗口，往下探望鳥類來來去去，停在餵食器啄穀粒。我似乎找到「夫妻本是同林鳥」這句說法的證據，一般咸認雄鳥羽色豔麗為了求偶，這是沒錯；以我觀察很多對北美紅雀夫妻檔，大啖我家庭院的餵鳥器之行為，另有領悟：

雄鳥一身鮮豔，還有一項更重大功能，是為了引開天敵（捕獲者）的注意力，讓總是一起雙宿雙飛的母鳥多一點時間逃生，有機會活下來。

這種公鳥、母鳥的恩愛現象，讓人深受感動。鳥猶如此，很多人類伴侶亦有此情操。伴侶之一總是甘於為另一位擋災，自己把險全攬下來，只為了對方平安。

我跟葛瑞分享這個發現，他笑笑說：「你現在成為鳥類專家了喔？」

「是啊，我現在也兼鳥爸爸。」這些時日我窺視百鳥來朝，也看出點心得。

「你知道北美紅雀是維吉尼亞州的州鳥嗎？」葛瑞突襲考我。

「真的啊？難怪我在公路上，看到有些路標牌特別秀出北美紅雀的模樣。」我這廂恍然明白。

「那你知道這一個州，還有州花嗎？」葛瑞坐在沙發上，費蒂跳上去跟他撒嬌。

我聳聳肩，倒是想起台北市的市花是杜鵑花。

「維吉尼亞州的州花是山茱萸（Cornus officinalis）。」他最後唸一串像外星文，我要他拼給我聽。匆忙奔上二樓書房，上網查到這種花，外觀像辣椒，居然可製成中藥材。

我既然查了電腦，搜出了相關資訊。下樓後，換我當學究考他了：「那你知道維吉尼亞州的州狗是哪一種？州動物？州昆蟲又是什麼？」天！維吉尼亞州的居民都是英英美代子嗎？選出這麼多名堂！

葛瑞轉而去問費蒂我的問題：「妳比我們更早一年住在這一州，妳知道答案嗎？」

「你別賴皮推給費蒂，她若知道答案，我以後叫她媽都可以。」為了怕忘記剛用力記住的單字，我趕緊宣布答案：「州狗是獵犬，州動物是黑熊，州昆蟲是帝王蝶。」

「奇怪，沒有州貓嗎？」葛瑞在刷費蒂的毛，刮下來一團針線球。

我在電視看過貓啊狗啊選美大賽，異想天開：「我們幫費蒂報名去選美好了。」

「她不如去選 top gun（飛行女軍官）吧。」葛瑞此話一出，我們倆都哈哈大笑。

「試飛時，她擠得進去嗎？」我補了一句，又爆笑第二輪。後來想想，這樣嘲笑自己貓女兒不太厚道，言歸正傳：「她真得減減肥了，過重不健康。」

其實，我們美國四口之家，除了超級瘦子 YOYO，其他三位女士先生們都該減重了。

從此三年多，我們固定買松鼠與鳥類飼料，加總並不便宜。掏錢的葛瑞認為我有事忙，有東西關心這樣很好，連我無法言宣，就是想要的小鳥洗澡用的石柱、石盤，他都買了。這兩樣石頭重得不像話，我們合力把石盤抬上來，讓底下凹洞卡住石柱便已氣咻咻。只是，每回倒滿水，沒有一隻鳥去洗澡過，或許太光天化日，使鳥害羞了。

社區對面是一座湖，每年都會飛來天鵝、野鴨，鵝類品種為加拿大鵝。葛瑞和我在假日白天步行到湖邊，看著鵝媽媽和鵝爸爸領著一群小鵝划划水，或在岸上玩點指兵兵遊戲，數著一隻、兩隻、三隻……十隻，沒少。

社區和那座湖之間，有一條馬路穿越而過，時速限制三十哩以下。這數字不是給駕駛牛車的莊家漢看，那為何這麼低速呢？在這裡鵝最大，不准高時速是怕撞到這群寶貝。一旦母鵝帶領一行搖搖擺擺的小鵝過馬路時，兩邊所有車輛都必須停下來，等牠們太空漫步完畢。

鵝群常越過馬路來社區草地啄食，每隔一陣子，我留意小鵝從毫毛如絮的迷你身軀，逐漸長大，羽毛漸豐，每次看體積與神態都不一樣。

牠們年年飛來又飛走，飛離又飛返，都是新的一群鵝。不知從何而來？又去向何處？神祕嬌客愛把這座湖，當成敦親睦鄰補給站。

平日「放貓吃草」，多數時我都會看守，偶爾我也會讓YOYO獨自去蹓躂。我卻不信任讓費蒂自由活動，她是野丫頭，放出去沒盯好，她胖雖胖很具爆衝力，一貓當先，可能衝到樹林去追松鼠了。

有一天，葛瑞到處尋找YOYO蹤影，在靠近湖邊的停車場發現他，正跟一隻大鵝對峙，矮身欲撲。大鵝張開雙翅，撐大急拍，尖嘴作勢欲啄。葛瑞立即衝過去大喊YOYO，他才驚動一溜煙衝回家。

「這隻笨貓以為他在幹嘛？那隻鵝的翅膀張開，比我的肩膀還寬，尖利鳥喙如咬到他，可能小命都不保。」

葛瑞每提及此事，我都在腦海想像那幅畫面。怒氣衝天的壯碩野鵝，翅膀如毒龍奮力拍打；面對忽然變成硬漢約翰・韋恩的YOYO，露出吸血鬼般的利牙，到底真打起來，我們家的好好先生會落敗得這麼慘嗎？

我知道這一仗深藏危機，避之為上策；但我心裡很想跟YOYO說：「兒子，幹得好！」

7

從愛貓、愛野生動物（含鳥、松鼠、鵝）、愛花，我們的庭院顯著是三聖一體，看起來就是有打扮的一張臉，巧笑倩兮，美目盼兮。

我們在庭院擺放了好幾盆鮮豔的盆栽，有點像麥浪的花海。只要盆栽的花期過了，便添購新時節的花卉，花園永不謝幕。

「我把社區一百多間房子看遍了，也有人擺花，都沒什麼看頭。不像我們家弄得花團錦簇，五顏六色，又有一根餵松鼠器、兩根餵鳥器。我們家，幾乎一看就是gay住的地方。」我綜合幾天的觀察，跟葛瑞做簡報。

「DiDi說，以前這一間住戶也是一對gay，比我們年輕一些，後來一個付不出房租，就只好拆夥搬走了。」葛瑞第一次對我說起這事。

「社區裡我看不出有居住gay人家，我們這一間房真是風水好，一連住了兩對，妖氣沖天。」我沒把最後那句話解釋出來。

我們的「gay house」被動物、鳥類、禽類、花草包圍，我和葛瑞與兩隻貓宛如住在一座植物園、動物園。

這裡四季的樹葉變化之美，非我這個土芭樂都市人預知得了。一年秋天，我從台北返回，見識全城樹木變成鮮紅、紫紅、草莓紅、硃砂紅、胭脂紅、咖啡紅、絨布紅、暗漬紅、巧克力紅，以及各種漸層的黃色葉子，美不勝收。

難怪，丹尼爾跟我們約好，帶著他新任男友，一位大陸籍的機械工程師，專程從休士頓搭機來此，邀我們去國家公園山區，登高鳥瞰大地。看還未滿四十的丹尼爾有了新伴，兩人都很樂天，一搭一唱，真為老友欣慰，祝福他們永遠沐浴在春天裡。

當我站在高峰，俯看下方葉色斑斑，確如一個彩色盤調出印象派那種繽紛色塊，夢境般簇擁。少年歲月，讀詩念詞，俱是秋嘆之作，對沒親眼目睹秋天景致的我，一樣能「為賦新詞強說愁」，自己感動得要死。

那時少年老成，總感覺道不盡的惆悵。沒有愁也要有愁，浸泡一身詩意。現在人到中年，顛倒過來，有愁（憂鬱症）且甩不掉愁，淪陷一身濕意。

我知道這片楓紅很快也將謝了，繼之冬寒，帶來幾場大雪與小雪。春夏秋冬，一切如此真實。以前，我的人生都是用想的；遇見葛瑞之後，他教我的生命哲學就是人生要親身所至、親眼所見，連惆悵也需如許真實。

這些年到底值不值得呢？我深思良久，是值得了。

冬季下雪，也慢慢成了我的期待。我們會開車在住家十分鐘車程內繞一圈，拍攝一些雪景，跟部落格和臉書朋友分享。

冬天雪地，除了白雪，與冬青類的深綠樹葉，其實一片灰撲撲。內行人看的不是顏色，而是樹枝的線條。

那些襯著天空顯現的芒狀樹枝，葉子落盡，有點死寂；一被雪覆蓋後，上面白，下面仍是樹枝的黑，黑色分岔形成珊瑚枝，另類美感。時到春天，這些看起來沒生機的樹枝又發出新綠，其生命力耐打耐磨。受煎熬時的姿勢很難看，沒關係，重要是留著老本，挺住了，撐過來了，就有機會又美起來。

有次拍照，意外看到蓋著白雪的草原上，馬兒低頭吃草，竟也有禦寒冬衣，正像狗主人怕愛犬受凍，會為牠們穿上好笑的衣服。

雪地上，有兩匹馬穿布袋裝，其中一匹似乎貴族氣一些，外套比較華麗。生平第一次看見馬穿衣，又長了知識。

多虧有了這些自然界生物陪伴，使我那載浮載沉的憂鬱症常被轉移，或給稀釋了。這是所謂的「動物療癒」（animal healing），奇蹟地在我身上灌注能量。我在這一間被樹林綠葉包圍的小屋中，從每一面大窗戶望出去，都是陽光流瀉，月影扶疏。陰涼的蕨類發出綠氛氣息，樹林低地還有一條淺淺溪水，蟲鳴唧唧，許多小生命都在活躍。某天傍晚我看到許多螢火蟲，在我家前院草坪飛過，上一次看到已經三十年有了吧。

剛搬來時，我對屋後這座陰森樹林不甚好感，連晚上站在二樓主臥房，面對黑漆漆樹林，都感到有睛光跟我對視。三年時光，我看著它歷經春夏秋冬，四季遞嬗景觀悄變，各有韻味。我已適應了有樹林當靠山的生活，窗外那一雙與我對視的眼漸漸變成了春天的飛絮、夏天的螢火蟲、秋天的星子、冬天的雪花。

蒔花弄草，歸隱生活靜好。我們還種過小番茄，都被松鼠偷了。也種過九層塔，被我摘來做九層塔炒蛋。葛瑞種了一叢薄荷，搗碎了可調成雞尾酒。

我在家時間長，兼任動物園管理員。某天，好幾隻大烏鴉占據餵食器，聒噪不休，全是大嘴巴，為爭食打架。小鳥們都圍在每棟房子的屋頂上觀望，沒一隻敢飛下來進食。我就氣得像《新龍門客棧》張曼玉飾演的金鑲玉老闆娘，只差沒拿菜刀衝出去大叫，趕走了囂張的烏鴉。然後，我很紳士地彎腰答謝眾鳥的鼓掌、吹口哨。我進屋後，看著一隻隻如天女下凡，站上餵食器吃珍饈。

後來，我們買了一組鐵架與石板拼貼的桌椅，擺置在庭院靠近玻璃窗的位置。動物園管理員負責將空了的餵食器添滿穀粒，有個傍晚，我倒滿了鳥類愛吃的五穀雜糧，忘了把餵食器掛上，

放置在石板桌面。隔天，我看見桌上凌亂，好幾隻松鼠掀翻了餵食器，大快朵頤。

我看著待在桌面上勤快嚼食的那隻松鼠，很眼熟，大叫：「Uncle Joy！」牠舉頭看進玻璃窗，只望一下，不理我繼續吃。哈哈，這隻真的是小肉肚喬伊大叔，個性都沒變，不鳥人依舊不鳥人。

8

我意識到這下糟了，不只糟，簡直是慘了！為什麼一顆心，已不在我胸口了，半夜飛去南方國境，那一雙小翅膀的續航力夠嗎？夠它在人海茫茫中，找出那個讓它發作、發顫、發狂的傢伙嗎？或者，它找不到人之前，就力氣用罄撲倒在某個那人形容過類似他家的陽台上？

不經意的初遇最會害慘人，若經心，終究會提防。我在網路上製作了兩個流量極大的部落格，基本閱眾是男同志。其中一個小單元「臉書好好看」，照片取自網路臉書自貼上空泳褲照，有養眼美肌者，我主動通訊邀請，多半都願意被轉貼在我的部落格。

男同志偏愛耳目之娛，特別目迷五色，我也集中挑選身體露出越大體積者，小褲頭腫一包，樂到裸者，爽到觀者，賓主盡歡。當我看到那人的照片，則一開始就怪誕。他沒放泳褲清涼照，照理說，我求效率決不蘑菇，一定跳過另覓人選；卻無法移駕他處，自動降低裸露尺度，他的大頭照我破例接受。在製作部落格時，我一般發言正經，對他卻率性脫口：「你那張帥臉照可以讓我轉PO嗎？」

等到數日後PO出，我已忘記此事。無意中又看見那人的臉書，刊頭圖片是綠色植物，有一股靈秀之氣，我立被吸睛，才知道此人是那人，趕緊通知：「你那張帥臉照PO出來了，有空到部落格瞧瞧。」

我一連兩次戲稱他帥臉，斷非我日常口吻，此時仍未留意有異狀。直到我仔細看了刊頭，回想起剛跟葛瑞去峇厘島，刊頭圖片的綠意風情與佛頭像幾分峇厘島神韻，才多問了一些話。

我看他臉書資料，隨意寫訊：「你住南部喔？」

他的回答牛頭不對馬嘴：「是啊，人到中年剛剛失業，很慘喔。」

哇，他自稱很慘了，我怎好意思搪塞兩句就禮貌性掰掰，只好真心表達關懷；中年失業可傷神得緊哩，我盤算跟他講什麼以安軍心。料不著我這一步踏出去踩空，便從滑坡上的草堆一路滾下來。

滾的時候，天旋地轉；滾落之後，已不知身在何處？魂魄離體，所有矜持都難把持了，我與那人的對話漸漸脫軌，而非越軌。

我們有時在MSN談話，他數次不知是跟朋友喝，或獨自灌了酒，趁略有酒意跟我講些情慾挑逗的關鍵密碼：「有沒有人告訴你，你的唇很適合被吻。」「我其實很喜歡你，求你千萬不要離開我。你是好人，我不好，我很壞。」

我讀不太懂那些意識昏亂寫的句子，似在暗示「跟我愛一場啊」，那人卻隨即清醒，宣讀《日內瓦公約》：「我有一位十幾年的長期伴侶，我不能放棄他。當年我追他很久，他可英俊得很咧。隔幾年，我的真情打動他，他接納我，我那時對天發誓，絕不會為任何人離棄他。」

那他何必還來招惹我？似乎擺明了可以精神柏拉圖的愛，但肉體的越軌還被一個古早的禮字監軍，不准動聲色。

他的文采不亞於我，文字來往間，如歌的行板響起，我有時聽到悠然神往。他這位在神話中為眾神執壺的中年男子，吟哦歌聲忽遠忽近，時而高亢時而低迴，怎不來為我斟酒啊？

我到他臉書看PO文，如許思緒華麗，他在我臉書讀我PO文的意境繚繞。我三度想離開他，包括一次黑掉臉書，自陷痛苦。長痛不如短痛吧，以為那人就會消失，豈知一週多之後，又如無事人一般來問好。

我問他到底要怎樣？他說，我這些舉動在他眼中都是小孩鬧脾氣，說氣話：「不跟你玩了！」過幾天，他放心不下，又來看看我的任性好一點沒？

閱覽他的文字，撩起我年輕時代對「才情相當」的迷戀；與之交談，又撞上我赤子之心無法抵禦的稚氣純真。

慘了，我在葛瑞身上無法被滿足的文字戀情，竟集中在這人身上，勾我三魂，奪我七魄。他對我也曖昧難敵，真要撒手不管，亦非無所依戀。雙方僵持，都卡在可以放寬自己精神出軌，不敢越肉體出軌之雷池一步。

你要好好保暖，睡飽。乖乖的微笑……

常就是這樣簡單一句話，讓我獨居的寂寞更深；也讓我始終無法被葛瑞填滿的中文感動，如火轟地燃起。

臉書很好用也是事實，它宛如《CSI犯罪現場》影集中，那一面被警探釘滿線索、貼紙、圖片的軟皮板。我們不說破，都在自己臉書公開留下外人不知所以然的詞句，傳給對方。唯獨，對方知悉。我曾這樣敘述：

有人暗暗地以臉書偷渡戀情
不敢說出口的，
不方便說予人聽的，
藉著寫幾行字，
或置放一張有象徵意義的圖
或貼合情境的 youtube 歌曲
暗中打著暗號

看得懂的就懂了
看不懂的局外人當然就還是不懂

臉書造就了多少偷歡暗戀，
臉書啊臉書
寫在臉上的書
不管字體多小，
不管擺放在哪裡，
都難逃過戀人的眼眸底。

一陣陣的坦白，在臉書上不指明對象地公開，情意四溢：

天哪，一大早我就在做春夢
剛閉上雙眼似乎昏迷了一陣
在潛意識中
我貼近在一個男子後方
深深地吸著他的體味、髮味

一邊以嘴唇摩擦他的耳朵
心為之陶然……

喂，
你還有一萬字的文章還沒寫完呢
別做做春夢了
我喜歡熱戀時情人間說的傻話
人生99％精打細算
剩下１％就該愛得顛顛倒倒
癡癡狂狂
被對方捏一下鼻子，說：
你好傻！

我如果看他貼出新照，就會點擊滑鼠右鍵，拷貝到電腦裡一個專為他設置的檔夾。不經心一瞄，已有好多張他的臉龐了，像一口音樂盒子裡珍藏的遠方明信片。

他之於我，說是喜歡太淺；說是愛又太濃。說不愛也不算，說愛亦不算，我們就活在這不算與不算之間。滿肚子淚水想流，心結纏纏繞。一顆心被切成兩半，一半還在胸腔，另一半不知被丟到哪裡？只能怪自己被迷惑，好傻，真傻，太傻。

最致命一擊，你借刀殺人，引用周夢蝶那一首魂魄詩，使我心防土崩瓦解：

若欲相見，
只須於悄無人處呼名，
乃至
只須於心頭
一跳一熱，
微微
微微微微
一熱
一跳一熱

你何必對我說那樣的話，草率說那輕佻的暗喻與讚美；說什麼這廝，說什麼那廂，一切都像針兒落地一般，我聽得字字入耳。怪來怪去，只怪自己被以為是愛的東西，實質是寂寞所迷惑。

終究太傻吧，傻到一整個活該。

既然無法開展緣分，偏偏又兩不錯過，結下一個難得緣。我試圖找尋答案，在臉書上貼出了一篇長句，痴人說夢：

千年一願

我原是觀音座前的童子
有天在溪畔撿起了一顆五彩石
石塊被千年水流漂物蒙蔽了光華
我以雙手握在掌心刨光
終於露出孩子氣永遠愛看的五彩光芒
我無意間把你放在觀音座旁
千百劫來你趁機聽佛說法
日轉星移
你已有人身精魂

但你靈活的身軀四處跳動
卻一直在蓮花座周遭
尋不到千年那位童子
擦亮你第一個注視你的那雙眼眸

原來，童子有悲願
數百年前自願下凡輪迴
生生世世要修大金剛法
直到替人類道盡大苦大悲的書寫
人人雨露均霑
旱象稍解

你在天上窮盡目光
找到我的蹤跡
這一世比我晚五年誕生
因你掐指算好
我們會在我五十歲相遇

你牢守一個千年心願：

我要把他當年將我從河底掘起的

我的五彩光芒溫熠他寂寞的心房

回憶年輕時一旦戀愛起來，都太猛太烈，像在油桶倉庫裡貿然點燃打火機，在所不惜，以為那樣的愛才值得為它不悔。

本來只想照亮真相，弄清楚他對我有情意否？或在乎我的程度是否如我在乎他？往往，按捺不住，心頭千軍萬馬奔騰，顧不得掩護自己，就倉促用力一刷打火機，砰地巨響，將自己炸得血肉剝離。

那時好像故意弄傷自己，不知哪聽來的鬼理論：不夠滄海，不夠巫山的情意都不足掛齒！遂全力以赴，直到傷痕累累。一邊舔傷口，一邊自戀自虐地以為這便是情是意，在痛楚裡偷偷變態地滿足。

最後也搞不懂那是感情？還是心中壓抑已久的寂寞在作怪，自己只不過像快要溺斃的人抓住一根漂木，就再也不能放手罷了？這一場，都是不小心與迎面而來的人擦撞出火花後，不願意再回到原有的靜寂，所產生的執與拗而已？唉，時間遙遠的年輕的愛，透過與此人偶遇，在中年人千帆已過的胸膛還可能召回當年魂嗎？

在我與葛瑞的親密關係中，縱有百般好，卻有一樁遺憾，如隕石撞地球，留下一塊陷落的大窪地。光陰之輪不知轉了凡幾，窪地塌了，仍是塌了的形，輾不平。

身為一位以中文創作的作者，我的思想精奧、靈魂情感、人生姿態，甚至一身的美麗與驕傲，都在我堆文積字的作品裡。可惜葛瑞看不懂中文，每次我出版新書給他過目，他只能從封面翻到封底，我懷疑他最多看看排版與封面設計，就說：「Very good」。

他的「very good」永遠觸及都是我的書之外觀，而無法掘到一口書之內在泉眼，湧出汨汨閱讀喜悅。

年輕時，為自己編織的情人範本，第一條件就是才情相當。大學讀中文系，難免把才情相當視作「文采驚喜相看，默契心領神會」。

與葛瑞交往，發展長期關係，我靈魂之精華一直無法被他賞識，偶爾心口會抽痛一下。我總告訴自己：人，不能貪心。葛瑞是善心的良人，已經萬中挑一，我無權再希冀什麼，連一絲都說不過去。

然而，文字終究蠱惑我精神出軌了，我像一個瘋子偷偷地喜、偷偷地悲、偷偷地倉皇。我也像一個駕駛新手，把這份感覺開上路，想要扳直；有時似乎直了，有時又似乎歪斜欲垮。

我來美國後，向葛瑞告白在台灣期間，在網路上「認識」了一個人。他說，你們沒見過面，怎麼算是越軌？說來感慨，反而是葛瑞勸我不必憂愁。

也許，他從來都知道我是自小被家人寵、讀書被同學寵、工作被同事寵、一直受寵的寂寞小孩。也許，他知道我在台北因憂鬱症脫離了社交，獨自陷落，寂寞太深。也許，他知道我的庭院深深，似如一枝花長得越過了牆，不是要拔根離去，只是為了貪看外頭不同風景。

後來我回到台灣，那人因出差北上，與我在咖啡店初次見面。我後來也接受一所學校邀請下南部，順道與那人二度會面，倆皆歡喜，都維持著禮貌距離。我們很有默契地做了摯友，談心事、談人生、談佛經，無所不談。之所以昇華，俱不願傷害彼此長期另一半。

但難道什麼都雲消霧散了嗎？一度深刻見骨，怎會毫無傷疤？

或者，正如一次我們以對話方式呈現，寫道：

甲：如果我們都是單身，你想我們會熱戀嘛？

乙：有渴能。

甲知道乙是把「有可能」故意打為「有渴能」，因渴字 means something more，代表渴望，渴盼，渴想……而心旌一陣晃動。

但，似乎也僅止於搖晃了。

9

心血來潮，週日午餐決定去一家從未踏入的中餐廳，座位不多，我們是唯一的一桌客人。點了餐之後，我和葛瑞閒話家常，感覺聊了不少，奇怪餐點怎麼還沒端上來，又不是客滿，不就我們這一桌嗎？

有一位中年白人從我們進門已在餐廳，看起來好像等外買，始終枯坐在靠牆一張椅子。實在慢得不像話，就算不趕時間，我開始有點焦躁。

年輕老闆娘終於提了幾袋外買，交給那白人。搞半天，原來他是送外買的員工；一般中菜館都請年輕華人小弟，這是頭一遭我看有中年白人也幹這途。他非客人，難怪都不急的樣子。

我望了葛瑞一眼，互相苦笑，這麼久總鋪師都可以辦一桌宴席了，結果才蘑菇出這幾袋菜。那就繼續聊吧，話題忽切入我那陣子憂煩的老問題，對自己賺的錢不夠多而歉疚，英雄無用武之地，悶苦難耐。

我以寫作維生，號稱專業作家。其實，台灣市場小兒科，除非作品都暢銷，不然根本養不起幾位專業作家，絕大多數作家都有正職，出版算額外補貼。我的情況特殊，一年好幾個月得待在美國與葛瑞生活，無法從事固定正職，僅靠專欄稿費與少數長銷書半年結算的版稅，全因幸好我不必養家。

獨居的台北大房宅是姊姊買的，來美國數個月開銷都由葛瑞打點，省掉這些大筆生活支出。

基本上我不必拚命賺，只需賺夠在台灣的生活零花，與飛美國的機票；我總不能志氣這麼小，都花到剛好而不存錢吧。儘管，有葛瑞對我們退休後的養老本在精算地投資累積。

這真是老問題，葛瑞與我談過很幾次。他說：「你既然知道買書風氣變差，收入受限制，那你為何都不另謀出路？我老跟你講可以寫劇本啊，你根本連試都不去試，那當然一直受困。」

我一聽他又提編劇，頭就開始發熱，坐不安寧。隔行如隔山，他以為會寫作的人什麼創作都能瞬間轉換。台灣編劇圈也小得可憐，資深專業編劇也受市場需求不進則退，而競爭劇烈。我沒寫過劇本，跟電視電影圈沒有人脈，我就算咬著牙寫完一份劇本，我要沿街叫賣給誰？

葛瑞過去只有在我自責賺錢太少時，才會勸我，每次都勸進到寫劇本那看得到、摸不著的天邊一朵雲。

我跟一些學過編導、執行編導的幾位朋友請教過，有人直接說葛瑞的想法太天真；有人語帶保留，間接回答葛瑞提議難度高。好，為了怕我有偏見，或剛愎自用，虛心請教有經驗者，證實了我「非不為也」，是在現實中「難以為也」。

我一再反駁沒那簡單，他都用劍花把我的防衛招術全化解掉。我有時憤怒到很想頂回去：「你是架設、執行遠距教學系統的專家，我也可以說反正跟電腦技術有關，你為何不去試著從事設計電腦程式，你有辦法嗎？」

坐在餐廳，老牛推車所推出的菜才剛端上桌，我已經像悶火燒乾稻田，腦子一片黑煙遮日。我當下知道憂鬱症被那種「給逼到牆角，走投無路」的焦慮誤觸了開關，烈焰沖天。

「我再也忍受不了，無法繼續坐在這裡，不然我就有股衝動，想把餐廳所有桌子推到，把所有餐盤摔在地上。」我站起身，試圖控制，已告無效，拚命顫動，發作了火山噴發前的地震。

「寶寶，別這樣，坐下來。」葛瑞拉我的手肘，想把我搖清醒。

轟，大爆發了。我想前面有一口潭，都會縱身一跳。我丟下一句：「我做不到，我已經崩潰了。」說完，風捲殘雲般奪門而出。

我一股氣撐著，疾走在這一片店面散落很廣的地段。我朝著家的方向走了十分鐘，越過馬路，走到正中央時。忽然我聽見車子急轉彎的輪胎聲，轉頭望見跟行人穿越道垂直的那條主要公路幹線，居然是葛瑞開車疾駛，停在我身邊。

這個現場時間一秒都不能差，必須公路過去的下兩個交口號誌是紅燈禁止通行，而讓葛瑞可以從他那個綠燈的路口，前進轉彎。在我站的路口，與下一個路口之間這一段公路，巧合一輛車也沒有，是淨空的。葛瑞才敢在快車道停下來，可以打開駕駛座門走出，將那麼湊巧正走到路中央的我拉住，命令：「上車！」

我看清楚眼前一切，當下個路口紅綠燈一變為綠燈，大批車輛就會開過來，我若不配合趕緊上車，無異拿我們倆的命開玩笑。

那個路口，離我們家已不太遠，足夠讓葛瑞說完他的訓詞：「你以後再也不，再也不能突然掉頭走人。」他把「never」重複兩次，以示嚴重。

回到家，葛瑞說那時他在等餐廳打包才能離開。他繼續在車上起了頭的訓話，我也無力跟他辯了。

他難得對我如此嚴厲，說這很幼稚、行為偏差。我等他訓夠了，起而為自己辯護：「對，你說得對，我不應該突然怒氣沖沖走了，我很抱歉。從另一面看，如你現在講的是我的一般狀態，我會更虛心接受；但我那時已經發作，在發病狀態，如果我控制得了自己脫序，那憂鬱症還有什麼好發作？全靠自己強忍控管不就可以了嗎？何苦有時我，包括很多病友，發作嚴重時，會想去死？」

我言訖，他持續安靜下來；也許他仍怨我太任性，卻接納了我的觀點，發作當下什麼都還講理，照步數來，那還叫什麼發作呢？

我們為「寫劇本」吵架，剛才在公路那一幕，使我想起早年瓊瑤小說改編的雙林雙秦（林青霞、林鳳嬌、秦漢、秦祥林）電影編劇，就常安排這種不符合現實人生的衝突。怎麼會這麼巧，在負氣離開走在路口中央，被男主角開車，剛好其他車輛都被紅燈擋住，讓他可以冒險停在快車道，叫負氣者上車呢？

小時候，看到電影這類「太湊巧發生的情節」，都會不以為然。現在，我親身體會有些人生劇本，比電影劇本不僅不遑多讓，甚至更誇張、更離奇呢。

人的記憶力不可思議，因服用安眠藥之故，我經常出現短期記憶喪失，像有時把昨天某些事忘得一乾二淨。有些東西卻能奇妙地記住，包括阿拉伯數字組合的日期。

自然，我並非莫名其妙去記住沒有意義的數字，一定是數字連接了生命中不該忘懷的事件。我記得二〇一二年二月八日，那一天我從台北啟程抵達了維吉尼亞州夏洛斯特威爾市的家。

上一趟我當空中飛人，從夏洛斯特威爾市返回台灣，待在那兒時間較久；直到現在才回來，跟葛瑞闊別超過了一年。

夏洛斯特威爾真是道地小鎮，迷你機場沒有空橋，飛機都停在機坪，旅客下了機，還得走一段路進入機場。

我搭乘這一架飛機感覺「像吉娃娃那麼大」，旅客即使攜帶登機箱，登上飛機前依然需統一放在一處；由工作人員用推車，運到機身後方開口的貨艙區。橫豎你提得上飛機，也沒那麼大的置物櫃給你塞。置物櫃大概小到只能放當兵那種急救糧食包吧。

每次從台北飛長程到舊金山，再從舊金山轉兩趟國內班機，抵達夏洛斯特威爾，我都像在坐監受刑。機身降落停妥後，同樣動作必須逆向重做一次。乘客陸續下飛機，先集合在機坪，等候全部登機箱由空服員以小型推車運送過來。大家各自領了小行李或大提包之後，趕緊縮頭滾蛋。今晚氣溫好低，達到凍死人標準。

天地蒼茫，我站在寒風颼颼機坪上，等候提領登機箱時，身子左搖右晃，藉以產生熱量稍微取暖；一瞥眼間，我看見機場鐵圍籠外站著一個孤零零人影，首先我沒看清長相。

那身形越看越眼熟，我認出了那件外套。哇，這種恐怕氣溫零度的天氣，葛瑞居然不留在機場大廳吹暖氣，卻跑過來站在鐵籬笆外觀望，目睹班機平安下降。

我的天，希望他沒有站在那裡太久，心裡感動又不捨。這種冷風可是武俠小說裡的無影飛針，咻咻刺穿衣服，再厚也擋不住，透入肌膚。

我舉起手跟他搖一搖，他也揮手回應。我打量周遭，預感得沒錯！全班機旅客唯有我有人來接機，多麼獨一無二。

走進機場，與葛瑞見到面，互相擁抱問安，在臉頰啄吻一下，他的臉皮如敷了一層霜。

我與葛瑞從在紐約住在一起，到維吉尼亞州這一段生活滿十八年了，在這說長也算長的歲月中，我來回飛行台灣、美國之間的次數不知凡幾。每次我飛抵美國，不論在哪個機場出口相逢，第一眼從人群中見到葛瑞的感覺總百味交集。

有時，我看他剛剪了頭髮；有時，察覺他變胖了；有時，瞧出他疲倦了。有時這樣子，有時那樣子，我們似乎在很熟的情感裡，又幽微地滲著一點兒被空間強硬隔離出來的陌生。

自從博士班畢業後，我只能以觀光簽證入境美國，每次停留時間不能超過半年。回到台灣又是另一番景象，每次居住時間就長短不等了，最短一次是二〇〇六年出版《口愛》，從美國趕回去配合新書發表活動，停留一個多月。最長則是這次在台停留一年三個月，是我與葛瑞在一起以

來，離別最久的一次，許多微妙處也證實了最久分離果然出現「情怯效應」。

這次返回美國，開始還以為自己多心，持續觀察後，確實感覺YOYO對我陌生許多。以往他跟我親暱異常，做到很多貓根本不可能配合主人意志的舉動，像是被我臨睡前抱上床，枕在臂彎。貓一般不喜被限制活動，片刻也未必通融；YOYO卻能靜靜趴著，陪伴到我逐漸進入夢鄉，才悄悄離去。他從不提早脫身，直到聽出我呼吸轉成將熟睡的頻率，才靈巧地從我的臂彎滑走。

以人貓咪年齡對照，貓的一歲，等於人類的五歲；那我這趟遠離了一年三個月，對YOYO的感覺，這個人恐怕消失了相當人類時間七年之久。畢竟，貓的記憶容量大不如人類，即便他與我有過再深的情感，若七年不見而記憶耗損，也是合理吧。

我幾次試圖像以前那樣抱YOYO睡覺，他就流露焦躁，不太耐得住，跟我原來那股美好的默契已不復返，我就不勉強他了。為此，我深感悵然，儘管我們猶然親密；然而沙子一旦流入縫隙，已無法全掏挖出來，難以恢復原狀了。

跟貓如此，我與葛瑞之間的互動滋味也出現影響。一別經久，若非半年，就是一年，以年為單位計。他在美國獨居，我在台灣獨居，僅有電話聯繫，當重逢時孤寂人見到孤寂人，原有的多年熟悉感，固然留得青山在；但一直也都有新的陌生感混入。就像掀開外表無損的屋子，吃驚發覺白蟻雄兵已啃光了某些表面下的材料。

這近二十年來，一年又一年他來接機，我們見面剎那的相擁，從興奮熱絡、止不住歡欣，到安慰送抱、放心入懷，進而演化到近五年來的簡單情怯、靦靦生分，一路顯著地微調。正如一座原本乾燥清爽的山壁，逐年被上方人為掘開的泉水流穿而下，壁岩潮濕了，無可避免長出了星星點點的青苔、綠蘚。這些綠色玩意極其頑固，怎麼刮剷也徒勞無功。

每一次隨著我重返美國的間隔長短，接機況味都有所不同；但有一樣東西永遠不變：我們從老遠一見到對方，嘴邊不禁漾起了安心微笑，最暖還是故人來。縱然分別那麼多次，葛瑞沒有一次缺席，總是準時來接機，離開時也從沒漏過一次送機，彷彿每一回我來美、離美，對我們仍是第一次重逢、第一次分離那般慎重。

那晚寒夜接機，葛瑞扮大力水手卜派，從轉輪輸送帶上拎起了我那只大得可以藏一輛 Smart 汽車的行李箱，我則優雅地拖著小行李。兩人走出大廳，我凍到像縮頭烏龜。夜涼如冰錐刺人，我們倆逃難似的走到敞篷車，快手快腳，把一大一小的行李裝入後車廂。

我急得像快要被冰箱夾住屁股，趕緊進入車內。在我尚未坐定，他人還站在車外，忽然伸手到從駕駛座後方，拿出了一把花給我。

他口氣平淡說，來接機前，去了一趟超級市場，買了幾樣生活用品。言下之意，買花也沒什麼啦，順便買而已，反正人都在超商了。

我微笑道謝，心甚明白，怎會是「順便」！我跟你多年為伴，怎不知你？

一進入家門後，滿室暖氣如一個隱身家人跟我擁抱，沒什麼比這更是家的況味了。YOYO 與費蒂也從二樓連綳帶跳衝下來，沒先跟我撒嬌，竟去東聞西嗅我的行李箱子，像兩隻小獵犬在矮灌木叢饞嘴地搜巡野鴨。

葛瑞把十朵大紅玫瑰插入水瓶，擺在紅色系的餐廳圓桌。這一擺，尤其紅豔如火，餐桌上花瓶因而成了一盆燒出金紅色烈焰的烤爐，映著我們冷若敷霜的凍臉，都浮現「見到家人真好」的紅暈。

這麼多年裡，只要我的生日、情人節沒在美國與葛瑞共度，他幾無例外，都會跟國際花店預訂，節日一早就會有當地人送花過來。

有一年七夕情人節，他打電話跟我說抱歉，原意計畫訂花，卻因颱風過境台灣，沒一家花店有人上班，那年意外沒花，反而稀奇。另有一年，我精神狀況不太好，除了花，葛瑞還指定在裝花的木盒中放兩隻可愛熊寶寶。

我心裡想說，花兒遲早會凋謝，不如拍成照片PO在臉書上，當成永恆記憶。

葛瑞送花次數這幾年實在太多了，我一位大學死黨每當看到我的臉書，送花照一波接一波，就裝生悶氣，故作惱怒狀：「葛瑞再買花送你，我就拿花打你。」

當然，這是戲言。死黨的意思是幾位大學女同學都沒收到老公送的花了，何以我年年「槓上開花」？不過，就算被她真拿什麼東西打，我都甘願。

我常想，是啊，為何我跟葛瑞兩個大男生在一起都那麼多年了，怎麼還會想到送花表達感情、關懷，保留這份浪漫情狀呢？

原因不完全為了我們倆異地而居，我們若住在一起時，葛瑞逢年過節還是都會帶回家一束花。

我們心一想，怎麼好似都是他在送我花，我沒送過他花。後來分析道，這是我們的默契導致。

葛瑞知道我的心還有孩子氣，喜歡花花綠綠的東西，浪漫的、有趣的都還想擁有。他明白，我絕不自認已經高年級組了，打個比方，我是那種年紀雖長，卻會照樣跟低年級組站在棉花糖車前，眼睛專注著糖粒溶解成絲，再勾出粉紅色的芡。

葛瑞知道我並未在歲月中，失去了這種老天真的心性，當然理解我仍歸類自己還算年輕，有愛花與被送花的資格。

而我觀察葛瑞，他完全不是我這掛浪漫脫線的人，送花給他沒理由不高興，但可能夾帶些許不自在；對他而言，花太感性了。他更歡迎我送他物美價廉，又是他偏愛的、不以價格為憑，而以細膩觀察為重的「怪咖禮」。

有一年生日，我送給他一瓶越南甜辣醬，瓶蓋是翠綠色，瓶身是透明塑膠，透出裡面甜辣醬的淺棕色。我在瓶中央打了一個蝴蝶結，附贈一包花生米，他收到禮物之後欣喜萬分。此人有癖，他只要放一把花生米沾著大把甜辣醬配白飯，就是山珍海味。

我汗顏地說：「可是，這一瓶真的沒幾塊錢，不成其為禮。」

他有時用話語，有時用動作，反覆地透露給我同樣的訊息，並確認我收訊無誤：

「我跟你在一起就很好了，不需送我什麼，尤其不必回送花給我，你若能開心笑，我就覺得比收到花更珍貴了。」

第八章・重返舊地，瞻望前程

（紐約：2012.7～目前）

1

萬里無雲，不必看黃曆，也知道是好日子。我們正從維州夏洛斯特威爾市搬家，開車前往紐約途中。這一輛個頭高大、心胸寬廣的Kia休旅車，坐起來重心穩、視野高，聽說與網球老將阿格西廣告的同一款。

心愛唷再會啦，朱紅色敞篷車跟隨我們這些年，帶來很多溫馨回憶，功成身退了。葛瑞還是一樣尊重我的意見，買下了我指定的休旅車。在公路上，我似乎比原來高出了二百公分，變成一座活動中的萬里長城。

家具託卡車運送，YOYO與費蒂、我與葛瑞一家四口坐專車，葛爹地永遠是盡職的司機。YOYO有多次搭車經驗，端坐在駕駛座與前座中間的置物櫃上，威風凜凜向前望，彷彿是海盜船頭子。那鎮定模樣有大將之風，我看了都好笑。

胖妹費蒂就慘兮兮，怕她緊張亂動，上車前先把她裝進一只貓咪專用提袋，她不安動來動去。等上路一個多鐘頭，將她從提袋中拉出，驚嚇到挫屎。整趟車程中，強悍妹終於舉白旗投降，暈車趴著，終究拉風哥哥 YOYO 勝了一籌。

一路無事，我開始跟葛瑞邀功了起來。

邀功，是我和葛瑞親密關係的遊戲，我不索討報答或回禮，只耍耍嘴皮子，裝得自我得意逗逗他，直到他露出「好啦，沒錯，聽起來確有你的功勞」神色，這場遊戲才告結束。與其說邀功，不如說調情與調戲。

「你知道這次被紐約這所大學力邀為遠距教學院長，不無我的功勞在內，我是你的幸運符。每次你在美國不順利欲脫困，或好運將來，都一定是我剛巧回到你身邊的時候，逢凶化吉，吉上加吉。」我著實為他開心，「大學院長」頭銜確比「學會主任」來得有派頭；何況，又是在紐約競爭激烈的高等教育界。

「是嘛？好像是耶。」葛瑞前後思量，意識到我並非吹牛。

「當然，你自己的實力與口碑最重要；我是最後那臨門一腳。」我這次不像歷來裝得意，轉而真心跟他回首這幾年，所謂的幸運有哪些？

「第一次你從台灣到舊金山面試，從頭到尾我對你有高度信心。第二次我們買房子，也是因我當天要拔臼齒，你請一天假，下午我們最後一次尋勘，意外看中一間簡直專為我們打造的新居。第三次，你到維州面試，也是我從台灣返美不久，你一試就中選。這一次，我剛從台灣來到維州，你有想過會轉任到紐約新職嗎？沒有，對吧？直在我居留到期日倒數一個月，校方聘你的好消息才到來，是不是？」我一邊說，一邊扳了四根指頭，「你要發展好運時，我都得在你身邊，台灣人叫這『幫夫運』，一般講太太幫先生，我們呢，就是夫幫夫。」

「好，我承認你有功勞。」葛瑞滿足地笑，知道我不玩假惺惺那一套，有就坦誠布公，沒有也不會自我粉刷。

其中，關於拔牙那一段最玄奇。當時住在舊金山最後一年，葛瑞打算置產保值。仲介公司從奧蘭多到康科德（Concord）上窮碧落下黃泉，物色符合我們預算的空屋，帶我們看了好幾家，每家都下不了決心「就是這一家」。

最後勉為其難，找到一間鄰湖的二樓屋子，門前一條車流熱絡的馬路，我實驗把全部門窗關掉，外頭車流聲仍有些刺耳。我們想那可能就這一家了，每次都須等到週末假日才能看房子，一週一週過去，看了還真不少，真命天「屋」都沒出現，可能注定委身在此了。

我對這間房子並不滿意，心中嘀咕；然而，我懷疑也許只是個人對「安靜」的標準太高、過於敏感。

時值週一，我在舊金山近唐人街一間韓裔牙醫診所，排定拔臼齒，葛瑞當天一早才說，請一天假陪我動手術。我傻了，心忖，只是拔顆牙需要請假陪我嗎？又不像老婆要生產了。

葛瑞覺得這麼做正常，他解釋：「拔臼齒，如不好拔，可能須動手術；萬一大量出血，你昏迷了，我一定要在你身邊。」

喔，這樣子啊？在台灣，就算老爸老媽要拔光整排牙齒，子女也不見得跟在身旁。情人更不必說了，即便四顆臼齒都拔光，也就是溫言一句：「你拔完四顆後，麻醉過了，給我一通電話，OK？」

我受寵若驚，驚喜他的「陪我一天」邏輯。拔牙比想像順利多了，走出牙醫診所已近中午，我跟葛瑞提議：「既然你請了一天假，那我們當作多出一趟機會，開車再到康科德做最後巡禮。」

說不出所以然，我有預感，好的結果似乎現蹤，只待我們去摘。開車一下康科德交流道不到十分鐘，有一條巷是我們嫌不夠安靜那間房的必經之地。我們過去來附近好幾次，始終看到巷口一個臨時工站在草坪上，身前背著一面房屋廣告牌子，在那裡搖來搖去。

每次都匆匆看一眼，那個總價比我們預期少一截。我和葛瑞都認定這是仲介商搞噱頭，先騙客戶上門，再添加一項一項費用。那幾次我們不想被愚弄，懶得繞過去看。這天下午，我想看看還有什麼好損失，在與那間我不甚滿意的房子成親之前，我總有權利多看點美色吧。

葛瑞覺得我說得對，把車停在這棟廣告門牌號碼前。從外觀看，是一整棟三樓公寓全新改裝，大廳還鋪大理石，隱約提醒了我一九九三年租到曼哈頓那間房的感受。

葛瑞跟經理談，了解他們定價為何是這個數字；他們不想透過仲介商，由自己銷屋，才有低於市面行情的「夢幻價」。我跟葛瑞互使眼色，不會好運就這樣降臨在兩個傻呼呼傢伙身上吧？經理起身帶我們去看樣品屋，真忐忑，不會又看到像這幾趟「講了美得冒泡，看了心起水泡」吧。

進入樣品屋，嘩，整間廚房的流理檯與延伸的小吧檯都鋪大理石，全新地毯、粉刷，格局方

正。實在好得出乎意外，我跟葛瑞同一號表情，經理等一下會不會講到什麼要補錢、什麼得加錢。看畢回到經理室，他一口咬定，不多不少就是這個價，我跟葛瑞同時向對方點頭，他馬上付訂金給經理，成交。

「這一次，不能說因我拔臼齒獨占功勞。你為我拔臼齒態度慎重，請假一天，才使我們在最後一刻找到滿意的房子。主要是你在乎我的這股意念，讓好運成真。」我憑心而論，說了真心話。

萬沒想到，我們還會搬回紐約，再續前緣。在一九九三到一九九七的三年餘，我和葛瑞年輕氣盛，意氣風發在大都會裡汲其精華，生命格局因而擴寬沿展，四維十方都見其成長。

原以為我和葛瑞下一次會到其他尚未熟悉的城市定居，難道這是抽中上上籤嗎？依舊被妳這位風華絕代的女子、或你這位氣宇軒昂的男子召喚回來。

當初我們居住在曼哈頓這一粒皇冠上的寶石，領受熠熠華麗的光暈。那是一片適合年輕人去闖蕩的大叢林，只要冒險，多的是機會挖到珍木奇石。

這次重返舊地，我和葛瑞心境變遷了，寶石光芒太畢露，也許細窄霓虹燈管線圍纏的店招牌夜暈剛剛好。我們搬到了皇后區裡的希臘區，這兒是希臘移民的大本營，光是希臘裔咖啡廳就有五家。新搬來不久的週日午間，我和葛瑞坐在一家咖啡店，服務生都穿黑色襯衫、黑牛仔褲，男帥女嬌，真個上天眷顧的民族。一位高䠷男服務生剛來報到，經理要他一旁站著，觀看資深同事服務過程。

「你看，站在角落那位高個子男生，是不是夠資格去當模特兒了？」我報好景色與葛瑞分享。

葛瑞白天上班，我在家寫作，下午有運動靈感就會走一小段路，去健身房動動。沿路，總有看不完的帥哥俊弟，或性格型男，連中老年男人都有歲月魅力；不專心看謂之不敬，幾次太專心，險些撞到路樹。

希臘區，適合我這種回歸純樸的社區人士。這一站，搭地鐵只需四站就到了繁華曼哈頓，希臘區即如大叢林邊緣一塊世外桃源。人們悠閒走在路邊，生活步調有點慵懶，還有印度、巴基斯坦裔，如同活在南歐、南亞的異國之城。

有天，我特地到曼哈頓葛瑞上班的學校，與他會合吃飯。我們走在人潮沖刷的街頭，他忽然說：「你知道你是令多少人羨慕的傢伙嗎？別人用千金也想換來一個下午走在曼哈頓活力充沛的街道上，你卻都窩在皇后區。」

我聳聳肩，笑一笑，我當然知道自己很幸運。

時隔十五年轉一圈又返居紐約，當初我們家兩口，現已添為四口，一位是貓兒子 YOYO，一位是貓女兒費蒂。膝下無子，以貓為兒女，也算嚐到了父母心。

九〇年代末，在我與葛瑞回台灣居住時，他就提了構想：以我和他加上姊姊三個大人，應該

有能力領養照顧一個小孩，使他或她有一個新的人生。

我的態度一直不太積極，葛瑞戲稱我把自己仍當寶寶，怕領養真正的寶寶，我就失寵了。當然，我不會這麼孩子氣爭吃醋。領養一事，心有千千結，最大考量我與葛瑞有國籍上依親的困難，如兩人一直同住在一起照顧小孩還好辦，我們卻常各在西東。

若領養了小孩，勢必姊姊照看得多，我與她的觀念天差地遠，兩人相處已經冰火九重天；一旦有小孩教養問題捲入，更加複雜纏頸。我每年總要回美國跟葛瑞生活數月，小孩怎麼辦？理想是一回事，可以幫助一位孤兒謀到未來；真正落實到生活層面，那又是另一回事。

情感上，我自知濫情，把台北的KIKI和斑斑，美國的YOYO和費蒂都當成四個子女。葛瑞卻不以為然，認為我們再怎麼愛貓，終究是動物，不會轉化為人類小孩。

他這麼表態或暗示時，我皆不悅。試著從他的角度想，我這種愛像煮廣東粥，米飯糊成一片；他那種愛像煮海鮮粥，米飯粒粒還在。一家如果出了兩個像我一樣都不節制濫情，那全屋子可能變成倉庫，我們什麼東西都捨不得丟。

一家人，可能真需要有我這種感情氾濫，也要有葛瑞那種理性對待愛，家裡不致淪為倉庫。我們買了康科德新房，準備搬家，清出我一半的衣服捐給慈善機構，就是在他像士官長猛吹嗶嗶嗶，我才一件一件割捨。每一件都有記憶，無情的是，我無法反駁葛瑞所言，「你若記不得上次是何時穿它，那就表示該扔了。」

說起小孩，這次搬回紐約與二十年前當地舊友，亦來自台灣的陳子良（Lance Chen）二次重聚，他與美籍先生陳海司鐸（Stuart Chen-Hayes）於一九九五年相識，現已在紐約州結婚，以及他們的兒子陳海愷樂（Kalani Chen-Hayes）全家共享天倫樂，在我與葛瑞面前活生生上演。我得以見識一對同性伴侶若有小孩，是怎樣的溫馨場景。愷樂在爸爸子良懷中撒嬌的情境，真令我羨慕。

他們第一次約會，司鐸就提及養育小孩之事，那時子良自認還沒準備好當爸爸。直到有天他跟司鐸說已經準備好了，開始想到中國領養。但中國當時已禁止同志領養，很多同志到中國領養，必須躲到櫃子裡假裝是單親領養；他們不願躲回暗櫃裡，便取消這個打算。經過許多考量，認為代理孕母方式會最適合，便積極籌劃存錢。在籌劃過程中，司鐸妹妹聽到他們的打算，就先跟她的先生商量；決定志願成為他們的代理孕母。愷樂因而擁有他們兩個人的血緣，長得很像子良。

子良是物理治療博士，司鐸是諮商學博士。他們認為在教育小孩及親子互動方面，跟異性戀父母最大不同：從愷樂很小時，就開始培養他對社會公義議題的認識；也給他很多自由空間、支持他培養興趣，不會用傳統刻板性別觀念來模塑他。他們不遵循刻板的父母角色來帶愷樂，二人之間是按照專長與興趣，平等分工擔任親職。

他們一家人非常「出櫃」，在學校、職場、原生家庭、當地社區都很公開身分，認為「完全出櫃」是教養小孩最好的方式。小孩從小就能接受他的家庭、不會認為他的家庭有什麼不對或不好之處，建立他的自信與對親人的信心。

儘管，我和葛瑞沒有領養或生養小孩，見證子良全家父子檔生活得這麼自在、堅強，也強烈感染到作爸爸的喜悅。

而我跟葛瑞，其實算有一位小孩。里昂，是葛瑞心目中的「真兒子」，具有阿拉伯血統的印尼年輕人。他透過網路認識里昂也許有十年吧，我們都不真切過問彼此在網路結交朋友，視同那是個人自由區。

起初幾年，他沒提過此人。慢慢口中出現「我的印尼朋友」，削甘蔗似的一片片紫皮露出，有了名字「里昂」，也有家世背景：「家境貧窮，全家人都要他留在故鄉幹活分攤家計，年紀輕輕就看不到未來了。」

我都是傾聽，聽他講「贊助了里昂遠離故鄉，到城市去念大學」、「擺脫家累羈絆，用心追尋嶄新人生」。

我這才開口問：「你贊助他？那你每個月匯多少給他讀書生活？」

「每個月大概兩、三百美元吧，如果註冊額外開銷，我就分期加付給他。」葛瑞的態度希望事實是從他口中說出，而非有一日我意外得知，必須輪到我問他，那情況就不一樣了。

「這樣匯多久了？」我的臉色無喜無悲，不慍不火。

「從大一到現在大四，我會一直供應到他畢業。我把他當成我們的孩子，他說有跟你在網路打過招呼，你大概跟他語言不熟，也沒話題聊。我想等他畢業，也許我們可飛去印尼參加他的典禮。」葛瑞甚感安慰，於我畢竟像半途跑出一個兒子，不能說要有親情即刻流露。我又非乳牛，仍在適應中。

「你不贊同我這麼做嗎？」

「那是你的錢，你愛怎麼做就怎麼做，你不需問我。」我的臉沒浮現表情。

「話不能這麼講，你如不贊同，也會影響我的作法。」他其實真的沒必要說服我。

「我以前知道你支持他，到今天才知道你每個月固定匯錢，我覺得有點異樣。我在台北賺得不多，貓咪要看病或跟家庭有關的額外支出，我盡量承擔。我難免想，如果你這些每月匯的錢是匯給我，會減輕我很大心理壓力。」我照實說了，「我並非要你中斷資助他，他的上進求學、追求理想，比較重要。」

那次對話到此為止，我暗中欣慰葛瑞如此善良，可以長期行善而不當作在為善。要說我全部沒鬱卒，也是騙人。兩者不能雙全，我知輕重緩急，還是讓他去幫助年輕人有像樣的人生吧。

直到里昂畢業後，也在上班了，葛瑞有一回飛亞洲回台度假，安排先飛到印尼，跟里昂見面，第一次「父子倆」總該見個面了。

後一年，他又趁亞洲行，飛去跟里昂二度會面。看照片，里昂真是聰明樣，濃眉大眼，神奇的阿拉伯血統。他跟葛瑞很開心地坐在熱帶天空下，暢飲。

後來不知什麼情況下，葛瑞有所感慨：「寶寶，你看一看，我們這些年來可也做了不少事呢。以後，我們在烏拉圭有房子，在美國有房子，在台北有房子，可以換地方避寒或避暑。我們戶頭裡還持續存有無慮的退休本，也有一個兒子了，我們經歷、也完成了不少。」

「里昂的事我一點忙也沒幫，算不上是我們一起完成的事。」我不敢居功，這是葛瑞獨自的大慈善。

「你怎麼會沒參與？如果你那時反對我這麼做，我未必做得下去。你也一直是在幫里昂，你絕對有份。我有讓里昂充分知道你支持這件事，要他心裡也感謝你。」

是啊，該盤算一下，哪天我們兩個「爸爸」真需要共同去印尼走一趟了。

我陪葛瑞搬到紐約，限於居留日到期，七天後我就飛回台北了。在這一週，趁他上班，我搖身一變魔法阿嬤，拆封所有紙箱，一切放定位。他難掩驚奇，其實只要憂鬱症不犯，我做起事雖非以湯沃雪，效率並不差。最怕憂鬱症不聽話，要來隨時來，我登時冰消雪融，融成一灘。

回家，又是一趟遙遠的旅程，我每年奔波，越感力不從心了。葛瑞從我們搬到維吉尼亞州後，貼心安排我轉兩班機到舊金山，在酒店歇息一夜或兩夜，再搭機返回台灣。不然一口氣直飛，有得折騰。

每次停留舊金山還有一層目的，會會乾弟大綱與好友。我在二〇〇一年出版《晚安，憂鬱》那陣子認識大綱，算起來他也是我的救命恩人，在憂鬱症發作後我吞了藥，他夠機警發覺。那時，他正抉擇去倫敦或舊金山念暑期英文，我建議他到舊金山，我和葛瑞住這裡，對他也有個看顧。從此，他跟舊金山結了不解之緣；陸續似有若無交了一些親密朋友，都不了了之。他已經返台工作，彷彿跟舊金山歲月 say goodbye，就這麼巧，結識了現任男友傑夫（Jeff），還專程飛到台灣見大綱。舊金山就是他注定的幸福之地，又把他牢牢如磁鐵般吸回去。

大綱有次跟我聊天，說：「葛格，我在走的路就像循著你走過的路，好相似；認真交了老外男友，到異鄉開展情感人生。你跟葛瑞的伴侶關係，影響我很深。」

我很開心他跟我一樣，得遇良人，傑夫是一位貼心情人，像葛瑞照顧我一樣地照顧著他，他們考慮在承認同性婚姻的舊金山辦理結婚了。我每回轉機到這座城市跟他們碰面，就看到了我與葛瑞的年輕版，欣慰滿懷。看著為人正直善良的乾弟弟也修成正果，我深受感動。

記得他跟我說：「我其實有想過，你跟葛瑞都沒後代，論輩分，以後一定是我幫你們捧骨灰。」我點點頭，這真是一個深刻的約定。

這次搬到東岸紐約，距離台灣更遠了，自然又要在舊金山過夜休息。葛瑞打算再過十年才退休，我有時黯然神傷，日子豈是你說了算？誰知再過那些年，我的體力如何？

在台灣看門診時，看到老人家垂垂老矣，就醫過程都有子女或孫輩陪伴。我觸景生憂，日後，葛瑞和我年紀大了，沒有小孩陪已預知如此；然而，只要台灣不通過承認同性婚姻之法律，葛瑞與我都不是對方的法定家屬，一個人生病住院，另一個人也沒權利留下過夜照料，讓孤老的我或他在醫院病床上，不人道地感覺天地孤零零。

那些反對同性成家、阻擋同性婚姻的人，為何無法將心比心？人性發展至這麼高貴地步，慈善心腸普及，我們救貓救狗，卻守住法律，堅決反對一對同性愛人互相依伴，成全老來伴。坦白說，我不懂這是什麼樣的愛心邏輯？

年輕時，我和葛瑞討論到「要不要在一起」，未悉前途，我仍一無反顧。現在，我是否在反顧了呢？這些老之將至的現實難題，總在飛抵台灣的漫長航程中，讓我慢慢磨著思量。

七月底回台，夏季很快過了，緊接著秋風蕭瑟天氣涼，草木搖落露為霜。獨居日子，有時我一天說不到兩句話（除了對貓的那種喃喃自語），我如蝸居在都市海洋裡的一座荒島上。不發作靜靜過，發作了咬牙過。有陣子，我又崩盤，無量下跌。次次復次次的無休止發作，日也磨夜也磨，磨到英雄不僅氣短，也幾乎氣斷。

在一通電話中，我軟無著力跟葛瑞直白了：「我們總是這樣一年拆隔兩地好些時候，如果你在那裡感到寂寞，我不介意你去交朋友，只要你永遠把我們擺在最前面。我在這裡，你也知道景況，我常就是徹頭徹尾一人，孤寂飄搖。如果真遇到機會，我應該也可以找人當朋友作作伴吧？」

我這話說得像人之將死的哀鳴，也不顧修辭了，直腸子通到底。葛瑞沒有接腔，這是我們一直以來的模式，緘默就是默許。

他當知我所謂的「交朋友」，可以作伴，亦可能是性撫慰床伴。我們倆都知分寸，放牛去吃更青的草，最後還是回到溫暖牛圈。

儘管，我把話說開了，也獲得默許，日子卻沒改變多少。我照常過著孤單至極的生活，畢竟沒刻意去尋，不管什麼伴都不會從天上掉下來。

過去幾年，當我覺察身體需要被碰觸，獲得人氣灌注時，覓到一條捷徑：請到府服務的按摩師。最早一次，不復記得哪年哪天半夜兩點，我忽然感覺被死神鐮刀架在脖子上，在生死邊緣搖搖欲墜。我打電話找不到葛瑞，這麼晚我也不敢去吵朋友，腦袋焦土一片，憂患著如何請死神放我一馬？此時，只消有人出現幫我轉移注意力，不一直往尋死念頭鑽，就可跳出被將軍的死局。

我心如一盞煤油燈，照亮一個點子，立時上網登入男同志聊天室，找到了類似「外出按摩」的代號，問對方這麼晚了還願外出嗎？他躊躇一下，說現在只是在打明後天預約的廣告，抱歉已經晚了。我幾乎飲泣，努力鎮定，說會加倍付費，麻煩他跑一趟。那次，他整整花兩小時按摩，一開頭聊了些許，後來全程我無言放鬆，安靜地感謝有人陪伴，以及感受有手撫慰我枯竭又寂寥的身體，幫我撐過最黑暗的一夜。

白天我易撐住，叫到府的少；深夜若突如其來接到催命符，我會找願意外出的按摩師，陪我度過最陷落的那個時辰。一拖過，我就會被睡意保護好好，進入連死神也無法跨界的夢鄉。

我叫按摩師的事，葛瑞都知道。當然，我家大廈警衛也知道，一定覺得怎麼都是陌生男子深夜造訪？但管他們怎麼想呢？也許，這事公開了，有人會講：「這哪是叫按摩？這是買男人吧！」隨便他人閒言閒語，我自己深曉是「買到生命」就好。我的先生都能體諒，其他世人皆非我生命的上司，我的身體符碼何需被誰批准？

有一位知心好友離婚了，分手前先生已經多年不摸觸她的身體；有次透過私訊，她的字裡行

間幾乎都能聽見戚絕的嘶叫：「我每一陣子都要去女性 spa 被女師傅按摩，我的身體再也受不了這種凌遲，它不只慾望乾涸，連活力也蒸發，我受不了那種不被碰觸……」

我看了這段辛酸私訊，真覺鼻酸。我從事性學研究，接觸太多文獻、私人個訪，怎會不了解這位女性好友的淒厲叫喊為哪一樁？傳統那只天平，始終男重女輕，男人情慾發洩出口多，且事發後也是重重提起、輕輕放下。女人情慾非但沒有發洩口，連正常的排水孔都沒有，先生不給，女人就自封井口，一杓水不喝也當「油麻菜仔命」，活該承受。

我和葛瑞也許先天上都是男性，無須活生生被這股傳統情慾勢力五花大綁，自己的心靈、肉體被寂寞輾過，亦能推理到對方的疼。

被人暱稱「小史」的安眠藥史蒂諾斯，有一種醫生早警告過我的奇異影響力。服用之後，很容易對人講心事，越是積壓在深水海溝的心事，越會和盤托出。我問醫師怎麼會這樣呢？藥丸，如何去管到心事說與不說呢？如要比喻的話，每一種安眠藥都是脫逃表演者需要解開全身鎖鍊的鑰匙，而史蒂諾斯就是打開貼身、最難解的那一把金鑰！

它，消融在血液中，進入神經系統，專攻控制中心；一被攻下，你視為核心的祕密第一個不保。我沒真正鎖什麼祕密，吞了小史，自不會有驚異告白，只會常鬧可憐笑話。只要那時還在線上，就會亂問人：「你愛我嗎？」

一位《晚安，憂鬱》的讀者，稱述他本來不相信有人能描寫得出憂鬱症，跟我通訊說佩服我竟做到了。我跟這位異性戀男讀者維繫一段訊息來往，聊著很普通的話題。直到那天我的「小史亂愛症」羊癲瘋起來，竟問他：「你愛我嗎？」

果不其然，種下悲劇的因，就長出悲劇的果。這人，徹底從我臉書世界飄走。清醒時，我會痛恨自己這麼懦弱，源自於小時沒被父母充分示愛的不安全感，使我控制力一弱，便邪靈盡出，逢人問那失心瘋的鬼問題「你愛我嗎？」，連丹尼爾也被我問過，殃及一牛車。

吃了小史，並非每次都中獎，不知大海何時捲起瘋狗浪。有次，我昏昏地對葛瑞發作，大呼小叫：「我要吻一個，給我吻一下。」

他笑著躲開，我隱約記得那樣好像在玩老鷹抓小雞，葛瑞拚命把我如湘西趕屍推開：「走開！走開！（Get away!）」

有一回發生不算出軌的出軌，我在聊天室認識一位新生代作家。他後來知道是我，立即後輩向前輩致意，說：「你的生活作息一定很不正常，此時應該沒吃晚飯，我幫你送去。」

我一直都把他當成作伴的朋友，一起洗溫泉，一起看花燈。那時他是別人的第三者，深陷苦惱，我盡了友誼聽他傾訴。本來無一物，何處惹塵埃？作伴日久，他實在長得太像我服役期間的愛人袍澤，我的世界開始走山，瞬間崩了一半。從那時起，我對他感情質變了，不復輕鬆自在。明明不是愛，他越躲，我越錯認是愛。他接到我的手機總是不耐煩，最後乾脆直接宣判：「你別再打來了，我很怕接到你的電話。」

自尊心被撕裂粉碎，那陣子我像有酒癮的酒鬼，每天多偷吃幾粒安眠藥，不想清醒。我跟葛瑞通話時，其心可誅地問出這樣的問題：「他為什麼不接我的電話？」

葛瑞沒有發怒，倒是耐心勸我：「他心裡有負擔了，就無法面對。」

這件荒腔走板的事，我猶記心坎；有一次逢到氛圍對了的時機，我好奇問他：「為什麼這麼多年來，我亂七八糟發作，你似乎都老神在在，從沒嫉妒或發怒嗎？」

葛瑞給我一個意外的答案：「Different level（不同等級）。」

他這麼起頭，我就懂了。他的自信滿滿，察知可能連我都迷糊的事。我那些亂愛的過往，沒一次真構成威脅，都如雲煙消散，不像他是一棟房子、一個家、一位生命伴侶，如如不動。他既知沒逢到真正對手，全搆不著他的等級，那何必跟我計較？

誠然，他可能比我還了解我自己。

二〇一三年夏末，我從紐約返回台北。葛瑞在電話中提及，他累積里程數即將到期，白白不用浪費。他想到，不如去哥倫比亞探訪一位在網路交談歷史甚久的青年朋友。

葛瑞起先要求那青年從家鄉到哥國首都碰面，他緊張得要命，說從來沒出遠門。言下之意，有點像一路龍蛇雜處，路途中不安寧。

我那陣子在有線頻道看到一部以哥倫比亞為背景的影片，發生街頭槍戰，又聯想起哥國是大毒窟，販毒、黑道橫行。葛瑞的行程終點是那青年住的城市，但先得在首都下飛機，搭乘租車到那座小城，與他和其家人會面。

他說一般觀光客只會待在哥國首都，不會去那種鄉下小城。天哪！你說得像龍潭虎穴，而你告訴我：你要去的正是這種地方？

我們一向相處模式是互相尊重，對方如果都盤算好了，另一方也不便扯東扯西去阻擾，只能一再叮嚀小心！

那幾天，葛瑞以LINE傳送他與青年、青年媽媽、姊姊和其男友、哥哥和其女友，一起在酒吧跳舞、吃傳統菜的照片，他真的融入那一家人裡，顯然青年全家都很熱情招待他。我這才稍微放心，他玩得愉快就好。

直在他返回紐約途中，開始不對勁。轉機時，遇上暴風雨，機場關閉。旅客轉運到遠端另一個機場起飛，前後折騰了二十五個小時才到家。

回家後他上吐下瀉，以為是吃壞肚子，沒多在意。那時正好週末假日，他想說在家調息兩天就無大礙。待我週日晚跟他通話，赫然聽他說腦子有點迷惑，搞不清楚時間。

我嚇壞了，發燒又腦袋不清楚，這絕不只是吃壞肚子，我心裡嘀咕：你沒事去那個哥倫比亞鬼地方幹嘛啊？上網一搜尋，更是恐怖驚魂，很多條新聞報導哥國盛行施行巫蠱，還有觀光客昏迷醒來，身體某器官被割走了。

他被下蠱了嗎？撞邪了嗎？食物中毒了嗎？片刻間，我的腦海閃過好多驚怖念頭，寫作習慣了，自編恐怖故事我很擅長。

我哀求他週一上班，如感覺惡化，一定要就醫急診。我太了解他是頑固傢伙，我在台北身體不舒服，他叫我去急診我就去。每次他感冒、發燒、感到不適，我希望他去醫院，就跟我抬槓這是免疫力問題，要靠自己體力好起來。

我在台北計算好，紐約時間的週一白天，從上午到下午，我打他手機無數遍都不通，LINE簡訊有去無回。我的編故事本能又發作了，他會不會是去哥倫比亞得到什麼境外感染的怪病，像當年 SARS 那樣是全球首樁病例，patient zero？

傍晚，我憂心如焚，葛瑞在紐約也是獨居，他該不會昏迷，甚至暴斃在哪裡而無人知吧？我無法繼續受煎熬等待下去，一通電話打到葛瑞學校，第一次找院長秘書。她一聽我解釋，知道我是葛瑞的伴侶，整個過程在她描述中浮現出來，彷彿驚悚電影。她說，一早看見葛瑞走進辦公室，臉色如白紙，神情恍惚，她大吃一驚趕緊請人送他到離我們家不遠的醫院，此後她也沒有進一步消息了。

我不間歇地發給葛瑞 LINE 簡訊，像對大海不斷抛出瓶中信求救。這人怎不報告平安呢？當真腦筋燒壞了？我急如熱鍋螞蟻，打了一通電話到醫院，接聽總機是男聲，聽我找病患葛瑞的全名，嘟嚷說可能不方便接通電話。我聲調提高了八度：「我是他的伴侶，我現在人在台灣，一定要跟他講到話。」

「伴侶」兩字好像挺管用，男聲總算說：「等等，我幫你轉轉看。」話筒裡傳來古式手撥號的奇怪嘟嘟聲，應是轉話系統老舊吧。這次換成是護士接聽，我又說了葛瑞的全名，她遲疑了一下，跟旁邊人不知在商量什麼？好像是轉接不方便，遲鈍幾十秒，她才說：「他叫你打他手機。」

我改打葛瑞手機，果然通了。顯然他原先沒開機，經護士通知，為了方便接電話才開機。我問狀況如何，他淡然簡答：「醫師還在化驗，結果尚不知。我在急診室不方便說話，我們可以傳訊。」

等了整天，只講了這一句話，就斷音訊了。我改傳簡訊：「有發燒嗎？」又是蕭敬騰式的少話王子：「有發燒。」

熬了一晚，我傳訊問化驗，答案依舊：「還沒有結果，找不到病因，仍在發燒」。我真的心亂如麻了，大概問了他一個不甚高明的問題，他居然毫不修飾回給我：「Use your head.」（用用你的大腦）。

呿！嫌我問得蠢？本來準備頂回去，但算了，病人嘛，就給他發洩兩句吧。

他後來傳簡訊，說醫生知道他剛去哥倫比亞旅遊，返美就爆發病情，上吐下瀉發燒啟人疑竇，連他們都懷疑是境外感染，繃緊神經。我聽了心裡發毛，「群醫束手無策」畫面如映眼前，葛瑞獨自在醫院，我與他之間通訊如此不便，真發生什麼事怎麼辦？

我難過地落淚，他在週一出門前，還特別把他存放基金的公司列了一份清單傳訊過來，就是以防萬一。這「萬中之一」會不會在眼前真的發生了呢？

我的死腦筋開始往負面方向鑽，他會不會就這樣突生一場怪病走了？就算他遺留下那些錢，或更多的錢給我有什麼用？我說這話，也不擔心被見笑，我不是自褒我們多恩愛，而是我對葛瑞依賴成習慣。假如他先我而去，以我憂鬱症的死纏爛打，終究會不堪斯人獨憔悴，原本就不積極活著的心只會更厭世。

忽然想起「夫妻本是同林鳥，大限來時各自飛」，我黯然地想，才不會各自飛呢，我一定旋即斷翅，凌空墜下，當場斷頸。

我也想到所謂的夫妻樹，環抱糾纏，同根於深土裡。如一株敗壞，另一株根也腐化，又豈會獨活？

我不敢想像我會活多久，領了重大傷病卡，父母在我未成年便罹癌、腦溢血過世，家族似乎沒有長壽基因。我唯一能想像若能活久，都是跟葛瑞在一起的場景。沒有了葛瑞，我的晚年變成沒有畫面的無垠空白，我根本無法勾勒。

難道，真會這麼倒楣，給我們遇上了「大限來時」嗎？結婚以來大家都說豔羨我們的感情與婚姻，會不會幸運在這時，剛巧被用光了？

我心憂傷，惄焉如搗，唯一能做的，是到佛堂向綠度母菩薩呼救。一日之內，我足足持完一萬遍綠度母心咒，跟不知哪門子來的病魔搶時間！

我也快馬加鞭做了殊勝煙供，奉請三界神明、諸有情眾生、天人龍妖，做盡迴向，只求葛瑞平安。

我那時有個意志，逼自己必須越挫越勇；就算化身白蛇娘娘偷渡上天庭，去跟天兵天將大鬥法，不惜遍體鱗傷，也要盜回仙草救夫君。即使，廢我千年修行都可以，許仙的命一定得爭回來。

幸而，心誠則靈吧，隔一日安心的消息傳來了。葛瑞說醫師始終把重心放在境外感染的推測，在都查不出結果下，重回傳統檢驗老路，又做了一遍包括X光在內的身體檢查，才發現肺部浸潤，確認得了肺炎。現在對症下藥，燒已經控制住了。他因先前脫水嚴重，人還很虛弱。

我拜託紐約好友歐陽文風牧師，他是來自馬來西亞，在東南亞與台灣知名度很高的作家，與他的先生 Phineas Newborn 在馬來西亞公開結婚。我託他到醫院幫我探望葛瑞，也勞駕他繞到我家，幫 YOYO 與費蒂檢查食糧，及清潔打掃。葛瑞住院已四天，兩隻貓咪被遺忘在家，也讓我焦急。

古道熱腸的歐陽文風立馬去探視葛瑞，說他還能說笑；也說貓兒無恙。好消息俱至，我在台北這邊自編自導自演、自己嚇自己的家庭倫理悲情大戲謝天謝地落幕了。

一週，葛瑞燒退了，醫師放行他返家休養。詭異的是，他一回家，當天我開始咳嗽劇烈，夜奔急診室，照X光顯示我的肺部浸潤，驗血白血球激增一萬以上，太詭譎，證實了我得了肺炎。

我跟葛瑞兩人遠離半個地球，隔空也能感染同樣的病？這真巧到不能再巧。當歐陽文風跟葛瑞通訊，詢問他的健康狀況時，聽葛瑞說我也感染了肺炎；歐陽透過臉書告訴我，他聽見的第一個反應是：「你們也太恩愛了吧，連疾病都可以共享。」

我大學念中文系，對《詩經》特別優美的句子念念不忘。其中一首〈邶風・擊鼓〉當年深受感動，現在回想我跟葛瑞二十一年情感，更動容。

「死生契闊，與子成說。執子之手，與子偕老。」

意思說，無論聚散或生死，我都發誓跟你約定；我會跟你手握著手，伴著你一同到老。

在我們相處的歲月，我多次與死神擦身而過，都是憂鬱症發作不可控制的自殺行為。每次被救回來，我都慶幸，如果之前某一年我的生命終止了，那我與葛瑞後來很多歡樂與作伴，都不可能體現。

我跟葛瑞說過，覺得很丟臉，每次說要死，也試過數不清的次數，都沒真像那些自殺成功的人一樣死去。

他覺得我太傻才有這個念頭，這種事怎麼是丟臉呢？他慶幸我沒有一次成功。

死生契闊，與子成說。我默默在心裡承諾，葛瑞，我就跟你這樣說定了，我今後無論再如何發作痛苦，都會守住生命這一關，以回報你。謝謝你，能夠這般不棄不離，陪在我左右，這意義遠比你所能想像的還要大、還要廣、還要深、還要厚重如山。

出書在即，我每一通電話都提醒葛瑞，不要忘記寫作《摯愛20年》他的部分。他聽到不知第幾次後，抱怨了：「你老說，就是寫啊！隨便你寫啊！什麼東西都可寫啊！你說得容易，你是作家，但我怎知到底該寫些什麼？」

說得也是，我寫作成習慣，信手拈來不挺困難；然而，對平常不寫作比較文學性的東西，如抒情文或像這種回憶錄的散文，葛瑞確實會不知從何下筆。

我忽略了他要面對的不是跳繩，而是撐竿跳。我犯了伴侶間最大毛病之一，老把對方想成理所當然會這些、會那些，期待他把會的這些東西，有天呈獻給自己。

有些事情壓根不是他的擅長領域，他就是不會，並非不願意。跑到鞋店要買褲子，結果買不到，能責怪老闆嗎？

「你以前幫我兩本憂鬱症的書都寫過序，特別是放入《晚安，憂鬱》那一篇，我覺得你寫得很好啊。」我記得當時讀的時候，激賞迭起，他寫得條理分明，也適度放入了感性，比我想像的水平高很多。

「有嗎？我怎麼完全不記得有幫你的書寫過什麼？」葛瑞語出驚人否認。

「怎麼會？有一篇還是請底迪（大綱）翻譯的啊。」我提醒他重要的線索。

葛瑞仍記不起什麼，我感覺頗沮喪，這兩年健忘常輪流發生在我們倆身上。

「唉，我們都老了。」

「是啊，也許下次你回到紐約，我忘記你什麼樣子，從機場接回來另一個人。」葛瑞說到自己都覺得好笑，「如果你自行回家，連YOYO也忘記你，我們發現怎麼家中有一個陌生人，趕快報警。」

後一句把我也惹笑了，暗想：這一段有點梗，應該寫進新書裡。掛斷這通電話後，我火速把對話寫在電腦備忘錄；我肯定，若不寫下，過幾日全忘光。

這種事屢見不鮮。「我的眼鏡呢？」我氣急敗壞掀客廳沙發坐墊，葛瑞安撫說：「別急，一定找得到，昨晚看你還戴著啊。」

忽地，葛瑞咳嗽清嗓子：「寶寶，你摸摸鼻子上是什麼？」

我一摸，心涼一截，眼鏡不正好端端戴在我的鼻翼上嗎？我掩嘴望著他，哀叫：「完蛋了，我以後要掛著寫名字、地址、電話的牌子才能出門。」

葛瑞知道我的戲癮又犯了，故意拆我的台：「那名牌上可不要用年輕時的照片喔，不然人家也認不出是你。」

我皺起鼻子，擰眼瞪他。

我們已經在彩排了，比賽誰記憶力磨損得多？這種比賽難為情，我喊卡不玩了。終究，剩下的人生夠我們有得比下去。

我和葛瑞多年作伴，練就一門「損人」功夫，損對方，像武林高手對招，「削髮而過，絕不傷及頭皮」。不能像牛鼻子道士第三代弟子，知去勁強勢，卻不諳如何收手，而誤劃一道口子。

或許民族早熟、早衰基因作怪，他這些年頭髮日稀；我們住維州時，常去一家東方男師傅經營的剪髮店，我有次突發奇想：「老闆應給你打對折。」他問為什麼？我看了看他的頭髮，他登時會意，頭毛只剩半壁江山，合理只該收半價。

他也沒真的生氣，只是把我一推，那意思大抵是「你去撞牆吧」。

話說回來，他也非省油的燈。居住維州時，我在五十二吋螢幕前用 Wii 跳舞軟體跟著人形手舞足蹈，消耗熱量，藉以減重。有天葛瑞下班後，我跟他吐苦水：「以前，我們住舊金山去酒吧跳舞，我可以跳整夜，還很輕盈。現在只跳一支 Wii 舞曲，我就喘得要死。」

他不疾不徐，口氣像在說外頭下雨了那麼淡定：「那是因為以前跟現在，你的身體承載了不同的重量啊。」

好傢伙，跟我這麼旗鼓相當，維持五五波！不過其實也挺好，要忘記事情一起忘，要鬥嘴一起鬥嘴；一起生活，一起扶攜，一起老去，做什麼都有個伴。

現在，只要我回到台灣，我們倆通電話時常聊的是貓；就像一般夫妻年紀大了，話題不離子女。我們在台北、紐約家裡各養兩隻貓，有相等分量的聊天素材。他說費蒂對於塑膠袋的戀物癖越來越嚴重，從超市拎東西回來的每個袋子她都像為愛著魔般，嗅個沒完沒了。我在紐約看過她那副德行，想起來深感好笑。

有次葛瑞聽見費蒂忽然瘋狂在屋子裡奔跑，一出臥房見狀，幾乎笑絕。原來她把自己的頭套進塑膠袋那個手提的洞口，無法掙脫，走到哪塑膠袋跟到哪，怎麼也弄不下來，驚嚇得狂奔。直到葛瑞為費蒂從頸子解下塑膠袋，她才收驚。

KIKI已經十六歲，YOYO也十四歲了，相當人類年齡的八十四、七十五歲。安慰的是他們都相當健康，YOYO甚且不減當時年輕的跳竄飛彈功夫，依舊設法挑釁費蒂，氣得她不得不追逐他，這就是YOYO老天真還在玩的遊戲。

一談到貓兒貓女們，我和葛瑞聽似在抱怨貓咪隻隻刁蠻；但心中有無限安慰，滲出甘滋味。

從當初紐約萬聖節那一場下雪夜算起，我們行到水窮處，坐看雲起時，悲歡離合，笑淚交織，歷經了超過二十年的春夏秋冬，將近八千個日子。

往後呢？如蒙上天眷顧，也許還有另一個二十年。無論多久，我們的一個經典動作永遠不會老去，在黑漆漆戲院看電影時，你會突然捏捏我的手指；你不問什麼，我也沒答什麼。二十年默契，我們都知道，你捏一下就是在check，問候我：「How are you?」

就算，有天我不記得天下所有的人了；我確定，你準會是最後一張我才可能忘記的臉。老天剝奪我一些記憶無妨，卻不要讓我忘記太多。我還想記得一些相罵本，等老了常跟你拌拌嘴，解解悶。

我愛你，三個字，說出來要一秒鐘，解釋要一小時，證明則需要一輩子。

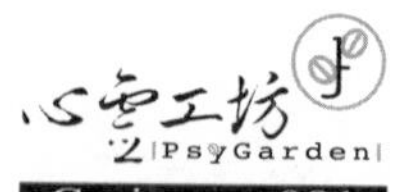

Caring 081

摯愛20年：我與葛瑞的同性婚姻情史

20 Years of Devoted Love

作者—許佑生（Shu, Yu-shen）

出版者—心靈工坊文化事業股份有限公司
發行人—王浩威　總編輯—王桂花
責任編輯—黃心宜　封面設計—Joe Huang
內頁編排設計—董子琜　特約編輯—簡淑媛
通訊地址—10684台北市大安區信義路四段53巷8號2樓
郵政劃撥—19546215　戶名—心靈工坊文化事業股份有限公司
電話—02）2702-9186　傳真—02）2702-9286
Email—service@psygarden.com.tw　網址—www.psygarden.com.tw

製版・印刷—彩峰造藝印像股份有限公司
總經銷—大和書報圖書股份有限公司
電話—02）8990-2588　傳真—02）2990-1658
通訊地址—248台北縣五股工業區五工五路二號
初版一刷—2014年6月　ISBN—978-986-357-006-6　定價—380元

國家圖書館出版品預行編目資料

摯愛20年：我與葛瑞的同性婚姻情史／
許佑生作.
-- 初版. -- 台北市：心靈工坊文化，2014.06　面；公分. --

ISBN 978-986-357-006-6（平裝）
1.同性婚　2.通俗作品

544.329

103010470

心靈工坊 PsyGarden 書香家族 讀友卡

感謝您購買心靈工坊的叢書，爲了加強對您的服務，請您詳填本卡，
直接投入郵筒（免貼郵票）或傳眞，我們會珍視您的意見，
並提供您最新的活動訊息，共同以書會友，追求身心靈的創意與成長。

書系編號—Caring 081　書名—摯愛20年：我與葛瑞的同性婚姻情史

姓名　是否已加入書香家族？ □是 □現在加入

電話 (O)　(H)　手機

E-mail　生日　年　月　日

地址 □□□

服務機構　職稱

您的性別—□1.女 □2.男 □3.其他

婚姻狀況—□1.未婚 □2.已婚 □3.離婚 □4.不婚 □5.同志 □6.喪偶 □7.分居

請問您如何得知這本書？

□1.書店 □2.報章雜誌 □3.廣播電視 □4.親友推介 □5.心靈工坊書訊
□6.廣告DM □7.心靈工坊網站 □8.其他網路媒體 □9.其他

您購買本書的方式？

□1.書店 □2.劃撥郵購 □3.團體訂購 □4.網路訂購 □5.其他

您對本書的意見？

□ 封面設計　1.須再改進 2.尚可 3.滿意 4.非常滿意
□ 版面編排　1.須再改進 2.尚可 3.滿意 4.非常滿意
□ 內容　1.須再改進 2.尚可 3.滿意 4.非常滿意
□ 文筆／翻譯　1.須再改進 2.尚可 3.滿意 4.非常滿意
□ 價格　1.須再改進 2.尚可 3.滿意 4.非常滿意

您對我們有何建議？

▲您的意見，我們將轉貼在心靈工坊網站上，www.psygarden.com.tw

廣　告　回　信
台北郵政登記證
台北廣字第1143號
免　貼　郵　票

10684台北市信義路四段53巷8號2樓

讀者服務組　收

免　貼　郵　票

（對折線）

加入心靈工坊書香家族會員
共享知識的盛宴，成長的喜悅

請寄回這張回函卡（免貼郵票），
您就成爲心靈工坊的書香家族會員，您將可以——

⊙隨時收到新書出版和活動訊息

⊙獲得各項回饋和優惠方案